西安文理学院马克思主义学院纪检监察专业建设经费资助项目

# 职务犯罪概论

（修订本）

主　编◎范雪峰　副主编◎雷　霆　常利娟

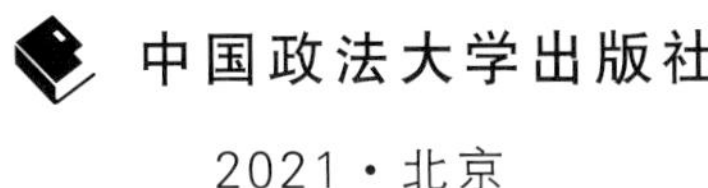



2021·北京

图书在版编目（CIP）数据

职务犯罪概论/范雪峰主编. —修订本. —北京:中国政法大学出版社，2021.1
ISBN 978-7-5620-9823-2

Ⅰ.①职… Ⅱ.①范… Ⅲ.①职务犯罪－研究－中国－高等学校－教材 Ⅳ.①D924.304

中国版本图书馆CIP数据核字(2021)第016698号

出 版 者　中国政法大学出版社
地　　址　北京市海淀区西土城路25号
邮寄地址　北京100088信箱8034分箱　邮编100088
网　　址　http://www.cuplpress.com（网络实名：中国政法大学出版社）
电　　话　010-58908285(总编室)　58908433（编辑部）58908334(邮购部)
承　　印　北京鑫海金澳胶印有限公司
开　　本　720mm×960mm　1/16
印　　张　19.25
字　　数　285千字
版　　次　2021年1月第1版
印　　次　2021年1月第1次印刷
定　　价　76.00元

# 前言

PREFACE

纪检监察专业方向旨在培养学生掌握马克思主义基本原理、法学、政治学、经济学、党建理论、纪检工作理论等多学科的基本知识；了解纪检监察学科的理论前沿、实践动态，初步形成与基层纪检监察工作相适应的基本素养和职业技能；最终培养出能够在党政机关和企事业单位从事纪检监察工作的复合性、应用型人才。要实现这些人才培养目标，除了《党章》《监察法》《纪检监察案件检查实务》等纪检监察业务类课程之外，了解掌握职务犯罪的相关法律理论与知识十分必要，这是因为对各类公职人员违纪违法行为的调查、审理与认定势必会涉及职务犯罪问题。

在我国，对于职务犯罪的学习与研究应以刑法理论为基础。参照成文刑法，全面了解职务犯罪的犯罪构成与处罚，学习罪与非罪、此罪与彼罪、一罪与数罪等刑法理论，对相关专业学生的培养意义重大。自《职务犯罪概论》教材第一版（西安交通大学出版社 2015 年 11 月版）出版以来，职务犯罪的相关立法又有了最新发展，这为《职务犯罪概论（修订本）》的编写提供了新的理论与实践依据。

在刑法方面，2015 年 8 月 29 日，《中华人民共和国刑法修正案（九）》通过；2016 年 4 月 18 日，《最高人民法院、最高人民检察院关于办理贪污贿赂刑事案件适用法律若干问题的解释》出台。这些修订及相关司法解释对贪污贿赂犯罪认定作出了重大修改，涉及贪污贿赂犯罪及其他职务犯罪的定罪量刑标准，相关罪名死刑立即执行、死刑缓期 2 年执行及终身监禁的适用原则，贪污贿赂犯罪认定的相关法律、政策界限，贪污贿赂赃款赃物的追缴和财产刑的适用等方面。

深化国家监察体制改革对职务犯罪理论与实践也产生了重要影响。2018年3月，十三届全国人大一次会议审议通过了《中华人民共和国宪法修正案》和《中华人民共和国监察法》，确立了党的统一领导、全面覆盖、权威高效的国家监察体制，明确了监察法的立法方针、思路、原则和重大制度安排。为配合此次立法，2018年4月16日，中央纪委国家监委印发了关于《国家监察委员会管辖规定（试行）》，该规定详细列举了国家监委管辖的六大类88个职务犯罪案件罪名。基于公职人员全覆盖的立法目标，此规定扩大了我国刑法传统理论认定职务犯罪的（主体）范围，调整了职务犯罪管辖的范围。根据规定，贪污贿赂、滥用职权、玩忽职守、徇私舞弊四类55个罪名的犯罪案件由国家监委单独管辖；而公职人员在行使公权力过程中发生的重大责任事故和其他犯罪案件共计30个罪名，国家监委按照主体是公职人员、客观方面是行使公权力过程中这两个必备要件进行专门管辖；同时公职人员涉嫌贪污贿赂犯罪案件中的“非国家工作人员受贿罪、对非国家工作人员行贿罪和对外国公职人员、国际公共组织官员行贿罪”3个罪名，也由国家监委专门管辖。

在程序法方面，2018年10月26日，十三届全国人大常委会第六次会议表决通过《关于修改刑事诉讼法的决定》，修改后《中华人民共和国刑事诉讼法》明确了检察机关在诉讼监督过程中发现的司法工作人员利用职权实施的侵犯公民权利、损害司法公正的犯罪，可以进行管辖的12个罪名。至此，监察机关、检察机关在办理职务犯罪案件过程中互相配合、互相制约，衔接顺畅的工作机制基本形成。

围绕职务犯罪以上众多立法变化，为帮助高校相关专业学生、广大实践工作人员更好学习职务犯罪理论，教材编写组及时组织了教材修订。在编写体例上，本次《职务犯罪概论（修订本）》主要有七章，第一章仍为“刑法概述”，涉及刑法基础理论。第二章至第七章，按照《国家监察委员会管辖规定（试行）》中6大类公职人员职务犯罪重新编写，分别是

第二章“贪污贿赂犯罪”，第三章“滥用职权犯罪”，第四章“玩忽职守犯罪”，第五章“徇私舞弊犯罪”，第六章“公职人员在行使公权力过程中发生的重大责任事故犯罪”，第七章“公职人员在行使公权力过程中发生的其它职务犯罪”。

本书以满足教学实践为目标，具有以下特点：第一，实用性。各类职务犯罪章节首先以概述导入，介绍犯罪的类特征。在分述部分，各具体罪名的理论主要围绕职务犯罪认定展开，包括“概念及犯罪构成，犯罪的认定，犯罪的处罚”等部分。第二，材料新颖。教材编写的内容注意结合最新的立法规定、司法解释、规范性文件、权威指导案例，明确各罪认定的重点疑难问题，力图满足纪检监察专业学习及相关工作的实际需求。第三，体现教学体例。本次编写除了在全书章、节、目的优化之外，还增加一些反映教学环节的内容，如章前增设“内容提要、学习目标、关键词”；章尾增设“要点小结、理解反思探究、拓展性导航”；案例之后设计“思考”等；这些环节使教材的体例更加有利于课堂教学。

范雪峰

2020 年 4 月

CONTENTS

# 目 录

# 第一章
# 刑法概述

**内容提要**

本章主要介绍刑法的概念、渊源、基本原则，犯罪与犯罪构成；讨论故意犯罪停止形态，共同犯罪理论，罪数理论，明确刑罚体系与分类。

**学习目标**

1. 掌握刑法的概念和性质，我国刑法的基本原则，犯罪与犯罪构成，刑罚的概念与特征、刑罚体系等内容。
2. 明确故意犯罪停止形态，共同犯罪理论，罪数理论。
3. 了解我国刑法的渊源、创制与修改等其它相关内容。

**关键词**

刑法　刑法基本原则　犯罪构成　刑罚　刑罚体系

## 第一节　刑法绪论

### 一、刑法的概念和特征

（一）刑法的概念

刑法是规定犯罪、刑事责任及其法律后果（主要是刑罚）的法律规范。

（二）刑法的特征

刑法具有区别于其他法律的特有属性，主要表现在以下几个方面：

第一，规制内容的特定性。刑法是规定犯罪及其法律后果的规范，而其他法律规定的是一般违法行为及其法律后果。这种特定性，是刑法得以成为特殊法律的重要原因。

第二，制裁手段的严厉性。一般部门法对一般违法行为也适用强制方法，如赔偿损失、警告、行政拘留等。刑法规定的法律后果主要是刑罚，刑罚是国家最严厉的强制方法。

第三，法益或客体保护的广泛性。一般部门法都只是调整和保护某一方面的社会关系。如民法仅调整和保护平等主体之间的财产关系与人身关系；商法仅调整和保护商事主体营业活动所发生的财产关系；行政法调整行政关系以及在此基础上产生的监督行政关系；如此等等。刑法则保护人身的、经济的、财产的、婚姻家庭的、社会秩序等许多方面的法益。可以认为，一般部门法所保护的法益，刑法都要予以保护。

第四，处罚范围的不完整性。虽然刑法保护的法益范围相当广泛，但其处罚范围具有不完整性。首先，刑法并未将所有侵害法益的行为规定为犯罪，而只是将其中部分严重侵害法益的行为规定为犯罪。其次，即使是严重侵害法益的某些行为，但由于刑事政策等方面的原因，立法者也可能不将其规定为犯罪。最后，成文刑法总是具有局限性，导致一些严重侵害法益的行为可能被遗漏。不过，刑法处罚虽然存在不完整性，但要求司法机关恪守罪刑法定原则。

## 二、我国刑法的创制与修改

### （一）刑法的制定

早在 1954 年，宪法颁布的同时，我国就推动了刑法起草工作。从此，全国人大常委会办公厅法律室负责刑法起草工作。从 1954 年 10 月至 1956 年 11 月，法律室草拟了 13 稿；此后，刑法起草工作加紧进行，截至 1957 年 6 月已经草拟了 22 稿。第 22 稿经全国人大常委会讨论审议，并准备作为草案公布试行，但由于“反右”斗争的开展、法律虚无主义思潮抬头，刑法草案没有公布，刑法起草工作也停顿下来。根据毛泽东同志的指示，全国人大常委会法律室从 1962 年 5 月开始对刑法草案第 22 稿进行了多次修改，到 1963 年 10 月已拟订了第 33 稿，因“四清”运动与“文化大革命”的开始，刑法没能公布。“文化大革命”结束后，国家于 1978 年 10 月重新组建刑法草案修订班子，对第 33 稿进行修订。

十一届三中全会的召开更加推动了刑法起草工作。随后，刑法草案在全国人大常委会法制工作委员会全体会议和第五届全国人大常委会第八次会议上讨论审议，修改后提交五届人大二次会议审议，最后于1979年7月1日一致通过，同年7月6日正式公布，1980年1月1日起施行。至此，新中国的第一部刑法典——《中华人民共和国刑法》诞生了。

（二）刑法的修改

总的来看，1979年制定的刑法许多具体规定是可行的，对于惩罚犯罪、保护法益发挥了重要作用。同时也反映出一些问题，如对有些犯罪的规定不够明确，难以操作；有些犯罪的罪行程度发生了变化，使得法定刑与犯罪难以适应；出现了许多新类型的犯罪，需要加以规定。总之，为了适应惩罚犯罪与保护法益的实际需要，有必要对旧刑法典进行修订、补充和完善。修订刑法的工作事实上进行了十多年，直到1997年新刑法的颁布。

1997年修订刑法的指导思想主要有以下几点：（1）要制定一部有中国特色的、统一的、比较完备的刑法典。基于这一考虑，所有单行刑法均纳入新刑法；附属刑法的部分规定成为刑法分则的具体条款；对一些新类型的犯罪也作了规定。（2）注意保持刑法的连续性与稳定性。对刑法的原有规定，如果没有原则性问题，尽量不作修改。（3）对原来比较笼统的规定，尽量做出具体规定。

新刑法颁布后20多年间，又出现了大量新的严重的社会危害行为。因此，立法机关多次以修正案的方式对现行刑法进行了修改，分别是1999年12月25日《中华人民共和国刑法修正案》，2001年8月31日《中华人民共和国刑法修正案（二）》，2001年12月29日《中华人民共和国刑法修正案（三）》，2002年12月28日《中华人民共和国刑法修正案（四）》，2005年2月28日《中华人民共和国刑法修正案（五）》，2006年6月29日《中华人民共和国刑法修正案（六）》，2009年2月28日《中华人民共和国刑法修正案（七）》，2011年2月25日《中华人民共和国刑法修正案（八）》，2015年8月29日《中华人民共和国刑法修正案（九）》，2017年11月4日《中华人民共和国刑法修正案（十）》。

从当今各国刑事立法的发展来看，刑法已不可能像过去那样稳定。由于我国立法机关试图以一部刑法典囊括所有的犯罪，故今后对刑法典的修改也可能相当频繁。

## 三、我国刑法的渊源

一般认为，刑法的渊源有以下几种。

第一是刑法典。刑法典是国家以刑法名称颁布的、系统规定犯罪及其法律后果的法律。我国 1979 年颁布的《中华人民共和国刑法》（也称为旧刑法、旧刑法典、79 刑法），以及 1997 年经过修订颁布的《中华人民共和国刑法》（也称为新刑法、新刑法典、97 刑法）可谓刑法典。当人们说“刑法某条”或“根据《刑法》有关规定”时，其中的“刑法”是指刑法典。

第二是单行刑法。单行刑法是国家以决定、规定、补充规定、条例等名称颁布的，规定某一类犯罪及其法律后果或者刑法的某一事项的法律。从 1981 年 6 月至 1995 年 10 月，全国人大常委会颁布了 23 个单行刑法，如《中华人民共和国惩治军人违反职责罪暂行条例》《全国人民代表大会常务委员会关于惩治走私罪的补充规定》《全国人民代表大会常务委员会关于禁毒的决定》等。这些单行刑法要么是针对旧刑法的漏洞作了增加规定，要么是针对旧刑法典的不完善作了补充规定，要么是针对旧刑法典的缺陷作了修改规定。根据现行《刑法》第 452 条的规定，《中华人民共和国惩治军人违反职责罪暂行条例》等 15 个单行刑法被废止；《全国人民代表大会常务委员会关于禁毒的决定》等 8 个单行刑法有关犯罪与刑罚的规定失去效力，有关行政处罚与行政措施的规定则继续有效。这是因为上述 23 个单行刑法的内容基本上都已纳入现行刑法典。

第三是附属刑法，即附带规定于民法、经济法、行政法等非刑事法律中的罪刑规范。79 刑法公布后，出现了 130 余个附属刑法条文，对完善刑法起到了一定作用。随着现行 97 刑法的颁布与施行，这些附属刑法规范都失去了效力。现行刑法颁布后，行政法、经济法等法律中的一些条款，只是形式上概括性地重申了刑法的相关内容，经常表述为“构成犯罪的，依照刑法追究刑事责任”，而没有对刑法做出解释、补充、修改等实质性规定。这些规定并非真正意义上的附属刑法。所以，只要我国的非刑事法律中没有真正的罪刑规范，就不存在“附属刑法”这一渊源。

此外，民族自治地方的省级人民代表大会根据当地民族的政治、经济、文化的特点和刑法典的基本原则制定的变通或补充规定，也可谓刑法的渊源。

## 四、我国刑法的基本原则

### （一）刑法基本原则的概念

刑法基本原则是指刑法本身所具有的，贯穿于刑法始终，必须得到普遍遵循的具有全局性、根本性的准则。我国刑法的基本原则主要包括“罪刑法定原则、刑法适用平等原则、罪刑相适应原则”。

### （二）罪刑法定原则

#### 1. 罪刑法定原则的含义与思想渊源

罪刑法定原则的基本含义是，“法无明文规定不为罪”“法无明文规定不处罚”。罪刑法定原则的思想渊源主要有三权分立思想、心理强制说、民主主义与尊重人权等。

#### 2. 罪刑法定原则形式层面的内容

（1）法律主义

罪刑法定原则所要求的法律主义，是指规定犯罪及其后果的法律必须是成文的法律；法官只能根据成文法律定罪量刑。以下方面的问题需要进一步地关注。

行政规章能否制定刑罚？不少国家的宪法规定，当法律委任行政规章制定罚则（指刑罚）时，行政规章可以在其范围内制定罚则。根据我国宪法及有关法律规定，行政机关所制定的行政法规，不能设立刑罚；与此同时，我国立法机关也没有委任行政机关制定刑法规范。

习惯法能否成为刑法的渊源？习惯法通常缺乏明确表达，人们难以据此预测自己的行为性质与后果；习惯法通常适用于狭窄限定的各类人和关系范畴，而不是极其普遍的各阶级与群体，因此不具一般性。习惯法也不可能被归纳为一套规则，使之法典化则意味着令其面目全非。

判例法能否、应否成为刑法的渊源？罪刑法定原则要求司法机关只能根据已经公布的刑法定罪量刑。在中国推行刑事判例法，意味着同时将成文刑法与刑事判例作为刑法渊源。但难以看出这样会使成文刑法与刑事判例形成优势互补、弊害互克的格局。相反，在两种法渊源同时存在的情况下，成文刑法仍然可能被随意解释，判例法的非民主性、溯及既往等缺陷各自独立地存在，因而同时表现出来。因此，判例法充其量只能填补刑法的空白或漏洞，而不能弥补成文刑法的其他缺陷。

（2）禁止溯及既往

适用事后法，使刑法溯及既往，意味着国民必须遵守“行为时根本不存在的法律”，这令人不可思议。由于适用刑法的效果通常导致严厉的刑罚，故与其他部门法相比，刑法对事后法的禁止极为严格。

（3）禁止类推解释

多数学者认为，禁止类推解释是罪刑法定原则的一个内容。“类推解释”是指需要判断的具体事实与法律规定的构成要件基本相似时，将后者的法律效果适用于前者。立法机关可以通过文字表述其立法意图，但只能在法条文字可能具有的含义内进行解释，不能随意类推解释。

（4）禁止绝对不定（期）刑

刑法的法定刑必须有特定的刑种与刑度。如果刑法分则条文宣布禁止某种行为，但没有对该行为规定刑罚后果，那么，根据“没有法定的刑罚就没有犯罪”的原则，该行为便不是犯罪。

3. 罪刑法定原则实质层面的内容

罪刑法定原则实质层面主要包括两个方面的内容：第一，刑罚法规的明确性原则。要求刑法的明确性是因为含糊的刑法必然导致司法机关扩大处罚范围。第二，刑罚法规内容的适当性原则，包括禁止处罚不当罚的行为，禁止残虐的、不均衡的刑罚等。禁止处罚不当罚的行为是为了防止立法者过度地侵害国民的自由；禁止残虐的刑罚是为了防止立法者过度地侵害犯罪人的自由；禁止不均衡的刑法是为了实现公正、平等。

罪刑法定原则实质层面的内容旨在使刑法尊重个人自由、实现社会公平，反对恶法亦法，其不仅限制司法权而且限制立法权，从而实现实质的法治。

（三）刑法适用平等原则

1. 刑法适用平等原则的概念

法律面前人人平等是我国宪法确立的一般原则，据此，《刑法》第4条明确规定：“对任何人犯罪，在适用法律上一律平等。不允许任何人有超越法律的特权。”这就是刑法适用平等原则也称为罪刑平等原则。

罪刑平等原则的具体内容是指：就犯罪人而言，任何人犯罪，都应当受到法律的追究；任何人不得享有超越法律规定的特权；不论犯罪人的社会地位、家庭出身、职业状况、财产状况、政治面貌、才能业绩如何，都一律平等地适用刑法，在定罪量刑时一视同仁，依法惩处。就被害人而言，任何人受到犯罪侵害，都应当依法追究犯罪、保护被害人的权益；被害人同样的权益，应当受到刑法同样的保护；不得因为被害人身份、地位、财产状况等情况的不同而对犯罪人定罪量刑上有所区别。

2. 罪刑平等原则的立法体现

（1）定罪上的平等

定罪上的平等，是指任何人犯罪，无论其地位多高，功劳多大，都应当受到刑事追究而不得例外。《刑法》第 6 条至第 8 条，明确规定了我国刑法适用的空间范围。这些规定表明，只要实施了我国刑法规定的犯罪行为，无论是在我国领域内还是领域外，也不论是中国人还是外国人，除法律另有规定以外，在适用我国刑法上一律平等，不存在任何超越法律的特权。

（2）量刑上的平等

量刑上的平等是指犯相同的罪，除具有法定的从重、从轻或者减轻处罚的情节以外，应当处以相同之刑。因此，量刑上的平等并非不考虑犯情节的绝对的同罪同罚。《刑法》第 61 条规定："对于犯罪分子决定刑罚的时候，应当根据犯罪的事实、犯罪的性质、情节和对于社会的危害程度，依照本法的有关规定判处。"

（3）行刑上的平等

行刑上的平等是指在刑罚执行上，应当受到相同的处遇，不因身份、地位而有所特殊。《刑法》第 79 条规定："对于犯罪分子的减刑，由执行机关向中级以上人民法院提出减刑建议书。人民法院应当组成合议庭进行审理，对确有悔改或者立功事实的，裁定予以减刑。非经法定程序不得减刑。"这一规定，体现了行刑上的平等。

（四）罪刑相适应原则

我国《刑法》第 5 条规定："刑罚的轻重，应当与犯罪分子所犯罪行和承担的刑事责任相适应。"由此可见，我国刑法中的罪刑相适应原则，实际上包含了刑罚的轻重与所犯罪行相适应、刑罚的轻重与所承担的刑事责任相适应这两个方面的内容。刑罚的轻重与所犯罪行相适应，体现的是报应观念，要求刑罚的轻重与犯罪行为的社会危害性相适应，也就是重罪重判、轻罪轻判。而刑罚的轻重与所承担的刑事责任相适应，体现的是预防观念，要求刑罚的轻重与犯罪人的人身危险性相适应。因此，我国刑法关于罪刑相适应原则的规定，反映了报应与预防相统一的刑法观念。

## 第二节　犯罪与犯罪构成

### 一、犯罪的概念及特征

（一）犯罪的概念

我国《刑法》第13条规定："一切危害国家主权、领土完整和安全，分裂国家、颠覆人民民主专政的政权和推翻社会主义制度，破坏社会秩序和经济秩序，侵犯国有财产或者劳动群众集体所有的财产，侵犯公民私人所有的财产，侵犯公民的人身权利、民主权利和其他权利，以及其他危害社会的行为，依照法律应当受刑罚处罚的，都是犯罪，但是情节显著轻微危害不大的，不认为是犯罪。"

（二）犯罪的特征

从我国刑法对犯罪的定义看，一个行为被认为是犯罪，必须具备三个基本特征：社会危害性、刑事违法性和刑罚当罚性。

第一，犯罪具有社会危害性。从我国刑法的规定看，社会危害性是一个行为称之为犯罪的必要条件，没有社会危害性的行为不是犯罪。第二，犯罪具有刑事违法性。刑事违法性是犯罪的法律特征，是刑法对具有社会危害性的犯罪行为否定性的法律评价。是建立在罪刑法定原则上的一切犯罪的基本特征。没有刑事违法性就不存在犯罪。第三，犯罪应受刑罚处罚。这是从行为与国家的反应方式的角度说明犯罪特征，是指犯罪应当承担刑事责任，受到刑罚制裁。

### 二、犯罪构成的概念

犯罪构成是我国刑法所规定的，决定某一行为的社会危害性及其程度并为该行为构成犯罪所必须具备的一系列主客观要件的总和。任何一种犯罪的成立都必须具备四个方面的构成要件，即犯罪客体、犯罪客观方面、犯罪主体、犯罪主观方面。

### 三、犯罪客体

（一）犯罪客体的概念

犯罪客体是我国刑法所保护、而为犯罪行为所侵犯的社会关系。社会关系是人们在生产和共同生活活动过程中所形成的人与人之间的相互关系。社会关系有物质的社会关系和思想的社会关系之分，但只有在刑法保护之列的社会关系，才能成为犯罪客体。我国《刑法》第 13 条对受刑法所保护的社会关系进行了明确界定，即国家主权、领土完整和安全，人民民主专政的政权，社会主义制度，社会秩序和经济秩序，国有财产或者劳动群众集体所有的财产权，公民私人的财产所有权，公民的人身权利、民主权利和其他权利等。这些社会关系为犯罪行为所侵害，就成为犯罪客体。

（二）犯罪客体的分类

刑法学理论中，通常按照犯罪所侵犯的社会关系范围的不同层次把犯罪客体分为三类，即一般客体、同类客体、直接客体。

1. 一般客体

一般客体是指一切犯罪所共同侵犯的客体，即我国刑法所保护的整体社会关系。犯罪的一般客体体现了一切犯罪的共性，据此，可以把犯罪视为一个整体，揭示出犯罪的共同本质即为犯罪的社会危害性。

2. 同类客体

同类客体是指某一类犯罪所共同侵犯的客体，即刑法所保护的犯罪所侵害的社会关系的某一部分或者某一方面。例如，危害国家安全罪的同类客体是国家主权、领土完整和安全等；侵犯财产罪的同类客体是公、私财产关系；破坏社会主义市场经济秩序罪的同类客体是社会主义市场的经济秩序，如此等等。我国刑法正是按照犯罪的同类客体把社会上形形色色的犯罪分为十大类。

3. 直接客体

直接客体是指某一种犯罪所直接侵犯的具体的社会关系。例如，故意杀人罪的直接客体是他人的生命权利；受贿罪的直接客体是国家机关、国有企业事业单位的正常活动以及职务的廉洁性，等等。直接客体是每个具体犯罪构成的必要要件，是决定犯罪性质的重要因素。它对于立法上建立每个具体犯罪构成，从而规定相应的量刑幅度；对于司法工作正确定罪量刑，都具有十分重要的意义。

一般来说，犯罪直接客体只能是一个，理论上称为单一客体，即一种犯罪行为只直接侵犯到一种具体社会关系，如盗窃罪、杀人罪。但也有犯罪行为直接侵犯到两种以上具体社会关系，如抢劫罪，不仅侵犯公、私财产关系，而且直接侵犯他人的人身权利。犯罪行为侵犯两种以上客体的，理论上称之为复杂客体。在复杂客体中，不同客体在案件中有主次之分，不能等量齐观。立法者一般根据主要客体把它列入有关的某一类犯罪中，如把抢劫罪列入侵犯财产罪中。

（三）犯罪客体与犯罪对象

犯罪对象是指刑法分则条文规定的犯罪行为所作用的客观存在的具体的人或物；它是具体社会关系的物质表现或主体参加者。犯罪对象与犯罪客体是具体与抽象的关系。如甲盗窃乙的财物，所盗窃的财物就是犯罪对象，而犯罪客体则是乙对该财物的所有权。一般来说，犯罪客体和犯罪对象主要有以下方面的区别：

1. 犯罪客体决定犯罪性质，犯罪对象一般不决定犯罪性质

对某一犯罪行为性质的界定，必须依靠犯罪客体，仅仅通过犯罪对象往往无法分析出结论。如，同样是盗窃电线，某甲盗窃的是库房里备用的电线，某乙盗窃的是输电线路上正在使用中的电线，那么前者构成盗窃罪，后者则构成破坏电力设施罪，两者的区别就在于犯罪对象所体现的社会关系不同：一是侵犯公共财产所有权，一是危害公共安全。

2. 犯罪客体是犯罪构成的必备要件，犯罪对象则不是不可缺少的

比如《刑法》第152条的走私淫秽物品罪，其犯罪对象只能是具体描绘性行为或者露骨宣扬色情的淫秽性的书刊、影片、录像带、录音带、图片及其他淫秽物品，否则就不可能构成此罪。而像偷越国（边）境罪，脱逃罪，违反国境卫生检疫规定罪，非法集会、游行、示威罪等，就很难说有什么犯罪对象了。但这些犯罪无疑都侵害了一定的社会关系，具有犯罪客体。

3. 犯罪客体必然因犯罪行为而受到侵犯，犯罪对象则不一定受到损害

例如，盗窃犯将他人的电视机盗走，侵犯了主人的财产权利，但作为犯罪对象的电视机本身则未必受到损害。而一般情况下，盗窃犯总是把窃来的东西好好保护，以供自用或卖得高价。

4. 犯罪客体是对犯罪进行分类的根据，犯罪对象对犯罪分类则没有影响

由于犯罪客体是每一犯罪的必要要件，它的性质和范围是确定的，所以它可以成为犯罪分类的标准。我国刑法分则规定的十类犯罪，正是主要以犯罪同类客体为标准进行划分的。

## 四、犯罪客观方面

### （一）犯罪客观方面概念与特征

犯罪客观方面，是指刑法所规定的，能够说明行为对刑法所保护的社会关系的侵犯性，而成立犯罪所必须具备的客观事实。犯罪客观方面包括危害行为、危害结果、因果关系、犯罪的时间、地点、方法等。

### （二）危害行为

#### 1. 危害行为的概念及特征

“危害行为”是指刑法所明文禁止的，表现人的意识或者意志的危害社会的行为。危害行为具有以下的特征：第一，从客观方面看，危害行为是人的身体动静。刑法上所称的危害行为必须是一种人的行为。如果只是单纯的思想活动而不与人的行为联系起来，就不可能对社会产生实际的影响，只有人的行为才可能对社会产生实际的作用。第二，必须是危害社会而为我国刑法所明文禁止的行为。第三，从主观上看，它是表现人的意识或者意志的行为。只有在人的意识和意志支配下的危害行为，才可能由刑法来调整。无意识和无意志的身体活动即使客观上造成损害，也不是刑法意义上的危害行为。

#### 2. 危害行为的基本形式

危害行为可以分为“作为”与“不作为”两种形式。“作为”是指行为人以积极的活动实施刑法所禁止的危害社会的行为。作为是诸多犯罪的主要形式，即不应为而为之。作为除了行为人亲手实施以外，还包括行为人借助自然力量、借助动物以及其他不具备犯罪主体条件的人、或者借助他人的过失行为来实施犯罪行为，这些行为应视为利用者本人实施了作为的犯罪形式。

“不作为”是指行为人具有应当实施某种行为的特定法律义务，并且能够积极实施该类行为而未实施的行为，即应当做而未做。不作为的危害行为要求行为人负有实施特定积极行为的法律义务。这种义务的来源体现在以下三个方面：法律上明文规定的义务、职务业务要求履行的义务和先行行为产生的义务。此外，行为人还应当有履行特定义务的实际可能，如由于某种原因而不具有履行该项义务的可能性，则不构成不作为的犯罪。

### （三）危害结果

刑法上的危害结果一般有广义和狭义两种理解。广义是指危害行为引起的对社会的一切损害，包括直接结果和间接结果。但是，从刑法观点看，直接损害与间接损害以及作为构成要件的结果与非构成要件的结果，对刑事案件的定罪量刑具有不同意义。狭义的危害结果是指刑法规定作为某种犯罪构成中的危害结果，也即犯罪行为对某罪直接客体造成的损害。危害结果不仅指已经造成的现实损害，还包括造成危害结果的可能性或危险性。当法律明文规定把某种行为造成的引起某种损害的危险状态作为其必备的条件时，该危险状态可以看成是犯罪构成要件中的危害结果。如妨害国境卫生检疫罪，危害结果可指可能引起检疫传染病传播或者有严重传播危险的状态。

（四）因果关系

1. 因果关系的概念

刑法上的因果关系是指危害行为与危害结果之间必然的不以人的意志为转移的内在标准或关系。在刑法中，将某一结果归咎于某人的时候，往往需要查明其行为与结果之间是否存在刑法上的因果关系。

2. 因果关系的特征

（1）客观性。客观性是指作为客观现象之间引起与被引起的关系。因果关系的原因，是指危害社会的行为；因果关系中的结果，是指法律所要求的已经造成的有形的、可被具体测量的危害结果。

（2）时间序列性。危害行为与对应的危害结果按照时间的顺序，必然是先有原因（或行为），后有结果。结果之前的行为未必是原因，但作为原因的行为必然发生在结果之前，故如果查明结果发生在行为之前，则其肯定无因果关系。

（3）复杂性。表现为“一果多因”和“一因多果”。

（4）多样性。体现为“必然因果关系”和“偶然因果关系”。“必然因果关系”指两种现象之间存在着内在的、必然的、合乎规律的引起与被引起的联系。“偶然因果关系”是指某种行为本身不包含产生某种危害结果的必然性（内在根据），但是在其发展过程中，偶然又有其他原因加入其中，由后来介入原因合乎规律地引起了这种危害后果。在这种情况下，先行行为与最终之危害结果之间的偶然联系，就称为偶然因果关系。如：受到歹徒持刀威胁而紧追不舍，在十字路口被卡车撞死。“偶然因果关系”一般表现为对量刑有影响，而对行为人是否构成犯罪以及构成何种犯罪一般没有影响。

（5）法律性。作为法律标准的因果关系的原因行为，在刑法上应是对确定刑事责任有意义的危害社会的行为，其结果也必然是危害社会的结果。

## 五、犯罪主体

（一）犯罪主体的概念

犯罪主体是指实施了危害社会的行为、依照刑事法律的规定应当负刑事责任的自然人及单位。

（二）刑事责任能力

1. 刑事责任能力的概念

刑事责任能力是指行为人构成犯罪和承担刑事责任所必须的，行为人具备的刑法意义上辨认和控制自己行为的能力。

2. 刑事责任能力的内容

刑事责任能力是行为人对自己行为的辨认能力和控制能力。辨认能力是指行为人具备对自己的行为在刑法上的意义、性质、后果的分辨认识能力，即有能力认识到自己的行为是否为刑法所禁止、所谴责和所制裁。控制能力是指行为人具备决定自己是否以行为触犯刑法的能力。辨认能力是刑事责任能力的基础，只要不具备辨认能力，便不具备控制能力，不存在刑事责任能力。控制能力是刑事责任能力的关键，只要具备控制能力，就一定具备辨认能力，但是人虽然有辨认能力，但也有可能不具备控制能力而无刑事责任能力，因此刑事责任能力的存在要求辨认能力和控制能力同时具备，缺一不可，只要一项缺失即不能以犯罪论处。

3. 决定和影响刑事责任能力的因素

（1）刑事责任年龄。指法律规定对自己所实施的危害社会的行为负刑事责任必须达到的年龄。刑事责任年龄有以下划分：

完全不负刑事责任年龄。不满 14 周岁的人不负刑事责任，但可责令其家长或监护人加以管教，必要时可收容。

相对负刑事责任年龄。已满 14 周岁不满 16 周岁的人，犯故意杀人、故意伤害致人重伤或者死亡、强奸、抢劫、贩卖毒品、放火、爆炸、投放危险物质罪的，应当负刑事责任。

完全负刑事责任年龄。已满 16 周岁的人犯罪，应当负刑事责任。

（2）精神障碍。精神病人在不能辨认或者不能控制自己行为的时候造成的损害结果不负刑事责任。不同状况精神病人的刑事责任有以下划分：

完全无刑事责任能力。精神病人危害行为的实施，不但是其精神病理机制直接引起，而且由于精神病理的作用使其行为时丧失辨认或控制自己触犯刑法的行为能力。

负刑事责任的精神障碍人。精神正常时期的“间歇性精神病人”在精神正常的时候犯罪应当负刑事责任，如精神分裂症、躁狂症、抑郁症。非精神病性精神障碍人犯罪，一般应负刑事责任。

限制刑事责任能力的精神障碍人。处于早期（发作前趋期）或者部分缓解期的精神病人和某些非精神病性精神障碍人。尚未完全丧失辨认或者控制自己行为能力的精神病人犯罪的，应当负刑事责任，但是可以从轻或减轻处罚。

（3）生理功能丧失。重要生理功能的丧失（如听觉能力、语言能力以及视觉能力）影响其接受教育，影响其学习知识和开发智力，并进而导致刑法意义上辨认和控制自己行为能力的不完备。如又聋又哑（必须同时具备）的人或盲人（双目失明），可以减轻或者免除处罚。

（4）生理与病理醉酒。生理性醉酒是最多见的一种急性酒精中毒，多发生于大量饮酒后，因饮酒过量而导致精神过度兴奋甚至神志不清的情况。生理醉酒的人辨认和控制自己行为能力只是减弱，但并未丧失，不属于无刑事责任人。病理性醉酒，属于精神病人的范畴，不负刑事责任。

（三）犯罪主体的特殊身份

1. 犯罪主体的特殊身份的概念

犯罪主体的特殊身份是指刑法明文规定影响行为人刑事责任的身份方面特定的资格、地位或状态，如公务员、军人、在押罪犯等。特殊身份必须是实施危害行为时就具备的特殊资格和已经形成的特殊地位、状态。作为犯罪构成要件的特殊身份只是针对实行犯而言，对教唆犯和帮助犯则不受身份限制。以主体是否要求必须具备特定身份为标准，自然人犯罪可分为一般主体犯罪与特殊主体犯罪。

2. 犯罪主体特殊身份的分类

（1）从形成方式，可分为自然身份和法定身份。自然身份是指因自然因素所赋予而形成的身份，如强奸罪一般只能由男子构成；法定身份是基于法律所赋予而形成的身份，如受贿罪的犯罪主体必须是国家工作人员。

（2）根据其对行为人刑事责任影响性质和方式，可分为定罪身份和量刑身份。定罪身份又称为犯罪构成要件的身份，是决定刑事责任存在的身份，如贪污罪的主体是国家机关工作人员。量刑身份指影响刑事责任轻重程度的身份。如包庇毒品犯罪分子罪，缉毒人员或者其他国家机关工作人员从重处罚。

（四）单位犯罪

1. 单位犯罪的概念和特征

单位犯罪是指公司、企业、事业单位、机关、团体实施的依法应当承担刑事责任的危害社会的行为。单位犯罪在理论界也称为“法人犯罪”，但单位除了法人外，还包括合伙、外国公司的分支机构、公司的筹备组织、公司的清算组织等在内。

单位犯罪的主要特征：第一，单位犯罪的主体必须是单位，即公司、企业、事业单位、机关、团体等。这些单位必须是依法成立的合法单位，且为独立的单位，而不能是单位的内部机构。第二，单位犯罪的行为必须经过单位决策程序的批准。第三，单位必须实施了犯罪行为，该种行为符合《刑法》第 13 条规定的犯罪的特征。第四，必须有处罚单位犯罪的明确的分则性规定。

2. 单位犯罪的处罚

单位犯罪的处罚有以下方式：第一，代罚制，即以处罚单位内部的自然人代替对犯罪单位的处罚，如我国《刑法》第 137 条的工程重大安全事故罪、第 244 条第 1 款的强迫劳动罪等。第二，两罚制，既处罚犯罪的单位，也处罚单位内部参与了单位犯罪的自然人。我国刑法对于单位犯罪的处罚以两罚制为原则，以代罚制为例外。

## 六、犯罪主观方面

（一）犯罪主观方面的概念

犯罪主观方面是指刑法规定的成立犯罪必须具备的犯罪主体对其实施的危害行为及其危害结果所持的心理态度。犯罪主观方面包括犯罪人的罪过（犯罪故意和过失）、犯罪目的、犯罪动机，其中犯罪故意或者过失是所有犯罪的必备要件，犯罪目的是某些犯罪构成的必要主观条件，称为选择性要件，犯罪动机不是要件，一般不影响定罪而影响量刑。

（二）犯罪故意

1. 犯罪故意的概念

我国《刑法》第 14 条规定：“明知自己的行为会发生危害社会的结果，

并且希望或者放任这种结果发生，因而构成犯罪的，是故意犯罪。”即犯罪故意是指行为人明知自己的行为会发生危害社会的结果，并且希望或者放任这种结果发生的心理态度。

犯罪故意由认识因素和意志因素构成。犯罪故意的“认识因素”是指明知自己的行为会发生危害社会的结果的主观心理状态，是事实性认识与违法性认识的统一。犯罪故意的“意志因素”是指希望或者放任危害结果发生的主观心理态度，是心理性意志与违法性意志的统一。

2. 犯罪故意的分类

犯罪故意主要分为“直接故意”和“间接故意”。

直接故意指明知自己的行为会发生危害社会的结果，并且希望这种结果发生的心理态度。间接故意指明知自己的行为可能发生危害社会的结果，并且有意放任发生这种结果的心理态度。间接故意的认识因素是指行为人认识到自己的行为可能发生危害社会的结果，而不包括认识到自己的行为必然发生危害社会的结果。间接故意主要有三种情形：一是为追求某一犯罪目的而放任了另一危害结果的发生；二是为追求某一非犯罪目的而放任某一危害结果发生；三是突发性犯罪中不计后果放任某种严重危害结果的发生。

（三）犯罪过失

1. 犯罪过失的概念

犯罪过失指应当预见自己的行为可能发生危害社会的结果，因为疏忽大意而没有预见或者已经预见而轻信能够避免发生这种结果的心理状态。犯罪过失在认识因素上是应当预见而未能预见或已经预见其可能性，在意志因素上是疏忽大意或轻信能够避免。

2. 犯罪过失的分类

犯罪过失分为“疏忽大意的过失”和“过于自信的过失”。

疏忽大意的过失指应当预见自己的行为可能发生危害社会的结果，因为疏忽大意而没有预见，以致发生这种结果的心理态度。疏忽大意的过失是一种“无认识过失”，即行为人没有预见自己的行为可能发生危害社会的结果；没有预见的原因并非行为人不能预见，而是在应当预见的前提下由于疏忽大意才没有预见。“疏忽大意的过失”和“意外事件”有明显不同，意外事件的行为人对危害结果的发生是由于无法或难以预见而未预见；而疏忽大意的过失对危害结果的可能性能够预见也应当预见，只是由于其疏忽大意而未预见。

过于自信的过失是指行为人已经预见自己的行为可能发生危害社会的结果，但轻信能够避免发生这种后果的心理态度。“过于自信的过失”与“间接故意”有相似之处，如二者均认识到危害结果发生的可能性，都不是希望危害结果发生。二者的区别在于，间接故意所反映的是对合法权益的积极蔑视态度，过于自信的过失所反映的是对合法权益消极不保护的态度。间接故意是放任危害结果的发生，结果的发生符合行为人的意志；过于自信的过失是希望危害结果不发生，结果的发生违背行为人的意志。间接故意的行为人是为了实现其他意图而实施行为，主观上根本不考虑是否可以避免危害结果的发生，客观上也没有采取避免危害结果的措施；过于自信过失的行为人之所以实施其行为，是因为考虑到可以避免危害结果的发生，事实上也采取了避免结果的措施。间接故意是“明知”危害结果发生的可能性；过于自信的过失是“预见”危害结果发生的可能性。

## 第三节　故意犯罪停止形态

### 一、概念

故意犯罪停止形态是指故意犯罪在其发生、发展和完成过程中的各个阶段，因主客观原因而停止下来的各种犯罪形态。

### 二、犯罪停止形态的划分

#### （一）已完成犯罪的构成——犯罪既遂

犯罪既遂是犯罪的完成形态，是指行为人所实施的行为已经具备了某一种犯罪的全部构成要件。从犯罪形态来看，刑法分则规定的均是既遂形态的犯罪。

#### （二）未完成犯罪的构成

未完成形态包括犯罪的预备、未遂和中止。它们是犯罪的特殊形态，即不具备刑法分则规定的某种犯罪的全部基本要件，但其仍然具备犯罪构成的特征，也正因此，因其行为本质上具有社会危害性，需要承担相应的刑事责任。

## 三、犯罪既遂形态的类型

（一）结果犯

结果犯是指不仅要实施具体犯罪构成要件的行为，而且必须发生法定的犯罪结果才构成犯罪既遂的犯罪。

（二）行为犯

行为犯是指危害行为实施到一定的程度作为犯罪既遂标准的犯罪。只要法定的犯罪行为实施到一定程度，无论结果是否出现都成立既遂。如投敌叛变罪以及偷越国境罪等，行为到达相应程度就构成犯罪既遂。

（三）危险犯

危险犯是指以行为人实施的危害行为造成法律规定的发生某种危害结果的危险状态作为犯罪既遂的标准。这类犯罪不是造成物质性的有形损害结果，而是以法定的客观危险状态作为既遂标准，多集中在公共安全犯罪中。如放火罪、决水罪、破坏交通工具罪以及破坏交通设施罪等。

（四）举动犯

举动犯是指按照法律的规定，行为人一着手犯罪实行行为即告犯罪完成和完全符合构成要件，从而构成既遂的犯罪。主要包括原来为预备性质的犯罪构成，如参加黑社会性质组织罪；以及教唆、煽动性质的犯罪构成，如传授犯罪方法罪、煽动民族仇恨、民族歧视罪等。

## 四、犯罪预备

（一）犯罪预备的概念

《刑法》第22条规定：“为了犯罪，准备工具、制造条件的，是犯罪预备。”按照该条文，犯罪预备是故意犯罪过程中未完成犯罪的一种状态，是指行为人为实施犯罪而开始创造条件的行为，由于行为人意志以外的原因而未能着手犯罪实行行为的犯罪停止状态。

（二）犯罪预备的特征

第一，已经实施了预备行为。在主观上预备行为是为了犯罪。如盗窃案中，勘察地形、准备作案工具。也有一些犯罪预备只从准备的工具难以断定其犯罪意图；只能在有其他事实证据证明其确为犯罪进行准备的，方可认定其是犯罪预备。在客观上，预备行为表现为准备工具、制造条件。

第二，未能着手实行犯罪是由于犯罪分子意志以外的原因，所谓意志以外的原因是指行为人想继续下去但是由于各种原因而被迫停顿下来。这也是犯罪预备和预备阶段的犯罪中止的本质区别。

（三）犯罪预备的认定

在认定犯罪预备时应注意区分“犯罪预备”和“犯意表示”。犯意表示是指实施犯罪活动前，把自己的犯罪意图通过口头或书面的形式表达出来。二者在主观上都有犯罪意图，客观上都有一定程度的表示。但犯意表示仅是单纯表露犯罪意图的行为，不具有刑法意义上的社会危害性，不具有犯罪构成的内容，因而不是犯罪行为。但犯罪预备是行为人为了犯罪准备工具、制造条件的行为，他的犯罪意图已经转化为现实的预备行为，对社会有着现实的威胁，为犯罪结果的发生创造了可能性，具有危害性，属于犯罪行为。

（四）犯罪预备的处罚

《刑法》第 22 条规定，对于预备犯，可以比照既遂犯从轻、减轻或免除处罚。这条规定表明，犯罪预备可以从宽处罚而不是必须从宽处罚，预备行为同时构成其他犯罪，尤其是牵连犯，应择一重处。刑法分则有规定的，按规定处罚。

## 五、犯罪未遂

（一）犯罪未遂的概念与特征

1. 犯罪未遂的概念

犯罪未遂是指行为人已经着手实行犯罪，由于意志以外的原因而未得逞。

2. 犯罪未遂的特征

第一，已经着手实行犯罪。应该从主客观统一的意义上把握着手：主观上，行为人实行犯罪的意志已经通过实行行为开始表现；客观上，行为人已经开始直接实施具体犯罪构成要件的行为。

第二，犯罪未得逞。犯罪未得逞是指没有达到刑法分则规定的具体犯罪的全部要件，即犯罪未完成而停止下来。“未得逞”应结合“危险犯、行为犯、结果犯”等不同犯罪既遂形态来判断。如结果犯应以法定的结果是否发生，作为是否得逞标志；行为犯之的未得逞应以法定的行为是否完成，作为犯罪是否得逞的标志；危险犯之未得逞的认定以是否造成了某种危险状态，作为得逞与否的标志。

第三，犯罪未得逞是由于犯罪分子意志以外的原因。意志以外的原因是质和量的统一，从质的方面来看，行为人意志以外的原因想干下去但是没有办法再干下去。故可以排除犯罪分子意志以内的因素即犯罪中止。从量上来说，必须达到足以阻碍犯罪分子继续犯罪的程度，一些因素本身不足以阻止犯罪的实施，而是经过犯罪分子的主观意志而停止了犯罪，故不应认定为未遂。

（二）犯罪未遂的刑事责任

《刑法》第23条规定，对于未遂犯，可以比照既遂犯从轻或减轻处罚。在量刑上要看犯罪的性质及未遂行为距离犯罪完成的远近程度和犯罪意志的坚决程度。

## 六、犯罪中止

（一）犯罪中止概念和特征

1. 犯罪中止的概念

犯罪中止指在犯罪过程中，自动放弃犯罪或者自动有效地防止犯罪结果发生。犯罪中止可能发生在犯罪预备、未实行终了及实行终了（但有效防止犯罪结果发生）的不同阶段。

2. 犯罪中止的特征

第一，及时性。犯罪中止必须发生在犯罪过程中，即从犯罪预备阶段开始到形成既遂阶段之前这段时间内，且犯罪又处于运动中尚未停止于预备形态或未遂形态。

第二，自动性。是指行为人在自己认为有可能将犯罪进行到底的情况下，出于本人意愿而自动中止犯罪。在客观上犯罪行为不可能进行到底，只要其主观上认为是可能的，并且主动停止了犯罪，仍然可以构成中止。

第三，有效性。是指犯罪完成之前不再继续实施犯罪或者有效地防止犯罪结果的发生。也即尚未造成犯罪既遂所要求的犯罪结果。

第四，彻底性。彻底性是指行为人放弃犯罪应当彻底，故环境不利、条件不成熟而暂缓实施犯罪而不可以认定为犯罪中止；同时也不可将其理解为以后不再犯罪或者犯类似的罪。

（二）犯罪中止的处罚

按照《刑法》第24条规定，对于中止犯，没有造成损害的，应当免除处罚，造成损害的，应当减轻处罚。此处的“没有造成损害”是指除刑法分则犯罪构成所要求的犯罪结果以外的损害，而不是指分则该行为所要求的犯罪结果。如：杀人乱砍一番中止犯罪，后被害人被救活，但已经受伤。

## 第四节　共同犯罪

### 一、共同犯罪概述

（一）共同犯罪的概念

《刑法》第25条规定，共同犯罪是二人以上共同故意犯罪。

（二）共同犯罪构成要件

1. 主体要件

共同犯罪必须是两个以上的人。包括两个以上有刑事责任能力的自然人实施的共同犯罪、自然人和单位的共同犯罪、单位和单位的共同犯罪。

2. 客观要件

必须有共同犯罪的行为，即各共同犯罪人的行为结成了一个整体，互相联系，共同配合，共同导致了危害结果的发生。共同行为的表现为共同的作为、共同的不作为，不作为和作为的结合。共同行为有无分工不影响共同犯罪的构成。

3. 主观要件

各共同犯罪人的行为之所以能结成一个整体，就是由于共同犯罪主观要件共同犯罪故意的存在。所谓“共同犯罪的故意”指各共同犯罪人通过意思联络，认识到他们的行为会发生危害社会的结果，并且希望或者放任该结果的发生。据此，共同过失犯罪、一方故意一方过失、同时犯、超出共同犯罪故意的行为均不属于共同犯罪。

### 二、共同犯罪人的种类

我国刑法对共同犯罪人的分类采取的“以作用分类法为主，以分工分类法为补充”的标准。将共同犯罪人分为主犯、从犯、胁从犯和教唆犯。

（一）主犯

1. 主犯的概念及分类

《刑法》第26条第1款规定，组织、领导犯罪集团进行犯罪活动的或者在共同犯罪中起主要作用的，是主犯。根据该规定，主犯包括以下几类人员：

（1）组织犯。即组织、领导犯罪集团的首要分子或者在犯罪集团中起策划、指挥作用的犯罪分子。

（2）犯罪集团中的骨干分子。他们虽然不是组织犯，但在组织犯的领导下，特别卖力地实施犯罪行为，是组织犯的得力助手，具体指挥进行犯罪活动。

（3）一般共同犯罪中主要的实行犯。实行犯是指在共同犯罪中，自己直接实施犯罪的实行行为，或者利用他人做工具实施犯罪的实行行为的共同犯罪人。在简单的共同犯罪中，其行为对于结果的发生起了主要作用的实行犯是主犯。在复杂的共同犯罪中，如果只有一个实行犯，该实行犯必然是主犯；如果有几个实行犯，其行为对结果发生起主要作用的是主犯。

2. 主犯的处罚

《刑法》第26条第3款、第4款规定，“组织、领导犯罪集团的首要分子，按照集团所犯的全部罪行处罚”。对于其他主犯，“按照其所参与的或者组织、指挥的全部犯罪处罚”。在共同犯罪中，有时可能有几个主犯，此时对不同的主犯仍应区别对待。

（二）从犯

1. 从犯的概念

《刑法》第27条第1款规定，“在共同犯罪中起次要或者辅助作用的，是从犯”。

2. 从犯的分类

（1）在共同犯罪中起次要作用的犯罪分子。即次要的实行犯，他们实施的行为虽然是犯罪的实行行为，但行为对结果的发生所起的原因力作用较小，不是结果发生的主要原因。

（2）在共同犯罪中起辅助作用的犯罪分子，即帮助犯。帮助犯指自己不直接实施犯罪行为，而是在他人产生犯罪决意后为他人实施犯罪创造便利条件，帮助他人实施犯罪行为的共同犯罪人。帮助犯在客观上实施了犯罪的帮助行为，即在他人犯罪之前或者犯罪的过程中给予帮助，使其易于实施犯罪或易于完成犯罪的行为；在主观上有帮助他人进行犯罪的故意。在我国刑法中，所有的帮助犯都是从犯。

（3）从犯的处罚

对于从犯，应当从轻、减轻或者免除处罚。

（三）胁从犯

被胁迫参加犯罪的，是胁从犯。根据《刑法》第28条的规定，“对于被胁迫参加犯罪的，应当按照他的犯罪情节减轻或者免除处罚”。这里的“犯罪情节”包括被胁迫的程度和参加犯罪后所起作用的大小。

（四）教唆犯

1. 概念：《刑法》第29条第1款规定，教唆他人犯罪的，是教唆犯。所以，教唆犯指故意引起他人进行犯罪意图的犯罪分子。

2. 成立条件

（1）客观上实施了教唆行为，或者其教唆行为引起被教唆人实施所教唆的犯罪。教唆的方式包括建议、劝说、请求、利诱、鼓动、威胁、怂恿、命令、挑拨、激将、收买、雇佣等。教唆的对象必须是本来没有犯罪意图的特定的人、必须是有责任能力人、必须是特定的人。教唆的内容必须教唆他人犯特定的罪，包括教唆他人实施犯罪的实行行为、组织行为、教唆行为和帮助行为。

（2）主观上必须有教唆他人犯罪的故意。教唆犯的故意包括认识到他人没有犯罪故意，或者犯罪故意不坚定而进行教唆；预见到自己的教唆行为将引起被教唆人产生特定的犯罪意图并实施所教唆之罪，希望或者放任被教唆人去实施自己所教唆的犯罪等。被教唆人本来已经有犯罪故意而教唆人不知道，误以为对方没有犯罪故意而加以教唆的，仍然成立教唆犯（认识错误）；认识到被教唆人是没有刑事责任能力的人而教唆的，是间接正犯。

3. 教唆犯的刑事责任

（1）教唆他人犯罪的，应按其在共同犯罪中的作用处罚。如果教唆犯的作用比实行犯的作用大或相当于实行犯，应当按照主犯的处罚原则处罚教唆犯；如果教唆犯的作用小于实行犯，则以从犯的处罚原则处罚教唆犯。但是，不再把教唆犯认定为主犯或从犯。

（2）教唆不满18周岁的人犯罪的，对教唆犯从重处罚。包括教唆已满16周岁不满18周岁的人犯任何罪的；教唆已满14周岁不满16周岁的人犯特定的 8 种犯罪的；教唆已满 14 周岁不满 16 周岁的人犯 8 种特定犯罪以外的其他犯罪的；教唆不满 14 周岁的人实施任何严重危害社会的行为的。后两种情况是间接正犯，对教唆人仍然应当从重处罚。

（3）被教唆人没有犯被教唆之罪的，对教唆犯可以从轻或者减轻处罚。

## 第五节　罪数

### 一、概述

罪数是行为人危害社会的行为符合犯罪构成的数量。对于罪数划分，我国以犯罪构成标准为主，即行为符合一个犯罪构成的是一罪，符合数个犯罪构成的是数罪。

### 二、理论上的一罪

包括单一罪、继续犯、想象竞合犯、结果加重犯。其中单一罪指明显只构成一罪的情况。

#### （一）继续犯

继续犯，又称持续犯，指已经实现犯罪既遂的行为，在既遂后的相当时间里持续侵犯同一或相同客体的犯罪。如非法拘禁罪、绑架罪是继续犯。

#### （二）想象竞合犯

想象竞合犯指一个犯罪行为触犯了数个罪名的犯罪，即基于一个犯意的发动，实施了一个行为，侵犯了数个客体，触犯了数个罪名的情况。刑法理论认为，对于想象竞合犯从一重罪处罚，即在所触犯的数个罪名中，按最重的一个罪名处罚。在数罪比较中应以法定刑的轻重为准。我国刑法没有明确规定想象竞合犯，但在司法实践中较为常见。

#### （三）结果加重犯

结果加重犯是指故意实施了基本犯罪构成要件的行为，又发生了基本犯罪构成结果以外的加重结果。结果加重犯不构成新的罪名，定罪时仍以基本犯罪的罪名定性；量刑时适用刑法中对结果加重犯处刑的条款，不适用基本犯罪的处刑。刑法有对加重结果规定了加重的法定刑的犯罪，如故意伤害致人死亡罪。

## 三、法定的一罪

### （一）结合犯

结合犯是指刑法上各自独立的数个行为，由法律明文规定结合为一罪的情况，如“甲罪+乙罪=丙罪”。我国刑法中没有规定结合犯。

### （二）集合犯

集合犯指行为人以实施不定次数的同种犯罪为目的，虽然实施了数个同种犯罪行为，刑法规定不作为数罪而是作为一罪处理的犯罪形态。例如，多次非法行医仅构成一个“非法行医罪”。集合犯包括常业犯和营业犯。

## 四、处断的一罪

### （一）连续犯

连续犯是指行为人出于连续的同一故意，连续实施了数个独立成罪的行为，触犯同一罪名的犯罪形态。我国刑法未明文规定连续犯，但承认连续犯的存在，如《刑法》第 89 条规定，“犯罪行为有连续或者继续状态的……”对连续犯应当以一罪论处，在裁判上从重处罚，即将连续犯作为量刑时的一个从重情节。

### （二）吸收犯

吸收犯指数个不同的犯罪行为，依照一般的日常观念或法条内容，其中一个行为当然地为他行为所吸收，只成立吸收行为的一个犯罪。

吸收犯事实上有数个不同的行为，每一行为都可单独成罪，但行为之间存在“吸收关系”。吸收关系主要有两种情况，一是经验上的吸收关系，即依照一般经验法则，前行为是后行为的当然发展阶段或者后行为是前行为的当然发展结果；二是法条内容上的吸收关系，即按照法律规定，一罪的犯罪构成为他罪所包括。对吸收犯的处罚以重罪论处，轻罪被重罪吸收。

### （三）牵连犯

牵连犯是指以实施某种犯罪为目的，但其方法行为或结果行为又触犯了其他罪名的情况，此时方法行为和目的行为之间、原因行为和结果行为之间就存在着牵连关系。

牵连犯虽然是数个行为，但主观上是犯一罪的意思，客观上不可分离，因此应从一重论处，不实行数罪并罚。但当法律有特别规定时，则应当依照法律的规定，实行数罪并罚，如《刑法》第198条关于保险诈骗罪的有关规定。

### 五、法条竞合

#### （一）法条竞合的概念和特征

法条竞合又称法规竞合。它不属于罪数形态，但和罪数形态中的有关内容十分近似。一个犯罪行为因为法律的错杂规定，致有数个法条或法规可以同时适用，但只在该数个法条中选择其一而排斥其他，只成立一罪的情况。

法条竞合特征为一个犯罪行为同时触犯了数个法条，而数个法条之间有竞合关系。竞合关系有两种情况，一是全包容关系的法条竞合，即一个法条的全部内容为另一法条的一部分；二是两个法条各有一部分构成要件互相重叠。

#### （二）法条竞合和想象竞合犯的区别

第一，法条竞合中的一个行为只有一个罪过，并且只产生了一个结果；想象竞合犯的一个行为往往具有数个罪过和数个结果。第二，法条竞合是由于法规的错杂规定即法律条文之间存在着包容关系和交叉关系，以致一个行为触犯了数个法条；想象竞合犯则是由于犯罪的事实特征，即出于数个罪过、数个结果，以致触犯了数个罪名。第三，法条竞合的行为所触犯的数个罪名在法条内容上存在着包容或交叉关系；想象竞合犯的行为所触犯的数个罪名之间不存在交叉、尤其是包容关系。第四，法条竞合在竞合的数个法规中仅仅可以适用其一，即按照特别法优于一般法的原则来处理；想象竞合犯中的法律适用则按照“从一重罪处罚”的原则。

## 第六节　刑罚概述

### 一、刑罚的概念与特征

刑罚是刑法规定的国家审判机关依法对犯罪的人所适用的限制或剥夺其一定权益的最严厉的强制性法律制裁方法。

刑罚主要有以下特征：第一，刑罚的内容属性，是对犯罪者权益予以一定的限制或者剥夺。第二，刑罚的适用对象。刑罚的适用只能是实施犯罪行为的人。刑罚的适用只能是以犯罪人实施了犯罪行为作为前提条件。第三，刑罚及内容由刑法明文规定。第四，决定刑罚适用的主体只能是国家各级审判机关。刑罚只能由国家的审判机关，严格遵循法律规定的管辖权限和诉讼程序适用。其他任何国家机关、企事业单位、社会团体和个人都没有这一权力。

### 二、刑罚功能

刑罚功能是指国家制定、适用、执行刑罚所直接产生的社会效应，如威慑功能，安抚补偿功能、教育感化功能等。

1. 刑罚对犯罪人的功能

刑罚对犯罪人的功能包括特殊预防功能和改造功能两个方面。刑罚的特殊预防功能，是指通过刑罚预防犯罪人再次犯罪的功能，如对犯罪人生命权的剥夺，人身自由、物质条件、政治条件的限制，从而造成身体或心理强制，使其不能、不愿或者不敢再次犯罪。刑罚的改造功能，是指刑罚在改造犯罪人成为新人方面的积极作用。它表现为在刑罚执行过程中，通过强制有劳动能力的犯罪人参加劳动，对罪犯进行思想教育、文化教育和职业技术教育，有助于将其改造成为新人。

2. 刑罚对被害人及其家属的功能

刑罚对被害人及其家属的功能主要体现为安抚功能和补偿功能。安抚即通过对犯罪人使用刑罚，在一定程度上满足被害人及其家属要求惩罚犯罪的强烈愿望，平息他们因受到犯罪侵害而产生的激愤情绪。补偿，则是指依法弥补被害人所受的物质损失。

3. 刑罚对社会其他成员的功能

刑罚对社会其他成员的功能包括一般威慑功能和法制教育功能。

当然，刑罚也并非万能，其上述功能的实现是多种因素共同作用的结果。

## 第七节　刑罚体系

### 一、刑罚体系的概念

刑罚体系是指刑事立法者以刑罚的功能和目的为指导原则，选择刑种、实行分类，并在刑法典中按照一定次序排列所形成的刑罚系统。

刑罚体系可以根据不同的标准进行分类。一是根据具体刑罚方法的适用特点，可以分为主刑和附加刑两类。二是以刑罚限制、剥夺受刑人权利或者利益为标准，将其分为生命刑、自由刑、财产刑和资格刑四类。

## 二、主刑

主刑，又称基本刑，是指只能独立适用的刑罚方法。根据《刑法》第33条的规定，主刑有管制、拘役、有期徒刑、无期徒刑和死刑五种。

### （一）管制

#### 1. 管制的概念

管制是对罪犯不予关押，但一定期限内限制其一定自由，实行社区矫正的刑罚方法。被判处管制的犯罪人在管制执行期间实施违反法律、行政法规和有关监督管理规定的行为，尚未构成犯罪的，或者违反禁止令的，应当依法予以治安处罚；依法给予治安处罚时，应当在治安拘留执行期满后继续执行管制；构成犯罪的，应当依法定罪量刑。

#### 2. 管制的特点

管制可谓我国特有的一种轻刑，它具有以下特点与内容：

第一，不予关押即不剥夺犯罪人的人身自由。它将罪犯仍然留在原来的工作单位或居住地工作或劳动，得以保持正常的工作与生活，继续履行社会义务。

第二，管制限制犯罪人的一定自由，但对犯罪人的劳动报酬不得进行限制，应当同工同酬。根据《刑法》第39条规定，限制自由的内容应包括：被判处管制的人，必须遵守法律、行政法规，服从监督；未经执行机关批准，不得行使言论、出版、集会、结社、游行、示威自由的权利；按照执行机关规定报告自己的活动情况；遵守执行机关关于会客的规定；离开所居住的市、县或者迁居，应当报经执行机关批准。《刑法修正案（八）》第2条规定了，违反管制禁止令的，由公安机关依照《中华人民共和国治安管理处罚法》的规定处罚。

第三，管制具有一定期限。根据《刑法》第38条、第40条、第41条与第69条的规定，管制的期限为3个月以上2年以下，数罪并罚时不得超过3年。管制的刑期从判决执行之日起计算；判决执行前先行羁押的，羁押1日折抵刑期2日。如果管制期满，执行机关应即向本人和其所在单位或者居住地的群众宣布解除管制。

第四，实行社区矫正。管制将罪犯置于社区内，在相关社会团体和民间组织以及社会志愿者的协助下，在判决确定的期限内，由专门的社区矫正机构对罪犯的行为与心理进行矫正。检察院对社区矫正机构执行禁止令的活动实行监督。

第五，管制中的禁止令。根据《刑法》第38的规定，判处管制，可以根据犯罪情况，同时禁止犯罪分子在执行期间从事特定活动，进入特定区域、场所，接触特定的人。

（二）拘役

拘役是短期剥夺犯罪人自由，就近实行劳动改造的刑罚方法。拘役与有期徒刑、无期徒刑在性质上一样，都属于剥夺自由刑。因此，虽然其刑期较管制刑短，但从性质上说仍然比管制刑重。它具有以下特点与内容：

1. 拘役是剥夺自由的刑罚方法。拘役剥夺犯罪人的自由，与管制具有明显区别。拘役是刑罚方法，所以它与行政拘留、刑事拘留、司法拘留在法律属性、适用对象、适用机关、适用依据、适用程序、适用期限上都有明显区别。

2. 拘役是短期剥夺自由的刑罚方法。根据《刑法》第42条、第44条以及第69条的规定，拘役的期限为1个月以上6个月以下，数罪并罚时不得超过1年，拘役的刑期从判决执行之日起计算，判决执行以前先行羁押的，羁押1日折抵刑期1日。

3. 拘役是由法院判决，公安机关就近在罪犯所在的市、县或市辖区公安机关设立的拘役所执行。没有拘役所的，可以在离罪犯所在地较近的监狱或者看守所执行。被判处拘役的犯罪人每月可以回家一至两天；参加劳动的可以酌量发给报酬。

（三）有期徒刑

有期徒刑是剥夺犯罪人一定期限的自由，实行强制劳动改造的刑罚方法。根据我国刑法的规定，有期徒刑适用于绝大多数犯罪，可谓名副其实的主刑。其特点是：

1. 有期徒刑剥夺犯罪人的自由。根据《刑法》第46条的规定，被判处有期徒刑的犯罪分子，在监狱或者其他执行场所执行。“其他执行场所”，如关押未成年犯的未成年犯管教所。此外，被判处有期徒刑的犯罪分子，在被交付执行时，剩余刑期在1年以下的，由看守所代为执行。

2. 有期徒刑具有一定期限。有期徒刑的期限为6个月以上15年以下；数罪并罚时，有期徒刑总和刑期不满35年的，最高不能超过20年，总和刑期在35年以上的，最高不能超过25年。死缓减为有期徒刑时，有期徒刑的期限为25年（可能再减刑）。刑期从判决执行之日起开始计算，判决执行以前先行羁押的，羁押1日折抵刑期1日。

3. 有期徒刑的基本内容是对犯罪人实行强制劳动改造。

（四）无期徒刑

无期徒刑，是指剥夺犯罪分子终身自由，并实行强制劳动和教育改造的刑罚方法。根据《刑法》第46条的规定，被判处无期徒刑的犯罪分子，在监狱或者其他执行场所执行；凡具有劳动能力的，都应当参加劳动，接受教育和改造。

现行刑法规定，在多数情况下，对被判处无期徒刑的犯罪人可以减刑、假释。但也有特殊情况，例如，2016年4月18日《最高人民法院、最高人民检察院关于办理贪污贿赂刑事案件适用法律若干问题的解释》第四条的规定，贪污、受贿数额特别巨大，犯罪情节特别严重、社会影响特别恶劣、给国家和人民利益造成特别重大损失的，可以判处死刑。符合前款规定的情形，但具有自首，立功，如实供述自己罪行、真诚悔罪、积极退赃，或者避免、减少损害结果的发生等情节，不是必须立即执行的，可以判处死刑缓期2年执行。符合第一款规定情形的，根据犯罪情节等情况可以判处死刑缓期2年执行，同时裁判决定在其死刑缓期执行2年期满依法减为无期徒刑后，终身监禁，不得减刑、假释。

无期徒刑不可能孤立适用，即对于被判处无期徒刑的犯罪分子，应当附加剥夺政治权利终身。

（五）死刑

1. 死刑的概念

死刑，又称生命刑，是指剥夺犯罪分子生命的刑罚方法。包括立即执行与缓期2年执行两种情况。

2. 我国对死刑适用的限制

“保留死刑，严格控制死刑”是我国的基本死刑政策。现行刑法施行以后，死刑的适用也大量减少。《刑法修正案（八）》废除了13个罪的死刑，显示了减少死刑的立法倾向。除此之外，死刑的其他限制还包括：

（1）死刑范围的限制

《刑法》第48条明文规定“死刑只适用于罪行极其严重的犯罪分子”；在立法中表述为“对国家和人民利益危害特别严重、情节特别恶劣、情节特别严重、危害特别严重”“致人重伤、死亡、致使公私财物遭受重大损失”等。另外，如果不是必须立即执行，应注重适用死刑缓期执行。

（2）死刑适用对象的限制

《刑法》第49条规定，“犯罪的时候不满18周岁的人和审判的时候怀孕的妇女，不适用死刑”。这里所说的“不适用死刑”，既包括不适用死刑立即执行，也不能判处死刑缓期执行。“犯罪的时候不满18周岁”，是指行为人犯罪时而不是指审判的时候不满18周岁。对“审判的时候怀孕的妇女”，应当作广义的理解。对案件起诉到法院以前，被告人在羁押期间做人工流产的，应视为审判的时候怀孕的妇女，不能判处死刑；怀孕妇女因涉嫌犯罪在羁押期间自然流产后，又因同一事实被起诉、交付审判的，应当视为“审判的时候怀孕的妇女”，依法不适用死刑；在羁押期间已经怀孕的被告人，无论其怀孕是否属于违反国家计划生育政策，也不论其是否自然流产或者经人工流产以及流产后移送起诉或审判期间的长短，都不应适用死刑；更不能为了判处死刑而强制怀孕的被告人做人工流产。

《刑法》第49条第2款规定，“审判的时候已满75周岁的人，不适用死刑，但以特别残忍手段致人死亡的除外”。该条中的“不适用死刑”既包括不适用死刑立即执行，也包括不适用死刑缓期2年执行。“以特别残忍手段致人死亡的除外”并不限于以特别残忍手段故意杀人，还包括以特别残忍手段实施其他暴力犯罪致人死亡。但应注意的是，如果手段特别残忍，但没有致人死亡的，仍然不得适用死刑。

（3）死刑适用程序的限制

根据刑法及刑事诉讼法的有关规定，死刑案件只能由中级以上法院进行一审。中级人民法院判处死刑的第一审案件，被告人不上诉的，应当由高级人民法院复核后，报请最高人民人民法院核准；高级人民法院判处死刑的第一审案件被告人不上诉的，以及判处死刑的第二审案件，都应当报请最高人民法院核准。死刑缓期执行的，可以由高级人民法院判决或者核准。违反上述法定程序适用死刑的，应认为是非法适用死刑。

（4）死刑执行方法

《中华人民共和国刑事诉讼法》（以下简称《刑事诉讼法》）第263条第2款规定，“死刑采用枪决或者注射等方法执行”。

（5）死缓的适用

《刑法》第48条后段规定，“对于应当判处死刑的犯罪分子，如果不是必须立即执行的，可以判处死刑同时宣告缓期2年执行”。

根据《刑法》第50条第1款的规定，对于被判处死缓的犯罪人，有3种处理结局：第一，在死刑缓期执行期间，如果没有故意犯罪，2年期满以后，减为无期徒刑。第二，在死刑缓期执行期间，如果确有重大立功表现，2年期满以后，减为25年有期徒刑。其中的重大立功表现，应根据《刑法》第78条予以确定。《刑法修正案（八）》第四条规定，对被判处死刑缓期执行的累犯以及因故意杀人、强奸、抢劫、绑架、放火、爆炸、投放危险物质或有组织的暴力性犯罪被判处死刑缓期执行的犯罪分子，人民法院根据犯罪情节等情况可以同时决定对其限制减刑。第三，在死刑缓期执行期间，如果故意犯罪，情节恶劣的报请最高人民法院核准后执行死刑。

死缓期间的计算。《刑法》第51条规定，“死刑缓期执行的期间，从判决确定之日起计算。死刑缓期执行减为有期徒刑的刑期，从死刑缓期执行期满之日起计算”。也就是说，死缓判决确定之日以前羁押的期间，不能计算在死刑缓期执行的2年期限之内；死刑缓期执行的2年期间，也不能计入减刑后的有期徒刑的刑期之内。

## 三、附加刑

附加刑，又称从刑，是补充主刑适用的刑罚方法。既可以附加适用，也可以独立适用。根据我国刑法的规定，附加刑包括罚金、剥夺政治权利、没收财产和驱逐出境四种。

### （一）罚金

1. 罚金的概念与特点

是指人民法院判处被告人向国家缴纳一定数额金钱的刑罚方法。罚金属于财产刑的一种，它在处罚性质、适用对象、适用程序、适用主体、适用依据等方面与行政罚款、赔偿损失等处罚措施具有严格区别。

2. 罚金的适用

罚金的性质属于财产刑，现行刑法共有 160 个左右的条文规定了罚金，适用对象主要是破坏社会主义市场秩序罪、侵犯财产罪、妨害社会管理秩序罪、贪污贿赂罪。刑法分则对罚金的规定方式有四种情况：

一是选处罚金。罚金作为一种供选择的法定刑，可以适用也可以不适用，如果适用，则只能单独适用而不能附加适用。例如，《刑法》第 277 条规定的妨害公务罪："以暴力、威胁方法阻碍国家机关工作人员依法执行职务的，处 3 年以下有期徒刑、拘役、管制或者罚金。" 二是单处罚金。单处罚金只对犯罪的单位适用。三是并处罚金。罚金只能附加适用，并且必须附加适用，而不能单独适用。例如，《刑法》第 303 条规定的赌博罪："以营利为目的，聚众赌博、开设赌场或者以赌博为业的，处 3 年以下有期徒刑、拘役或者管制，并处罚金。" 四是并处或者单处罚金。罚金既可以附加适用，也可以单独适用。例如，《刑法》第 216 条规定的假冒专利罪："假冒他人专利，情节严重的，处 3 年以下有期徒刑或者拘役，并处或者单处罚金。"

3. 罚金数额的确定

《刑法》第 52 条规定，"判处罚金，应当根据犯罪情节决定罚金数额"。这体现了罪责刑相适应的原则。在确定罚金数额时，也要适当考虑受刑人的实际支付能力。刑法分则对罚金数额的规定分为 3 种情况：

第一，没有规定具体数额。例如，2000 年 11 月 15 日，《最高人民法院关于适用财产刑若干问题的规定》第 2 条的规定，人民法院应当根据犯罪情节，如违法所得数额、造成损失的大小等，并综合考虑犯罪分子缴纳罚金的能力，依法判处罚金。刑法没有明确规定罚金数额标准的，罚金的最低数额不能少于 1000 元。

第二，规定了相对确定的数额。《刑法》第 192 条规定，对集资诈骗数额巨大或者有其他严重情节的，并处 5 万元以上 50 万元以下罚金。

第三，以违法所得或犯罪涉及的数额为基准，处以一定比例或者倍数的罚金，此即浮动刑。如《刑法》第 225 条规定，对非法经营罪处违法所得 1 倍以上 5 倍以下的罚金。

罚金在判决指定的期限内一次或者分期缴纳。期满不缴纳的，强制缴纳。对于不能全部缴纳罚金的，法院一旦发现被执行人有可以执行的财产时，就应随时追缴。如果由于遭遇不能抗拒的灾祸缴纳确实有困难的，可以酌情减少或者免除。

（二）剥夺政治权利

1. 剥夺政治权利的概念与内容

剥夺政治权利，是指剥夺犯罪人参加国家管理和政治活动权利的刑罚方法。根据《刑法》第54条的规定，剥夺公民政治权利，是指剥夺下列权利：（1）选举权和被选举权；（1）言论、出版、集会、结社、游行、示威自由的权利；（3）担任国家机关职务的权利；（4）担任国有公司、企业、事业单位和人民团体领导职务的权利。

2. 剥夺政治权利的适用对象和适用方式

剥夺政治权利的适用对象比较广泛，既可以适用于严重犯罪，也可以适用于较轻的犯罪；既可以适用于危害国家安全的犯罪，也可以适用于普通刑事犯罪。在实践中，剥夺政治权利也是适用较多的附加刑。在适用方式上，剥夺政治权利既可以附加适用，也可以独立适用。

3. 剥夺政治权利的期限

剥夺政治权利的期限分为以下四种情况：（1）对于判处死刑、无期徒刑的犯罪分子，应当剥夺政治权利终身。（2）在死刑缓期执行减为有期徒刑，或者无期徒刑减为有期徒刑的时候，应当将附加剥夺政治权利的期限改为3年以上10年以下。（3）独立适用或者判处有期徒刑、拘役附加适用剥夺政治权利的期限，为1年以上5年以下。（4）判处管制附加剥夺政治权利的期限与管制的期限相等。

（三）没收财产

没收财产，是指将犯罪分子个人所有财产的一部分或者全部强制无偿地收归国有的刑罚方法。根据刑法的规定，没收财产主要适用于危害国家安全的犯罪、严重破坏经济秩序的犯罪、某些财产犯罪和部分妨害社会管理秩序犯罪、贪污贿赂犯罪。

没收财产是没收犯罪分子个人所有财产的一部分或者全部。没收全部财产的，应当对犯罪分子个人及其扶养的家属保留必需的生活费用。在判处没收财产的时候，不得没收属于犯罪分子家属所有或者应有的财产。没收财产以前犯罪分子所负的正当债务，需要以没收的财产偿还的，经债权人请求，应当偿还。没收财产由第一审人民法院执行，犯罪分子的财产在异地的，第一审人民法院可以委托财产所在地人民法院代为执行。

（四）驱逐出境

驱逐出境，是指强迫犯罪的外国人（包括无国籍的人）离开我国国境的刑罚方法。驱逐出境作为一种特殊的附加刑，既可以独立适用，也可以附加适用。

在我国境内的外国人必须遵守我国法律，不得违反我国刑法实施犯罪行为。犯罪的外国人在我国境内有再犯罪的可能性，就可以单处或者并处驱逐出境。但应当慎重适用驱逐出境，适用时不仅要考察犯罪的性质、情节与犯罪人的具体情况，而且要考虑我国与其所属国之间的关系以及相关国际形势。因此，对犯罪的外国人是“可以”驱逐出境。独立适用驱逐出境的，从判决确定之日起执行；附加适用驱逐出境的，从主刑执行完毕之日起执行。

（五）非刑罚处罚措施

2015 年 8 月 29 日通过的《刑法修正案（九）》规定，在《刑法》第 37 条后增加 1 条，作为第 37 条之一：“因利用职业便利实施犯罪，或者实施违背职业要求的特定义务的犯罪被判处刑罚的，人民法院可以根据犯罪情况和预防再犯罪的需要，禁止其自刑罚执行完毕之日或者假释之日起从事相关职业，期限为 3 年至 5 年。被禁止从事相关职业的人违反人民法院依照前款规定作出的决定的，由公安机关依法给予处罚；情节严重的，依照本法第 313 条的规定定罪处罚。其他法律、行政法规对其从事相关职业另有禁止或者限制性规定的，从其规定。”

## 四、数罪并罚

（一）数罪并罚的概念与特征

我国刑法中的数罪并罚制度，是指同一个犯罪人，在判决宣告以前犯数罪的；或在判决以后，刑罚执行中又发现有漏判之罪的；或在判决宣告以后刑罚执行中又犯新罪的，或在缓刑、假释考验期内又犯新罪的，应将数罪合并处理的制度。

（二）我国的数罪并罚原则

1. 对判处死刑和无期徒刑的，采取吸收原则

数罪中判处几个死刑或者最重刑为死刑时，只执行一个死刑，不执行其他主刑。数罪中判处几个无期徒刑或者最重刑为无期徒刑时，只执行一个无期徒刑，不执行其他主刑。不能将两个以上的无期徒刑决定合并执行死刑。

2. 对于判处有期徒刑、拘役和管制的，采取限制加重原则

“限制”表现为两个方面：一是受总和刑期的限制（总和以下），二是受数罪并罚中“单一罪”的法定最高刑期的限制（单一罪法定刑以上）。以有期徒刑为例，A 犯了两个罪，所判处的刑罚分别为 10 年和 8 年，总和刑期为 18 年，最高刑为 10 年，故应在 10 年以上 18 年以下决定执行的刑罚。

对异种自由刑，根据《刑法》第 69 条第 2 款规定，数罪中判处有期徒刑和拘役的，执行有期徒刑。数罪中有判处有期徒刑和管制，或者拘役和管制的，有期徒刑、拘役执行完毕后，管制仍须执行。

3. 附加刑和主刑之间采用并科原则

主刑按照一定原则并罚之后，附加刑仍要执行，不能和主刑折抵，也不能为主刑所吸收。

4. 附加刑之间采取特别处理原则

数罪中判处数个附加刑，附加刑种类相同的，合并执行；种类不同的，分别执行。

## 要点小结

在我国，对于职务犯罪及其它犯罪的认定必须以成文刑法规范、相关实证法理与范畴作为参照。从深入掌握职务犯罪基础理论的课程教学目标出发，全面了解刑法概念、刑法基本原则、犯罪构成，分析罪与非罪、此罪与彼罪、共同犯罪、一罪与数罪、适用刑罚等刑法基本理论，对学生的专业学习来说具有很强的操作性价值。据此，本章“刑法概述”的理论内容是学习职务犯罪后续章节理论知识的基础。

## 理解、反思与探究

1. 刑法的概念及特征是什么？
2. 如何理解刑法的基本原则？
3. 犯罪的概念及特征是什么？
4. 犯罪构成的概念及要件是什么？
5. 犯罪客体与犯罪对象的区别是什么？
6. 犯罪客观方面有哪些内容？
7. 决定和影响犯罪主体刑事责任能力的因素有哪些？

8. 犯罪主观方面都有哪些种类？
9. 故意犯罪停止形态如何区分？
10. 共同犯罪的概念及构成要件是什么？
11. 共同犯罪人的种类有哪些？
12. 理论上一罪、法定一罪、处断一罪各有哪些情况？
13. 法条竞合和想象竞合犯的区别是什么？
14. 刑罚的概念及特征是什么？
15. 我国的刑罚有哪些种类？
16. 我国的数罪并罚原则是什么？

## 拓展性阅读导航

1. 陈国庆编：《公职人员职务犯罪认定与证据指引》，中国方正出版社2019版。

2. 李立众编：《刑法一本通（第十四版）》，法律出版社2019年版。

3. 韩玉胜、王达编：《监察机关职务犯罪调查法律实务》，中国法制出版社2019版。

4. 魏昌东等编著：《职务犯罪常见罪名精解》，中国方正出版社2019版。

5. 莫基君等编著：《常见职务犯罪定罪量刑与办案精要》，中国法制出版社2019年版。

6. 秦前红编：《监察法学教程》，法律出版社2019年版。

7. 童德华、陈梅编著：《职务犯罪构成新论》，中国法制出版社2018年版。

8. 高铭暄、马克昌编著：《刑法学（第八版）》，北京大学出版社、高等教育出版社2017年版。

9. 张明楷：《刑法学（第五版）》，法律出版社2016年版。

第二章

# 贪污贿赂犯罪

**内容提要**

本章主要介绍“贪污贿赂犯罪”的概念及犯罪构成，讨论该类职务犯罪认定中的相关问题，结合立法规定、司法解释及规范性文件，明确立案、量刑标准。

**学习目标**

1. 明确各种贪污贿赂犯罪的概念及犯罪构成。
2. 掌握各种贪污贿赂犯罪的立案、量刑标准。
3. 了解各种贪污贿赂犯罪认定中的相关问题。

**关键词**

贪污贿赂犯罪　贪污罪　挪用公款罪　受贿罪　行贿罪

## 第一节　贪污贿赂犯罪概述

### 一、贪污贿赂犯罪的概念与犯罪构成

#### （一）贪污贿赂犯罪的概念

贪污贿赂犯罪，是指国家工作人员及其他相关人员利用职务之便，贪污、挪用、私分公共财物，索取、收受贿赂，不履行法定义务，侵犯职务行为的廉洁性、不可收买性的行为。

（二）贪污贿赂犯罪的犯罪构成

1. 贪污贿赂犯罪的客体

本类犯罪侵犯的客体是复杂客体。主要侵犯了公、私职务的廉洁性，国家机关、国有企业事业单位（及部分非国有公司、企业或者其他单位）的正常活动以及公共财物的所有权。其中，贪污、挪用公共财物的犯罪表现为直接利用职务取得公共财物，（其他罪名有的是获得非国有公司、企业或者其他单位财务）侵犯了职务行为的廉洁性，同时也侵犯了公、私财产；巨额财产来源不明罪、隐瞒境外存款罪的行为侵犯了国家工作人员的廉洁性；贿赂犯罪表现为以公、私职务换取财物或者相反，侵犯了职务行为的不可收买性。

2. 贪污贿赂犯罪的客观方面

贪污贿赂犯罪的客观构成要件为实施侵犯职务行为的廉洁性、不可收买性的行为，包括作为与不作为两种形式。其中，贪污罪、挪用公款罪、受贿罪、私分国有资产罪等通常表现为作为；隐瞒境外存款罪、巨额财产来源不明罪表现为不作为。

3. 贪污贿赂犯罪的主体

贪污贿赂罪的主体要件。本类犯罪的行为主体大多为国家工作人员；非国家工作人员受贿、行贿等罪的主体是非国有公司、企业或者其他单位的工作人员；还有些犯罪的主体可由单位构成。

4. 贪污贿赂犯罪的主观方面

本类犯罪的主观方面为故意。

## 二、贪污贿赂犯罪的罪名

现行刑法为了突出对贪污贿赂犯罪的惩罚，将其规定为独立的一类犯罪（第八章），从第 382 条至第 396 条共 15 个条文，规定了 14 个罪名，这些罪名是：（1）贪污罪；（2）挪用公款罪；（3）受贿罪；（4）单位受贿罪；（5）利用影响力受贿罪；（6）行贿罪；（7）对有影响力的人行贿罪；（8）对单位行贿罪；（9）介绍贿赂罪；（10）单位行贿罪；（11）巨额财产来源不明罪；（12）隐瞒境外存款罪；（13）私分国有资产罪；（14）私分罚没财物罪。

另外，参照 2018 年 4 月 16 日《国家监察委员会管辖规定（试行）》，贪污贿赂类犯罪还包括：（1）非国家工作人员受贿罪；（2）对非国家工作人员行贿罪；（3）对外国公职人员、国际公共组织官员行贿罪。

## 第二节　贪污贿赂犯罪分述

### 一、贪污罪

（一）贪污罪的概念及犯罪构成

贪污罪，是指国家工作人员，利用职务上的便利，侵吞、骗取、窃取或者以其他手段非法占有公共财物的行为。

1. 贪污罪的客体

本罪侵犯的客体是复杂客体。既侵犯了国家机关、国有企业和事业单位的正常活动以及职务的廉洁性，又侵犯了公共财物的所有权，但主要是侵犯了相关职务活动的廉洁性。本罪的犯罪对象是公共财物或特定的非国有单位财物。

2. 贪污罪的客观方面

本罪的客观方面表现为利用职务之便，侵吞、窃取、骗取或者以其他手段非法占有公共财物的行为。这是贪污罪区别于盗窃、诈骗、抢夺等侵犯财产罪的重要特征。

首先，必须利用职务上的便利。利用职务上的便利，是指利用职务上主管、管理、经营、经手公共财物的权力及方便条件。主管，主要是指负责调拨、处置及其他支配公共财物的职务活动；管理，是指负责保管、处理及其他使公共财物不被流失的职务活动；经营，是指将公共财物作为生产、流通手段等使公共财物增值的职务活动；经手，是指领取、支出等经办公共财物的职务活动。利用与职务无关仅因工作关系熟悉作案环境或易于接近作案目标、凭工作人员身份容易进入某些单位等方便条件非法占有公共财物的，不成立贪污罪。

其次，必须侵吞、窃取、骗取或者以其他手段非法占有公共财物。侵吞，与狭义的侵占是同义语，即将自己因为职务而占有、管理的公共财物据为己有或者使第三者所有，包括对公共财物进行事实上的处分与法律上的处分。如财会人员收款不入账而据为己有，执法人员将罚没款据为己有，管理人员将自己管理的公共财物变卖后占有所变卖的款项，等等。根据《刑法》第394条的规定，国家工作人员在国内公务活动或者对外交往中接受礼物，依照国家规定应当交公而不交公，数额较大的，以贪污罪论处。窃取，是指违反占有者的意思，利用职务上的便利，将他人占有的公共财物转移给自己或者第三者占有。骗取，是指假借职务上的合法形式，采用欺骗的手段，使具有处分权的受骗人产生认识错误，进而取得公共财物。“利用职务上的便利”，是指将基于职务占有的公共财物据为己有或者使第三者所有。因此，国有公司的出纳，即使并未使用其所保管的保险柜钥匙与密码，而是利用作案工具打开保险柜后取走现金的，也应认定为贪污罪。

最后，必须非法占有公共财物。行为对象必须是公共财物，而非公民私人所有的财物，但不限于国有财物，因为贪污罪的主体包括国家机关、国有单位委派到非国有单位从事公务的人员，这些主体完全可能贪污国有财物以外的公共财物。但是，受国家机关、国有公司、企业、事业单位、人民团体委托管理、经营国有财产的人员成立贪污罪必须是非法占有了国有财物。另一方面，不要求单位对公共财物的占有具备合法性。例如，贪污国家机关非法征收的款项的，贪污国有企业收受的回扣的，贪污国有公司合同诈骗所取得的财物的，均成立贪污罪。

3. 贪污罪的主体

根据《刑法》第93条的规定，本罪的主体是特殊主体即国家工作人员，他们包括在国家机关中从事公务的人员；国有公司、企业、事业单位、人民团体中从事公务的人员和国家机关、国有公司、企业、事业单位委派到非国有公司、企业、事业单位、社会团体从事公务的人员，以及其他依照法律从事公务的人员，以国家工作人员论。

国家机关工作人员的认定。刑法中所称的国家机关工作人员，是指在国家机关中从事公务的人员，包括在各级国家权力机关、行政机关、司法机关、监察机关和军事机关中从事公务的人员。根据有关立法解释的规定，在依照法律、法规规定行使国家行政管理职权的组织中从事公务的人员，或者在受国家机关委托代表国家行使职权的组织中从事公务的人员，或者虽未列入国家机关人员编制但在国家机关中从事公务的人员，视为国家机关工作人员。在乡（镇）以上中国共产党机关、人民政协机关中从事公务的人员，司法实践中也应当视为国家机关工作人员。

国家机关、国有公司、企业、事业单位委派到非国有公司、企业、事业单位、社会团体从事公务的人员的认定。所谓委派，即委任、派遣，其形式多种多样，如任命、指派、提名、批准等。不论被委派的人身份如何，只要是接受国家机关、国有公司、企业、事业单位委派，代表国家机关、国有公司、企业、事业单位在非国有公司、企业、事业单位、社会团体中从事组织、领导、监督、管理等工作，都可以认定为国家机关、国有公司、企业、事业单位委派到非国有公司、企业、事业单位、社会团体从事公务的人员。如国家机关、国有公司、企业、事业单位委派在国有控股或者参股的股份有限公司从事组织、领导、监督、管理等工作的人员，应当以国家工作人员论。国有公司、企业改制为股份有限公司后，原国有公司、企业的工作人员和股份有限公司新任命的人员中，除代表国有投资主体行使监督、管理职权的人外，不以国家工作人员论。

“其他依照法律从事公务的人员”的认定。《刑法》第 93 条第 2 款规定的“其他依照法律从事公务的人员”应当具有两个特征：一是在特定条件下行使国家管理职能；二是依照法律规定从事公务。具体包括：（1）依法履行职责的各级人民代表大会代表；（2）依法履行审判职责的人民陪审员；（3）协助乡镇人民政府、街道办事处从事行政管理工作的村民委员会、居民委员会等农村和城市基层组织人员；（4）其他由法律授权从事公务的人员。

另外，根据 2000 年 4 月 29 日全国人大常委会《关于〈中华人民共和国刑法〉第 93 条第 2 款的解释》，村民委员会等基层组织人员协助人民政府从事“救灾、抢险、防汛、优抚、扶贫、移民、救济款物的管理，社会捐助公益事业款物的管理，国有土地的经营和管理，土地征收、征用补偿费用的管理，代征、代缴税款，有关计划生育、户籍、征兵工作，协助人民政府从事的其他行政管理工作”；利用职务上的便利，贪污公共财产的，应以贪污罪论处。

4. 贪污罪的主观方面

本罪在主观方面必须出自直接故意，并具有非法占有公共财物的目的。过失不构成本罪。

（二）贪污罪的认定

1. 区分本罪与相近犯罪的界限

贪污罪与侵占罪、盗窃罪、诈骗罪的关系。贪污罪与侵占罪、盗窃罪、诈骗罪存在一定程度的竞合（前者在行为主体、行为对象等方面需要具备特别要素）。例如，贪污罪中的侵吞行为，必然符合侵占罪的犯罪构成；贪污中的窃取行为，必然符合盗窃罪的犯罪构成；贪污罪中的骗取行为，必然符合诈骗罪的犯罪构成。反之，符合侵占罪、盗窃罪、诈骗罪的犯罪构成的行为，不一定符合贪污罪的犯罪构成。可以肯定的是，对于构成贪污罪的行为，不应认定为侵占罪、盗窃罪与诈骗罪。

2. 贪污罪既遂和未遂的认定

所谓贪污罪的既遂，是指行为人所故意实施的非法占有公共（国有）财物或非国有单位财物行为，已具备了贪污罪的全部构成要件，同时产生了危害结果。贪污罪是一种以非法占有为目的财产性职务犯罪，与盗窃、诈骗、抢夺等侵犯财产罪一样，应当以行为人是否实际控制财物作为区分贪污罪既遂与未遂的标准。对于行为人利用职务上的便利，实施了虚假平账等贪污行为，但公共财物尚未实际转移，或者尚未被行为人控制就被查获的，应当认定为贪污未遂。行为人控制公共财物后，是否将财物据为己有，不影响贪污罪既遂的认定。

3. 共同贪污犯罪的认定

所谓共同贪污犯罪，是指二人以上共同实施的贪污犯罪行为。它有以下特点：一是贪污行为人必须是两个人以上；二是行为人共同实施了非法占有公共（国有）财物或非国有单位财物的行为；三是行为人之间具有共同贪污的故意；四是各共同贪污犯罪人在共同故意支配下，彼此联系，互为条件；五是共同贪污行为造成了总和犯罪结果。即贪污总额是每个共犯共同故意造成的统一结果。

对于国家工作人员与他人勾结，共同非法占有单位财物的行为，应当按照2000年6月27日最高人民法院《关于审理贪污、职务侵占案件如何认定共同犯罪几个问题的解释》的规定：（1）行为人与国家工作人员勾结，利用国家工作人员的职务便利，共同侵吞、窃取、骗取或者以其他手段非法占有公共财物的，以贪污罪共犯论处；（2）行为人与公司、企业或者其他单位的人员勾结，利用公司、企业或者其他单位人员的职务便利，共同将该单位财物非法占为己有，数额较大的，以职务侵占罪共犯论处；（3）公司、企业或者其他单位中，不具有国家工作人员身份的人与国家工作人员勾结，分别利用各自的职务便利，共同将本单位财物非法占为己有的，按照主犯的犯罪性质定罪。在司法实践中，如果根据案件的实际情况，各共同犯罪人在共同犯罪中的地位、作用相当，难以区分主从犯的，可以贪污罪定罪处罚。

（三）贪污罪的处罚

根据《刑法》第383条规定，对犯贪污罪的，根据情节轻重，分别依照下列规定处罚：（1）贪污数额较大或者有其他较重情节的，处3年以下有期徒刑或者拘役，并处罚金。（2）贪污数额巨大或者有其他严重情节的，处3年以上10年以下有期徒刑，并处罚金或者没收财产。（3）贪污数额特别巨大或者有其他特别严重情节的，处10年以上有期徒刑或者无期徒刑，并处罚金或者没收财产；数额特别巨大，并使国家和人民利益遭受特别重大损失的，处无期徒刑或者死刑，并处没收财产。对多次贪污未经处理的，按照累计贪污数额处罚。

犯第1款罪，在提起公诉前如实供述自己罪行、真诚悔罪、积极退赃，避免、减少损害结果的发生，有第（1）项规定情形的，可以从轻、减轻或者免除处罚；有第（2）项、第（3）项规定情形的，可以从轻处罚。犯第1款罪，有第（3）项规定情形被判处死刑缓期执行的，人民法院根据犯罪情节等情况可以同时决定在其死刑缓期执行2年期满依法减为无期徒刑后，终身监禁，不得减刑、假释。

根据2016年4月18日，最高人民法院、最高人民检察院《关于办理贪污贿赂刑事案件适用法律若干问题的解释》第1条的规定，贪污数额在3万元以上，不满20万元的，应当认定为“数额较大”。贪污数额在1万元以上，不满3万元，具有以下6种情形的，应当认定为“其他较重情节”：（1）贪污救灾、抢险、防汛、优抚、扶贫、移民、救济、防疫、社会捐款等特定款物的；（2）曾因贪污、受贿、挪用公款受过党纪、行政处分的；（3）曾因故意犯罪受过刑事追究的；（4）赃款赃物用于非法活动的；（5）拒不交待赃款赃物去向或者拒不配合追缴工作，致使无法追缴的；（6）造成恶劣影响或者其他严重后果的。参照《关于办理贪污贿赂刑事案件适用法律若干问题的解释》第2条的规定，贪污数额在20万元以上，不满300万元的，应当认定为“数额巨大”。贪污数额在10万元以上，不满20万元的，具有上述6种情形之一的，应当认定为“其他严重情节”。参照《关于办理贪污贿赂刑事案件适用法律若干问题的解释》第3条的规定，贪污数额在300万元以上的，应当认定为“数额特别巨大”。贪污数额在150万元以上，不满300万元的，具有上述6种情形之一的，应当认定为“其他特别严重情节”。

对于多次贪污未经处理的，按照累计贪污数额处罚。一般认为，这里的未经处理，是指由于某种原因，既没有受过刑事处罚，也没有受过行政处理的情况。在提起公诉前如实供述自己罪行、真诚悔罪、积极退赃，避免、减少损害结果的发生，贪污数额较大或者有其他较重情节的，可以从轻、减轻或者免除处罚；贪污数额巨大或者有其他严重情节、贪污数额特别巨大或者有其他特别严重情节的，可以从轻处罚。

在共同贪污中，个人贪污数额，不是泛指整个共同犯罪的数额，也不是指分赃数额，而是指个人应当承担责任的数额，应理解为个人所参与或者组织、指挥共同贪污的数额。对此，应根据共同犯罪的责任原理确定。例如，贪污犯罪集团贪污 10 万元，由于首要分子对整个犯罪集团的罪行承担责任，故首要分子的个人贪污数额是 10 万元；由于集团犯罪中的主犯按其所参与的全部犯罪承担责任，故主犯的个人贪污数额按其实际参与贪污的全部数额计算。如果主犯参与贪污 5 万元，则其个人贪污数额为 5 万元。同样，从犯也是以其参与的贪污数额作为其个人贪污数额。对共同贪污犯罪中的从犯，应当按照其所参与的共同贪污的数额确定量刑幅度，并依照《刑法》第 27 条第 2 款的规定，从轻、减轻处罚或者免除处罚。

关于贪污罪适用罚金问题，参照《关于办理贪污贿赂刑事案件适用法律若干问题的解释》第 19 条的规定，对贪污罪、受贿罪判处 3 年以下有期徒刑或者拘役的，应当并处 10 万元以上 50 万元以下的罚金；判处 3 年以上 10 年以下有期徒刑的，应当并处 20 万元以上犯罪数额 2 倍以下的罚金或者没收财产；判处 10 年以上有期徒刑或者无期徒刑的，应当并处 50 万元以上犯罪数额 2 倍以下的罚金或者没收财产。

参照《关于办理贪污贿赂刑事案件适用法律若干问题的解释》第 16 条的规定，国家工作人员出于贪污、受贿的故意，非法占有公共财物、收受他人财物之后，将赃款赃物用于单位公务支出或者社会捐赠的，不影响贪污罪、受贿罪的认定，但量刑时可以酌情考虑。

## 二、挪用公款罪

### （一）挪用公款罪的概念及犯罪构成

挪用公款罪，是指国家工作人员，利用职务上的便利，挪用公款归个人使用，进行非法活动的，或者挪用公款数额较大、进行营利活动的，或者挪用数额较大、超过 3 个月未还的行为。

1. 挪用公款罪的客体

本罪侵犯的客体，主要是相关公共财产的所有权与相关人员职务行为的廉洁性，同时在一定程度上也侵犯了国家的财经管理制度。本罪侵犯的对象主要是公款。这既包括国家、集体所有的货币资金，也包括由国家管理、使用、运输、汇兑与储存过程中的私人所有的货币。但由于国家机关、国有公司、企业、事业单位委派到非国有公司、企业、事业单位、社会团体从事公务的人员也可以构成本罪，因此上述非国有公司、企业、事业单位、社会团体的款项的法益也可以成为挪用公款罪的客体。

2. 挪用公款罪的客观方面

本罪的客观方面表现为行为人实施了利用职务上的便利，挪用公款归个人使用，进行非法活动，或者挪用数额较大的公款进行营利活动，或者挪用数额较大的公款超过3个月未还的行为。

挪用，是指未经合法批准，或者违反财经纪律，擅自使公款脱离单位的行为。行为人使公款脱离单位后，即使尚未使用该公款的，也属于挪用。挪用人必须利用职务上的便利实施挪用行为，即利用职务权力与地位所形成的主管、管理、经营、经手公款或特定款物的便利条件，实施了挪用行为。

挪用公款“归个人使用”的解释。根据2002年4月28日全国人大常委会《关于〈中华人民共和国刑法〉第384条第1款的解释》，有下列情形之一的，属于挪用公款“归个人使用”：将公款供本人、亲友或者其他自然人使用的；以个人名义将公款供其他单位使用的；个人决定以单位名义将公款供其他单位使用，谋取个人利益的。在司法实践中，对于将公款供其他单位使用的，认定是否属于“以个人名义”，不能只看形式，要从实质上把握。对于行为人逃避财务监管，或者与使用人约定以个人名义进行，或者借款、还款都以个人名义进行，将公款给其他单位使用的，应认定为“以个人名义”。“个人决定”既包括行为人在职权范围内决定，也包括超越职权范围决定。“谋取个人利益”，既包括行为人与使用人事先约定谋取个人利益实际尚未获取的情况，也包括虽未事先约定但实际已获取了个人利益的情况。其中的“个人利益”，既包括不正当利益，也包括正当利益；既包括财产性利益，也包括非财产性利益，但这种非财产性利益应当是具体的实际利益，如升学、就业等。

经单位领导集体研究决定将公款给个人使用，或者单位负责人为了单位的利益，决定将公款给个人使用的，不以挪用公款罪定罪处罚。上述行为致使单位遭受重大损失，构成其他犯罪的，依照刑法的有关规定对责任人员定罪处罚。国有单位领导利用职务上的便利指令具有法人资格的下级单位将公款供个人使用的，属于挪用公款行为，构成犯罪的，应以挪用公款罪定罪处罚。

本罪的行为对象是公款，包括挪用用于救灾、抢险、防汛、优抚、扶贫、移民、救济款物归个人使用。挪用失业保险基金和下岗职工基本生活保障资金归个人使用，构成犯罪的，以挪用公款罪论处。公款不等于现金。挪用金融凭证、有价证券用于质押，使公款处于风险之中，与挪用公款为他人提供担保没有实质的区别，应以挪用公款罪论处，挪用公款数额以实际或者可能承担的风险数额认定。对于一般公物，2000 年 3 月 6 日最高人民检察院《关于国家工作人员挪用非特定公物能否定罪的请示的批复》指出："刑法第 384 条规定的挪用公款罪中未包括挪用非特定公物归个人使用的行为，对该行为不以挪用公款罪论处。如构成其他犯罪的，依照刑法的相关规定定罪处罚。"如果挪用的是救灾、抢险、防汛、优抚、扶贫、移民、救济等特定公物的归个人使用的，则构成挪用公款罪，并且应当从重处罚。

3. 挪用公款罪的主体

本罪的主体是特殊主体，即国家工作人员，这里所说的"国家工作人员"与前述贪污罪中对国家工作人员的内涵、外延基本相同。

4. 挪用公款罪的主观方面

本罪在主观方面是直接故意，行为人明知是公款而故意挪作他用，其犯罪目的是非法取得公款的使用权。

**（二）挪用公款罪的认定**

1. 挪用公款罪三种不同情况的认定

挪用公款罪有三种客观表现：一是挪用公款进行非法活动；二是挪用公款数额较大、进行营利活动；三是挪用公款进行营利活动、非法活动以外的活动，数额较大，挪用时间超过了 3 个月；其各自成立的条件有所不同。

挪用公款归个人使用，数额较大、超过 3 个月未还的，构成挪用公款罪。挪用公款后尚未投入实际使用的，只要同时具备"数额较大"和"超过 3 个月未还"的构成要件，应当认定为挪用公款罪，但可以酌情从轻处罚。挪用正在生息或者需要支付利息的公款归个人使用，数额较大，超过 3 个月但在案发前全部归还本金的，可以从轻处罚或者免除处罚。给国家、集体造成的利息损失应予追缴。挪用公款数额巨大，超过3个月，案发前全部归还的，可以酌情从轻处罚。

挪用公款数额较大，归个人进行营利活动的，构成挪用公款罪，不受挪用时间和是否归还的限制。在案发前部分或者全部归还本息的，可以从轻处罚；情节轻微的，可以免除处罚。挪用公款存入银行、用于集资、购买股票、国债等，属于挪用公款进行营利活动。所获取的利息、收益等违法所得，应当追缴，但不计入挪用公款的数额。

挪用公款归个人使用，进行赌博、走私等非法活动的，构成挪用公款罪，不受“数额较大”和挪用时间的限制。挪用公款给他人使用，不知道使用人用公款进行营利活动或者用于非法活动，数额较大、超过3个月未还的，构成挪用公款罪；明知使用人用于营利活动或者非法活动的，应当认定为挪用人挪用公款进行营利活动或者非法活动。

关于挪用公款归还个人欠款行为性质的认定。挪用公款归还个人欠款的，应当根据产生欠款的原因，分别认定属于挪用公款的何种情形。归还个人进行非法活动或者进行营利活动产生的欠款，应当认定为挪用公款进行非法活动或者进行营利活动。

2. 挪用公款罪转化为贪污罪的认定

挪用公款罪与贪污罪的主要区别在于行为人主观上是否具有非法占有公款的目的。挪用公款是否转化为贪污，应当按照主客观相一致的原则，具体判断和认定行为人主观上是否具有非法占有公款的目的。在司法实践中，具有以下情形之一的，可以认定行为人具有非法占有公款的目的：（1）根据1998年5月9日最高人民法院《关于审理挪用公款案件具体应用法律若干问题的解释》第6条的规定，行为人“携带挪用的公款潜逃的”，对其携带挪用的公款部分，以贪污罪定罪处罚；（2）行为人挪用公款后采取虚假发票平账、销毁有关账目等手段，使所挪用的公款已难以在单位财务账目上反映出来，且没有归还行为的，应当以贪污罪定罪处罚；（3）行为人截取单位收入不入账，非法占有，使所占有的公款难以在单位财务账目上反映出来，且没有归还行为的，应当以贪污罪定罪处罚；（4）有证据证明行为人有能力归还所挪用的公款而拒不归还，并隐瞒挪用的公款去向的，应当以贪污罪定罪处罚。

3. 挪用公款罪的共犯问题

根据司法解释的规定，挪用公款给他人使用，使用人与挪用人共谋，指使或者参与策划取得挪用款的，以挪用公款罪的共犯定罪处罚。但应注意，不应扩大使用人构成共犯的范围，对于使用人只是单纯提出、要求借用公款的，不得认定为挪用公款罪的共犯。此外，使用人具有诈骗故意时，不影响国家工作人员成立挪用公款罪。

（三）挪用公款罪的处罚

根据《刑法》第 384 条的规定，国家工作人员利用职务上的便利，挪用公款归个人使用，进行非法活动的，或者挪用公款数额较大、进行营利活动的，或者挪用公款数额较大、超过 3 个月未还的，是挪用公款罪，处 5 年以下有期徒刑或者拘役；情节严重的，处 5 年以上有期徒刑。挪用公款数额巨大不退还的，处 10 年以上有期徒刑或者无期徒刑。挪用用于救灾、抢险、防汛、优抚、扶贫、移民、救济款物归个人使用的，从重处罚。

根据 1998 年 5 月 9 日最高人民法院《关于审理挪用公款案件具体应用法律若干问题的解释》第 5 条规定，“挪用公款数额巨大不退还的”，是指挪用公款数额巨大，因客观原因在一审宣判前不能退还的。

根据 2016 年 4 月 18 日最高人民法院、最高人民检察院《关于办理贪污贿赂刑事案件适用法律若干问题的解释》第 5 条、第 6 条的规定，挪用公款归个人使用，进行非法活动，数额在 3 万元以上的，应当依照《刑法》第 384 条的规定以挪用公款罪追究刑事责任；数额在 300 万元以上的，应当认定为“数额巨大”。具有下列情形之一的，应当认定为“情节严重”：（1）挪用公款数额在 100 万元以上的；（2）挪用救灾、抢险、防汛、优抚、扶贫、移民、救济特定款物，数额在 50 万元以上不满 100 万元的；（3）挪用公款不退还，数额在 50 万元以上不满 100 万元的；（4）其他严重的情节。挪用公款归个人使用，进行营利活动或者超过 3 个月未还，数额在 5 万元以上的，应当认定为“数额较大”；数额在 500 万元以上的，应当认定为“数额巨大”。具有下列情形之一的，应当认定为“情节严重”：（1）挪用公款数额在 200 万元以上的；（2）挪用救灾、抢险、防汛、优抚、扶贫、移民、救济特定款物，数额在 100 万元以上不满 200 万元的；（3）挪用公款不退还，数额在 100 万元以上不满 200 万元的；（4）其他严重的情节。

根据 2012 年 8 月 8 日最高人民法院、最高人民检察院《关于办理职务犯罪案件严格适用缓刑、免予刑事处罚若干问题的意见》第 2 条的规定，具有下列情形之一的职务犯罪分子，一般不适用缓刑或者免予刑事处罚：（1）不如实供述罪行的；(2) 不予退缴赃款赃物或者将赃款赃物用于非法活动的；(3) 属于共同犯罪中情节严重的主犯的；(4) 犯有数个职务犯罪依法实行并罚或者以一罪处理的；(5) 曾因职务违纪违法行为受过行政处分的；(6) 犯罪涉及的财物属于救灾、抢险、防汛、优抚、扶贫、移民、救济、防疫等特定款物的；(7) 受贿犯罪中具有索贿情节的；(8) 渎职犯罪中徇私舞弊情节或者滥用职权情节恶劣的；(9) 其他不应适用缓刑、免予刑事处罚的情形。根据第3条的规定，不具有本意见第2条所列情形，挪用公款进行营利活动或者超过三个月未还构成犯罪，一审宣判前已将公款归还，依法判处三年有期徒刑以下刑罚，符合刑法规定的缓刑适用条件的，可以适用缓刑；在案发前已归还，情节轻微，不需要判处刑罚的，可以免予刑事处罚。

## 三、受贿罪

### (一) 受贿罪的概念及犯罪构成

受贿罪，是指国家工作人员，利用职务上的便利，索取他人财物，或者非法收受他人财物并为他人谋取利益的行为。

#### 1. 受贿罪的客体

本罪侵犯的客体是复杂客体。其中，主要客体是国家工作人员职务行为的廉洁性；次要客体是国家机关、国有公司、企事业单位、人民团体的正常管理活动。本罪的犯罪对象是财物。但不应狭隘地理解为现金、具体物品，而应看其是否含有财产或其他利益成分。

受贿罪侵犯的主要客体是国家工作人员职务行为的不可收买性，也可以说是国家工作人员职务行为与财物的不可交换性。国家工作人员职务行为的宗旨是为国民服务，具体表现在保护和促进各种法益；由于国家工作人员的职务行为已经取得了相应的报酬，故不能直接从公民或者其他单位那里收受职务行为的报酬，否则属于不正当的报酬。但权力总是会被滥用，没有权力的人也会期待掌握权力的人为自己滥用权力；如果职务行为可以收买，可以与财物相互交换，那么，职务行为必然只是为提供财物的人服务，从而损害其他人的利益，进而导致公民丧失对职务行为公正性和国家机关本身的信赖。因此，为了保护职务行为的合法、公正性，首先必须保证职务行为的不可收买性。

职务行为既包括正在实施、已经实施、将要实施并许诺的职务行为。即国家工作人员既不能以正在实施或者已经实施的职务行为为依据，向他人索取或者收受财物，也不能以将来可能实施的职务行为或者对职务行为的许诺为依据，向他人索取或者收受财物。因此，职务行为的不可收买性，包括将来的职务行为、正在实施的职务行为、已经实施的职务行为与财物的不可交换性。职务行为既包括完全属于职务范围的合法行为，也包括与职务有关的超越或者滥用职务的行为。易言之，只要是与职务有关的行为即可。与职务有关的行为，主要包括两种情况：一是与国家工作人员的一般的、抽象的职务权限有关的行为，不要求与国家工作人员的具体的职务权限有关；二是与职务有密切关联的行为。

2. *受贿罪的客观方面*

本罪在客观方面表现为行为人具有利用职务上的便利，向他人索取财物，或者收受他人财物并为他人谋取利益的行为。

利用职务之便是受贿罪客观方面的一个重要要件，利用职务之便可以分为以下两种情况：（1）利用职权上的便利：《刑法》第 385 条第 1 款规定的“利用职务上的便利”，既包括利用本人职务上主管、负责、承办某项公共事务的职权，也包括利用职务上有隶属、制约关系的其他国家工作人员的职权。担任单位领导职务的国家工作人员通过不属自己主管的下级部门的国家工作人员的职务为他人谋取利益的，应当认定为“利用职务上的便利”为他人谋取利益。（2）利用与职务有关的便利条件：《刑法》第 388 条规定的“利用本人职权或者地位形成的便利条件”，是指行为人与被其利用的国家工作人员之间在职务上虽然没有隶属、制约关系，但是行为人利用了本人职权或者地位产生的影响和一定的工作联系，如单位内不同部门的国家工作人员之间、上下级单位没有职务上隶属、制约关系的国家工作人员之间、有工作联系的不同单位的国家工作人员之间等。

“为他人谋取利益”是受贿罪客观方面又一个重要要件。为他人谋取利益包括承诺、实施和实现三个阶段的行为。只要具有其中一个阶段的行为，如国家工作人员收受他人财物时，根据他人提出的具体请托事项，承诺为他人谋取利益的，就具备了为他人谋取利益的要件。明知他人有具体请托事项而收受其财物的，视为承诺为他人谋取利益。

为他人谋取利益的许诺本身是一种行为。许诺既可以是明示的，也可以是暗示的。当他人主动行贿并提出为其谋取利益的要求后，国家工作人员虽未明确承诺，但只要不予拒绝，就应当认为是一种暗示的许诺。许诺既可以直接对行贿人许诺，也可以通过第三者对行贿人许诺。许诺既可以是真实的，也可以是虚假的。虚假许诺，是指国家工作人员具有为他人谋取利益的职权或者职务条件，在他人有求于自己的职务行为时，并不打算为他人谋取利益，却又承诺为他人谋取利益。但虚假承诺构成受贿罪是有条件的：其一，收受财物后作虚假许诺的，成立受贿罪。在这种情况下，客观上约定了以其职务行为为他人谋取利益，其职务行为的不可收买性已经受到侵害。事先作虚假许诺并要求他人交付财物的，则是索取型的受贿罪或者诈骗罪，不属于收受型的受贿罪。其二，许诺的内容与国家工作人员的职务行为相关联。如果国家工作人员根本没有为他人谋取利益的职权与职务条件，却谎称为他人谋取利益，原则上构成诈骗罪。其三，许诺行为导致财物与所许诺的职务行为之间形成了对价关系，使财物成为国家工作人员所许诺的“为他人谋取利益”的不正当报酬。

受贿行为可以表现为“索取贿赂、收受贿赂、约定贿赂”。索取贿赂包括要求、索要与勒索贿赂。索取具有两个特点：一是主动性，是受贿人先提出贿赂的要求；二是由索要与收取两个行为构成，是一种复合行为。索取既可以是明示的，也可以是暗示的。明示是明火执仗地索要贿赂，如果对方不给贿赂，就不履行其职务行为，以此为要挟，迫使对方就范。暗示是暗度陈仓地索要贿赂，往往使用暗示的方法，使对方领会，从而乖乖地交付贿赂。无论是明示还是暗示，都应以索贿论处。收受贿赂，是指在行贿人主动提供贿赂时，国家工作人员以将该贿赂作为自己的所有物的意思而接收、取得。约定贿赂即行贿人与受贿人就贿赂事项相互沟通、达成协议。《刑法》第 385 条第 2 款规定的“国家工作人员在经济往来中，违反国家规定，收受各种名义的回扣、手续费，归个人所有的，以受贿论处”就是一种约定方式。

本法将贿赂的内容限定为财物，财物是指具有价值的可以管理的有体物、无体物以及财产性利益。财产性利益属于贿赂的内容，这是因为受贿罪是以权换利的不正当交易，将能够转移占有与使用的财产性利益解释为财物，完全符合受贿罪的本质。例如，提供房屋装修、含有金额的会员卡、代币卡(券)、旅游等，均应包括在内。至于非财产性利益，现行刑法没有将其规定为贿赂的内容。

3. 受贿罪的主体

本罪的主体是特殊主体，即国家工作人员，另据《刑法》第 93 条规定，国家工作人员包括当然的国家工作人员，即在国家机关中从事公务的人员；拟定的国家工作人员，即国有公司、企事业单位、人民团体中从事公务的人员和国家机关、国有公司、企事业单位委派到非国有公司、企事业单位、社会团体从事公务的人员，以及其他依照法律从事公务的人员。

根据《刑法》第 93 条的规定，村民委员会等基层组织人员协助人民政府从事行政管理工作，利用职务上的便利实施本罪行为的，应以受贿罪论处。国家工作人员利用职务上的便利为请托人谋取利益，并与请托人事先约定，在其离退休后或者离职后收受请托人财物，构成犯罪的以受贿罪定罪处罚。一般公民与国家工作人员相勾结，伙同受贿的，以受贿罪的共犯论处。例如，国家工作人员的亲属教唆或者帮助国家工作人员受贿的，成立受贿罪的共犯。

医疗机构中的国家工作人员，在药品、医疗器械、医用卫生材料等医药产品采购活动中，利用职务上的便利，索取销售方财物，或者非法收受销售方财物，为销售方谋取利益，构成犯罪的，以受贿罪定罪处罚。学校及其他教育机构中的国家工作人员，在教材、教具、校服或者其他物品的采购等活动中，利用职务上的便利，索取销售方财物，或者非法收受销售方财物，为销售方谋取利益，构成犯罪的，以受贿罪定罪处罚。

依法组建的评标委员会、竞争性谈判采购中谈判小组、询价采购中询价小组中国家机关或者其他国有单位的代表，在招标、政府采购等事项的评标或者采购活动中，索取他人财物，或者非法收受他人财物为他人谋取利益，构成犯罪的，以受贿罪定罪处罚。2008 年 11 月 20 日最高人民法院、最高人民检察院《关于办理商业贿赂刑事案件适用法律若干问题的意见》第 11 条指出，非国家工作人员与国家工作人员通谋，共同收受他人财物，构成共同犯罪的，根据双方利用职务便利的具体情形分别定罪追究刑事责任：第一，利用国家工作人员的职务便利为他人谋取利益的，以受贿罪追究刑事责任；第二，利用非国家工作人员的职务便利为他人谋取利益的，以非国家工作人员受贿罪追究刑事责任；第三，分别利用各自的职务便利为他人谋取利益的，按照主犯的犯罪性质追究刑事责任，不能分清主从犯的，可以受贿罪追究刑事责任。

4. 受贿罪的主观方面

受贿罪的主观方面表现为故意。首先，行为人主观上具有索取或者接受贿赂的意思，即具有将对方提供的财物作为自己的所有物的意思。如果行为人根本不知道自己收受了财物，或者只是暂时收下，准备交给有关部门处理的，不成立受贿罪。其次，行为人认识到自己索取、收受的是职务行为的不正当报酬，认识到自己的行为会侵害职务行为的不可收买性。最后，行为人对上述结果持希望或者放任发生的态度。至于行为人因受贿对为他人谋取非法利益的行为所造成的结果持希望或者放任态度的，则是另一犯罪的故意内容。

关于“事后受财行为”的主观认定。国家工作人员事先实施某种职务行为，为他人谋取利益时，没有受贿的故意，事后（在职时）明知他人交付的财物是对自己职务行为的不正当报酬而予以收受的（所谓事后受财）成立受贿罪。这是因为“事后受财”也是国家工作人员职务行为的不正当报酬，从而导致财物与职务行为形成了对价关系，同样侵犯了受贿罪的法益。因此，当国家工作人员事前实施某种职务行为，客观上为他人谋取了利益时（后），他人向国家工作人员交付的财物，就是对国家工作人员职务行为的不正当报酬；国家工作人员明知该财物是对自己职务行为的不正当报酬而收受，就具有了受贿罪的故意。

（二）受贿罪的认定

1. 正确处理索取型受贿罪与敲诈勒索罪的关系

索贿与敲诈勒索有相似之处，但索贿的行为主体必须是国家工作人员，而敲诈勒索罪的行为主体不必是国家工作人员。索贿必须是利用职务上的便利，敲诈勒索罪不需要利用职务上的便利。可以肯定是，行为人虽然是国家工作人员，但对方有求于他的事项与其职务行为没有关系，行为人利用对方的困境，以此相要挟，索取财物的，成立敲诈勒索罪。如果对方有求于他的事项与其职务行为有关系，国家工作人员成立受贿罪与敲诈勒索罪的想象竞合犯，被勒索者的行为原则上也成立行贿罪，但根据我国《刑法》第389条第3款的规定，因被勒索给予国家工作人员以财物，没有获得不正当利益的，不成立行贿罪。

2. 正确处理受贿罪与诈骗罪的关系

国家工作人员的家属，以通过国家工作人员的职务行为为他人谋取利益之名，欺骗对方，获取财物的，是诈骗的一种方式，应以诈骗罪论处。在他人有求于国家工作人员的职务行为时，国家工作人员接受财物后，做出虚假承诺的，应认定为受贿罪。国家工作人员发现他人有求于国家工作人员的职务行为时，声称为他人谋取利益并主动要求对方提供财物，是受贿罪与诈骗罪的想象竞合犯。

3. 正确区分受贿罪的既遂与未遂

一般认为受贿罪以取得财物为既遂。收受贿赂后，将贿赂用于公益事业的，不影响受贿既遂的认定，更不影响受贿罪的成立与受贿数额的认定。但也有学者认为，在索取贿赂的情况下，应当以实施了索要行为作为受贿既遂标准。因为受贿罪的保护法益是国家工作人员职务行为的不可收买性，在索要贿赂的情况下，即使行为人没有现实取得贿赂，其索要行为已经侵害了职务行为的不可收买性。

4. 关于以交易形式收受贿赂问题

参照2007年7月8日最高人民法院、最高人民检察院《关于办理受贿刑事案件适用法律若干问题的意见》第1条的规定，国家工作人员利用职务上的便利为请托人谋取利益，以下列交易形式收受请托人财物的，以受贿论处：（1）以明显低于市场的价格向请托人购买房屋、汽车等物品的；（2）以明显高于市场的价格向请托人出售房屋、汽车等物品的；（3）以其他交易形式非法收受请托人财物的。受贿数额按照交易时当地市场价格与实际支付价格的差额计算。所列市场价格包括商品经营者事先设定的不针对特定人的最低优惠价格。根据商品经营者事先设定的各种优惠交易条件，以优惠价格购买商品的，不属于受贿。

5. 各类经济活动形式的收受贿赂问题

（1）收受干股问题

参照2007年7月8日最高人民法院、最高人民检察院《关于办理受贿刑事案件适用法律若干问题的意见》第2条的规定，干股是指未出资而获得的股份。国家工作人员利用职务上的便利为请托人谋取利益，收受请托人提供的干股的，以受贿论处。进行了股权转让登记，或者相关证据证明股份发生了实际转让的，受贿数额按转让行为时股份价值计算，所分红利按受贿孳息处理。股份未实际转让，以股份分红名义获取利益的，实际获利数额应当认定为受贿数额。

（2）以开办公司等合作投资名义收受贿赂问题

参照2007年7月8日最高人民法院、最高人民检察院《关于办理受贿刑事案件适用法律若干问题的意见》第3条的规定，国家工作人员利用职务上的便利为请托人谋取利益，由请托人出资，“合作”开办公司或者进行其他“合作”投资的，以受贿论处。受贿数额为请托人给国家工作人员的出资额。国家工作人员利用职务上的便利为请托人谋取利益，以合作开办公司或者其他合作投资的名义获取“利润”，没有实际出资和参与管理、经营的，以受贿论处。

（3）以委托请托人投资证券、期货或者其他委托理财的名义收受贿赂问题

参照2007年7月8日最高人民法院、最高人民检察院《关于办理受贿刑事案件适用法律若干问题的意见》第4条的规定，国家工作人员利用职务上的便利为请托人谋取利益，以委托请托人投资证券、期货或者其他委托理财的名义，未实际出资而获取“收益”，或者虽然实际出资，但获取“收益”明显高于出资应得收益的，以受贿论处。受贿数额，前一情形，以“收益”额计算；后一情形，以“收益”额与出资应得收益额的差额计算。

（4）以借款为名索取或者非法收受财物问题

参照2003年11月13日最高人民法院《全国法院审理经济犯罪案件工作座谈会纪要》的规定，国家工作人员利用职务上的便利，以借为名向他人索取财物，或者非法收受财物为他人谋取利益的，应当认定为受贿。具体认定时，不能仅仅看是否有书面借款手续，应当根据以下因素综合判定：有无正当、合理的借款事由；款项的去向；双方平时关系如何、有无经济往来；出借方是否要求国家工作人员利用职务上的便利为其谋取利益；借款后是否有归还的意思表示及行为；是否有归还的能力；未归还的原因；等等。

6. 以赌博形式收受贿赂问题

根据2005年5月8日，最高人民法院、最高人民检察院《关于办理赌博刑事案件具体应用法律若干问题的解释》第7条规定，通过赌博或者为国家工作人员赌博提供资金的形式实施行贿、受贿行为，构成犯罪的，依照刑法关于贿赂犯罪的规定定罪处罚。在实践中应注意区分贿赂与赌博活动、娱乐活动的界限。具体认定时，主要应当结合以下因素进行判断：（1）赌博的背景、场合、时间、次数；（2）赌资来源；（3）其他赌博参与者有无事先通

谋；（4）输赢钱物的具体情况和金额大小。

7. 特定关系人受贿问题

根据 2007 年 7 月 8 日最高人民法院、最高人民检察院《关于办理受贿刑事案件适用法律若干问题的意见》第 11 条的界定，“特定关系人”是指与国家工作人员有近亲属、情妇（夫）以及其他共同利益关系的人。第 6 条规定，国家工作人员利用职务上的便利为请托人谋取利益，要求或者接受请托人以给特定关系人安排工作为名，使特定关系人不实际工作却获取所谓薪酬的，以受贿论处。第 7 条规定，国家工作人员利用职务上的便利为请托人谋取利益，授意请托人以本意见所列形式，将有关财物给予特定关系人的，以受贿论处。特定关系人与国家工作人员通谋，共同实施前款行为的，对特定关系人以受贿罪的共犯论处。特定关系人以外的其他人与国家工作人员通谋，由国家工作人员利用职务上的便利为请托人谋取利益，收受请托人财物后双方共同占有的，以受贿罪的共犯论处。

8. 收受贿赂物品未办理权属变更问题

参照 2007 年 7 月 8 日最高人民法院、最高人民检察院《关于办理受贿刑事案件适用法律若干问题的意见》第 8 条的规定，国家工作人员利用职务上的便利为请托人谋取利益，收受请托人房屋、汽车等物品，未变更权属登记或者借用他人名义办理权属变更登记的，不影响受贿的认定。认定以房屋、汽车等物品为对象的受贿，应注意与借用的区分。具体认定时，除双方交代或者书面协议之外，主要应当结合以下因素进行判断：（1）有无借用的合理事由；（2）是否实际使用；（3）借用时间的长短；（4）有无归还的条件；（5）有无归还的意思表示及行为。

9. 收受财物后退还或者上交问题

参照 2007 年 7 月 8 日最高人民法院、最高人民检察院《关于办理受贿刑事案件适用法律若干问题的意见》第 9 条的规定，国家工作人员收受请托人财物后及时退还或者上交的，不是受贿。国家工作人员受贿后，因自身或者与其受贿有关联的人、事被查处，为掩饰犯罪而退还或者上交的，不影响认定受贿罪。

10. 在职时为请托人谋利，离职后收受财物问题

参照 2007 年 7 月 8 日最高人民法院、最高人民检察院《关于办理受贿刑事案件适用法律若干问题的意见》第 10 条的规定，国家工作人员利用职务上的

的便利为请托人谋取利益之前或者之后，约定在其离职后收受请托人财物，并在离职后收受的，以受贿论处。国家工作人员利用职务上的便利为请托人谋取利益，离职前后连续收受请托人财物的，离职前后收受部分均应计入受贿数额。

（三）受贿罪的处罚

《刑法》第385条的规定，国家工作人员利用职务上的便利，索取他人财物的，或者非法收受他人财物，为他人谋取利益的，是受贿罪。国家工作人员在经济往来中，违反国家规定，收受各种名义的回扣、手续费，归个人所有的，以受贿论处。《刑法》第386条的规定，对犯受贿罪的，根据受贿所得数额及情节，依照本法第383条的规定处罚。索贿的从重处罚。

根据《刑法》第386条与第383条和2016年4月18日最高人民法院、最高人民检察院《关于办理贪污贿赂刑事案件适用法律若干问题的解释》的规定，对于受贿罪，应当根据受贿所得数额及其他情节，分别处罚。受贿数额较大或者有其他较重情节的，处3年以下有期徒刑或者拘役，并处罚金。受贿数额在3万元以上，不满20万元的，应当认定为“数额较大”。受贿数额在1万元以上，不满3万元，具有以下8种情形的，应当认定为“其他较重情节”：（1）曾因贪污、受贿、挪用公款受过党纪、行政处分的；（2）曾因故意犯罪受过刑事追究的；（3）赃款赃物用于非法活动的；（4）拒不交待赃款赃物去向或者拒不配合追缴工作，致使无法追缴的；（5）造成恶劣影响或者其他严重后果的；（6）多次索贿的；（7）为他人谋取不正当利益，致使公共财产、国家和人民利益遭受损失的；（8）为他人谋取职务提拔、调整的。

受贿数额巨大或者有其他严重情节的，处3年以上10年以下有期徒刑，并处罚金或者没收财产。受贿数额在20万元以上，不满300万元的，应当认定为“数额巨大”。受贿数额在10万元以上，不满20万元的，具有上述8种情形之一的，应当认定为“其他严重情节”。

受贿数额特别巨大或者有其他特别严重情节的，处10年以上有期徒刑、无期徒刑或者死刑，并处罚金或者没收财产。受贿数额在300万元以上的，应当认定为“数额特别巨大”。受贿数额在150万元以上，不满300万元的，具有上述8种情形之一的，应当认定为“其他特别严重情节”。受贿数额特别巨大，犯罪情节特别严重、社会影响特别恶劣、给国家和人民利益造成特别重大损失的，可以判处死刑，但具有自首、立功、如实供述自己罪行、真诚悔罪、积极退赃，或者避免、减少损害结果的发生等情节，不是必须立即执行的，可以判处死刑缓期 2 年执行。人民法院根据犯罪情节等情况可以同时决定在其死刑缓期执行 2 年期满依法减为无期徒刑后，终身监禁，不得减刑、假释。

## 四、单位受贿罪

### （一）单位受贿罪的概念及犯罪构成

单位受贿罪，是指国家机关、国有公司、企业、事业单位、人民团体，索取、非法收受他人财物，为他人谋取利益，情节严重的行为。或者在经济往来中，在账外暗中收受各种名义的回扣、手续费的行为。

1. 单位受贿罪的客体

单位受贿罪侵犯的客体是国有单位公务活动的廉洁性。

2. 单位受贿罪的客观方面

单位受贿罪的行为主要有以下两种情形：（1）索取、非法收受他人财物；（2）在经济往来中，在账外暗中收受各种名义的回扣、手续费。

3. 单位受贿罪的主体

单位受贿罪的主体是国家机关、国有公司、企业、事业单位、人民团体。

4. 单位受贿罪的主观方面

单位受贿罪的主观方面是故意，是指单位明知是受贿行为而有意实施的主观心理状态。

### （二）单位受贿罪的处罚

根据《刑法》第 387 条之规定，犯本罪的，对单位判处罚金，并对其直接负责的主管人员和其他直接责任人员，处 5 年以下有期徒刑或者拘役。

根据 1999 年 9 月 16 日，最高人民检察院《关于人民检察院直接受理立案侦查案件立案标准的规定（试行）》，单位受贿涉嫌下列情形之一的，应予立案：（1）单位受贿数额在 10 万元的；（2）单位受贿数额不满 10 万元，但具有下列情形之一的：故意刁难、要挟有关单位、个人，造成恶劣影响的；强行索取财物的；致使国家或者社会利益遭受重大损失的。

## 五、利用影响力受贿罪

（一）利用影响力受贿罪的概念及犯罪构成

国家工作人员的近亲属或者其他与该国家工作人员关系密切的人，通过该国家工作人员职务上的行为，或者利用该国家工作人员职权或者地位形成的便利条件，通过其他国家工作人员职务上的行为，为请托人谋取不正当利益，索取请托人财物或者收受请托人财物，数额较大或者有其他较重情节的行为；或者离职的国家工作人员或者其他与该国家工作人员关系密切的人，利用该国家工作人员职权或者地位形成的便利条件实施的上述行为。

1. 利用影响力受贿罪的客体

利用影响力受贿罪侵犯的客体是国家机关的正常活动和国家工作人员职务行为的廉洁性。

2. 利用影响力受贿罪的客观方面

利用影响力受贿罪的客观方面主要表现为以下行为：

第一，直接利用影响力受贿。它是指国家工作人员的近亲属或者关系密切的人，直接通过该国家工作人员职务上的行为，为请托人谋取不正当利益，索取或者收受请托人财物之行为。

第二，间接利用影响力受贿。它是指国家工作人员的近亲属或者与其关系密切的人，利用该国家工作人员职权或者地位形成的便利条件，通过其他国家工作人员职务上的行为，为请托人谋取不正当利益，索取或者收受请托人财物行为。

第三，离职后利用影响力受贿。是指离职的国家工作人员或者其近亲属以及其他与其关系密切的人，利用该离职的国家工作人员原职权或者地位形成的便利条件，通过其他国家工作人员职务上的行为，为请托人谋取不正当利益，索取请托人财物或者收受请托人财物的行为。

在以上情形中，只有当国家工作人员至少许诺了为请托人谋取不正当利益时，才存在职务行为与财产的交换性，才能认定为贿赂罪。换言之，如果国家工作人员的近亲属或者其他与国家工作人员关系密切的人，索取或者收受了请托人的财物，但没有要求国家工作人员为请托人谋取不正当利益，或者虽然要求国家工作人员为请托人谋取不正当利益，但国家工作人员并不许诺，由于不存在职务行为与财物的交换性，不能认定为本罪。如果行为符合诈骗、敲诈勒索、侵占等侵犯财产罪的犯罪构成，可以认定为侵犯财产罪。另外，如果“有相关职权的国家工作人员”对他人利用影响力受贿知情，并许诺为请托人谋取不正当利益的，可成立受贿罪；其近亲属或者其他与国家工作人员关系密切的人，同时触犯受贿罪与利用影响力受贿罪，从一重罪论处。

3. 利用影响力受贿罪的主体

利用影响力受贿罪的主体是国家工作人员的近亲属或者其他与该国家工作人员关系密切的人，及离职的国家工作人员或者其近亲属以及其他与其关系密切的人。按照2018年10月26日《中华人民共和国刑事诉讼法》的规定，“近亲属”包括：“夫、妻、父、母、子、女、同胞兄弟姐妹”。对于“关系密切的人”法律没明确界定，其外延应该具有开放性，可包括其他亲属、师生、校友、同事、同乡、朋友、恋人、客户等。

4. 利用影响力受贿罪的主观方面

利用影响力受贿罪的主观方面是直接故意，表现为该行为人认识自己是在以某种方式利用相关国家工作人员的职务便利，为请托人谋取不正当利益，并且希望请托人能够给付财物或自己会主动向请托人索贿。

（二）利用影响力受贿罪的处罚

根据《刑法》第388条之一的规定，犯本罪的，处3年以下有期徒刑或者拘役，并处罚金；数额巨大或者有其他严重情节的，处3年以上7年以下有期徒刑，并处罚金；数额特别巨大或者有其他特别严重情节的，处7年以上有期徒刑，并处罚金或者没收财产。

参照2016年4月18日最高人民法院、最高人民检察院《关于办理贪污贿赂刑事案件适用法律若干问题的解释》第10条的规定，《刑法》第388条之一规定的利用影响力受贿罪的定罪量刑适用标准，参照本解释关于受贿罪的规定执行。

## 六、行贿罪

（一）行贿罪的概念及犯罪构成

行贿罪，是指为谋取不正当利益，给予国家工作人员以财物的行为。

1. 行贿罪的客体

本罪侵犯的客体是国家机关的正常管理和公职人员的职务行为的不可收

买性。

2. 行贿罪的客观方面

本罪的客观要件主要表现为以下几种情形：（1）为了利用国家工作人员的职务行为（包括利用国家工作人员的斡旋行为），主动给予国家工作人员以财物（包括向斡旋受贿者给予财物）。（2）在有求于国家工作人员的职务行为时，由于国家工作人员的索取而给予国家工作人员以财物。但根据《刑法》第389条第3款的规定，因被勒索给予国家工作人员以财物，没有获得不正当利益的，不是行贿。（3）与国家工作人员约定，以满足自己的要求为条件给予国家工作人员以财物。《刑法》第389条第2款规定，“在经济往来中，违反国家规定，给予国家工作人员以财物，数额较大的，或者违反国家规定，给予国家工作人员以各种名义的回扣、手续费的，以行贿论处”。（4）在国家工作人员利用职务上的便利为自己谋取利益时或者为自己谋取利益之后，给予国家工作人员以财物，作为职务行为的报酬。

3. 行贿罪的主体

行贿罪的犯罪主体是一般主体，即行为人是达到刑事责任年龄，具备刑事责任能力的自然人。

4. 行贿罪的主观方面

本罪的主观要件为故意，即行为人明知自己给予国家工作人员以财物的行为侵害了国家工作人员职务行为的不可收买性，并且希望或者放任这种结果的发生。同时，还要求行为人有“为了谋取不正当利益”的目的。根据2012年12月26日最高人民法院、最高人民检察院《关于办理行贿刑事案件具体应用法律若干问题的解释》第12条的规定，在行贿犯罪中，“谋取不正当利益”，指行贿人谋取的利益违反法律、法规、规章、政策规定，或者要求国家工作人员违反法律、法规、规章、政策、行业规范的规定，为自己提供帮助或者方便条件。违背公平、公正原则，在经济、组织人事管理等活动中，谋取竞争优势的，应当认定为“谋取不正当利益”。

（二）行贿罪的认定

1. 行贿罪与受贿罪的关系

在通常情况下，在一对贿赂关系中，行贿方与受贿方的行为均成立犯罪。但也有例外情况，如“行贿方”因被勒索给予财物，且没有获得不正当利益不是行贿，但索贿的国家工作人员的行为仍然是受贿。又如，为了谋取不正当利益而给予国家工作人员以财物的，构成行贿罪；但国家工作人员没有接受贿赂的故意，立即将财物送交有关部门处理的，不构成受贿罪。

（三）行贿罪的处罚

根据《刑法》第390条的规定，犯行贿罪的，处5年以下有期徒刑或者拘役，并处罚金；因行贿谋取不正当利益，情节严重的，或者使国家利益遭受重大损失的，处5年以上10年以下有期徒刑，并处罚金；情节特别严重的，或者使国家利益遭受特别重大损失的，处10年以上有期徒刑或者无期徒刑，并处罚金或者没收财产。

根据2016年4月18日最高人民法院、最高人民检察院《关于办理贪污贿赂刑事案件适用法律若干问题的解释》第7条的规定，为谋取不正当利益，向国家工作人员行贿，数额在3万元以上的，应当依照刑法第390条的规定以行贿罪追究刑事责任。行贿数额在1万元以上不满3万元，具有下列情形之一的，应当依照刑法第390条的规定以行贿罪追究刑事责任：（1）向3人以上行贿的；（2）将违法所得用于行贿的；（3）通过行贿谋取职务提拔、调整的；（4）向负有食品、药品、安全生产、环境保护等监督管理职责的国家工作人员行贿，实施非法活动的；（5）向司法工作人员行贿，影响司法公正的；（6）造成经济损失数额在50万元以上不满100万元的。

根据最高人民法院、最高人民检察院《关于办理贪污贿赂刑事案件适用法律若干问题的解释》第8条的规定，行贿“情节严重”是指：（1）行贿数额在100万元以上不满500万元的；（2）行贿数额在50万元以上不满100万元，并具有应当追究刑事责任的6种情形之一的；（3）其他严重的情节。为谋取不正当利益，向国家工作人员行贿，造成经济损失数额在100万元以上不满500万元的，应当认定为刑法第390条第1款规定的“使国家利益遭受重大损失”。

根据最高人民法院、最高人民检察院《关于办理贪污贿赂刑事案件适用法律若干问题的解释》第9条的规定，行贿“情节特别严重”是指：（1）行贿数额在500万元以上的；（2）行贿数额在250万元以上不满500万元，并具有应当追究刑事责任的6种情形之一的；（3）其他特别严重的情节。为谋取不正当利益，向国家工作人员行贿，造成经济损失数额在500万元以上的，应当认定为刑法第390条第1款规定的“使国家利益遭受特别重大损失”。

根据《刑法》第390条第2款的规定，行贿人在被追诉前主动交待行贿行为的，可以从轻或者减轻处罚。其中，犯罪较轻的，对侦破重大案件起关键作用的，或者有重大立功表现的，可以减轻或者免除处罚。参照《关于办理贪污贿赂刑事案件适用法律若干问题的解释》的14条的规定，“犯罪较轻”是指根据行贿犯罪的事实、情节，可能被判处3年有期徒刑以下刑罚的；“重大案件”是指根据犯罪的事实、情节，已经或者可能被判处10年有期徒刑以上刑罚的，或者案件在本省、自治区、直辖市或者全国范围内有较大影响的。“对侦破重大案件起关键作用”是指：（1）主动交待办案机关未掌握的重大案件线索的；（2）主动交待的犯罪线索不属于重大案件的线索，但该线索对于重大案件侦破有重要作用的；（3）主动交待行贿事实，对于重大案件的证据收集有重要作用的；（4）主动交待行贿事实，对于重大案件的追逃、追赃有重要作用的。

参见2012年12月26日最高人民法院、最高人民检察院《关于办理行贿刑事案件具体应用法律若干问题的解释》第10条，实施行贿犯罪，具有下列情形之一的，一般不适用缓刑和免予刑事处罚：（1）向3人以上行贿的；（2）因行贿受过行政处罚或者刑事处罚的；（3）为实施违法犯罪活动而行贿的；（4）造成严重危害后果的；（5）其他不适用缓刑和免予刑事处罚的情形。具有刑法第390条第2款规定的情形的，不受前款规定的限制。第11条，行贿犯罪取得的不正当财产性利益应当依照刑法第64条的规定予以追缴、责令退赔或者返还被害人。因行贿犯罪取得财产性利益以外的经营资格、资质或者职务晋升等其他不正当利益，建议有关部门依照相关规定予以处理。

## 七、对有影响力的人行贿罪

### （一）对有影响力的人行贿罪的概念及犯罪构成

对有影响力的人行贿罪，是指为谋取不正当利益，向国家工作人员的近亲属或者其他与该国家工作人员关系密切的人，或者向离职的国家工作人员或者其近亲属以及其他与其关系密切的人行贿的行为。

1. 对有影响力的人行贿罪的客体

对有影响力的人行贿罪侵犯的客体是国家工作人员的廉洁性。

2. 对有影响力的人行贿罪的客观方面

对有影响力的人行贿罪的客观行为是指为谋取不正当利益，向国家工作人员的近亲属或者其他与该国家工作人员关系密切的人，或者向离职的国家工作人员或者其近亲属以及其他与其关系密切的人行贿的行为。

本罪的犯罪对象主要有：（1）国家工作人员近亲属，是指与国家工作人员（或离职的国家工作人员）有夫、妻、父、母、子、女、同胞兄弟姐妹关系的人；（2）其他与该国家工作人员关系密切的人；（3）离职的国家工作人员；（4）离职的国家工作人员的近亲属及其关系密切的人。

3. 对有影响力的人行贿罪的主体

本罪的主体为一般主体，即凡是达到刑事责任年龄具有刑事责任能力的人，均可构成本罪。单位也能成为本罪的主体。

4. 对有影响力的人行贿罪的主观方面

本罪主观方面为故意，而且是直接故意。

（二）对有影响力的人行贿罪的处罚

参照《刑法》第 390 条之一的规定，为谋取不正当利益，向国家工作人员的近亲属或者其他与该国家工作人员关系密切的人，或者向离职的国家工作人员或者其近亲属以及其他与其关系密切的人行贿的，处 3 年以下有期徒刑或者拘役，并处罚金；情节严重的，或者使国家利益遭受重大损失的，处 3 年以上 7 年以下有期徒刑，并处罚金；情节特别严重的，或者使国家利益遭受特别重大损失的，处 7 年以上 10 年以下有期徒刑，并处罚金。单位犯前款罪的，对单位判处罚金，并对其直接负责的主管人员和其他直接责任人员，处 3 年以下有期徒刑或者拘役，并处罚金。

参照 2016 年 4 月 18 日，最高人民法院、最高人民检察院《关于办理贪污贿赂刑事案件适用法律若干问题的解释》第 10 条的规定，对有影响力的人行贿罪的定罪量刑适用标准（包括情节严重、情节特别严重），参照本解释关于行贿罪的规定执行。单位对有影响力的人行贿数额在 20 万元以上的，应当依照刑法第 390 条之一的规定以对有影响力的人行贿罪追究刑事责任。

## 八、对单位行贿罪

（一）对单位行贿罪的概念及犯罪构成

对单位行贿罪，是指个人或者单位为谋取不正当利益，给予国家机关、国有公司、企业、事业单位、人民团体以财物，或者在经济往来中，违反国家规定，给予各种名义的回扣、手续费的行为。

1. 对单位行贿罪的客体

对单位行贿罪的客体是国家机关、国有公司、企业、事业单位、人民团体等国有单位的正常管理活动。

2. 对单位行贿罪的客观方面

本罪的客观方面表现为个人或者单位为谋取不正当利益对单位行贿，有两种具体表现形式：一是给予国家机关、国有公司、企业、事业单位、人民团体以财物。二是在经济往来中，违反国家规定，给予国家机关、国有公司、企业、事业单位、人民团体各种名义的回扣、手续费。

3. 对单位行贿罪的主体

对单位行贿罪的主体是一般主体，既可以是自然人，也可以是单位。

4. 对单位行贿罪的主观方面

本罪的主观方面表现为直接故意，且以谋取不正当利益为目的。

（二）对单位行贿罪的认定

1. 对单位行贿与对个人行贿的区别

被认定为单位犯罪的，必须是为单位谋取不正当利益，因行贿取得的利益必须归单位所有；如果为了个人利益而以单位名义行贿，或者因行贿取得的利益归个人所有，则应认定为自然人犯罪，即行贿罪。

（三）对单位行贿罪的处罚

根据《刑法》第391条的规定，自然人犯本罪的，处3年以下有期徒刑或者拘役，并处罚金；单位犯前款罪的，对单位判处罚金，并对其直接负责的主管人员和其他直接责任人员，依照前款的规定处罚。

参照1999年9月16日最高人民检察院《关于人民检察院直接受理立案侦查案件立案标准的规定（试行）》的规定，涉嫌对单位行贿，有下列情形之一的，应予立案：（1）个人行贿数额在10万元以上、单位行贿数额在20万元以上的；（2）个人行贿数额不满10万元、单位行贿数额在10万元以上不满20万元，但具有下列情形之一的：为谋取非法利益而行贿的；向3个以上单位行贿的；向党政机关、司法机关、行政执法机关行贿的；致使国家或者社会利益遭受重大损失的。

## 九、介绍贿赂罪

### （一）介绍贿赂罪的概念及犯罪构成

介绍贿赂罪，是指向国家工作人员介绍贿赂，情节严重的行为。

1. 介绍贿赂罪的客体

介绍贿赂罪侵犯的客体是国家工作人员职务行为的廉洁性和职务行为的不可收买性，直接扰乱国家机关的正常工作秩序和正常管理秩序。

2. 介绍贿赂罪的客观方面

本罪的客观要件表现为行为人在行贿人与国家工作人员之间进行引见、沟通、撮合，促使行贿与受贿得以实现。如果是向非国家工作人员（如集体性质的公司、企业的工作人员）介绍贿赂或者向单位介绍贿赂，则不成立介绍贿赂罪。即介绍贿赂罪所介绍的受贿一方必须是国家工作人员，行贿方则无任何限定。此外，成立本罪还要求情节严重。

3. 介绍贿赂罪的主体

本罪的犯罪主体是一般主体，即达到刑事责任年龄，具备刑事责任能力的自然人实施介绍贿赂行为，均可构成本罪犯罪主体。

4. 介绍贿赂罪的主观方面

本罪的主观要件表现为故意，即行为人认识到自己介绍贿赂的行为，在促成以权换利的不正当交易，并希望或者放任这种交易的实现。至于行为人出于何种动机，是否因介绍贿赂而从行贿方或者受贿方得到某种利益，则不影响本罪的成立。

### （二）介绍贿赂罪的认定

1. 介绍贿赂罪与受贿罪、行贿罪共犯的关系

介绍贿赂通常表现为以下两种形式：其一，受行贿人之托，为其物色行贿对象，疏通行贿渠道，引荐受贿人，转达行贿信息等；其二，按照受贿人的意图，为其寻找索贿对象，转告索贿人的要求等。但是，这两种行为分别可认定为行贿罪、受贿罪的帮助行为，从共犯原理来看，可成立行贿罪、受贿罪的帮助犯。

对此情形，司法实践中有以下做法：第一，以行为人是否获得利益为标准区分犯罪。帮助受贿并参与分赃（实际分得受贿款物）成立受贿罪共犯，帮助行贿并为了谋取自己的不正当利益成立行贿罪共犯；仅帮助贿赂但没有

分赃获利的，成立介绍贿赂罪。第二，以一般公民是否参与了国家工作人员利用职务上的便利为他人谋取利益，来区分受贿罪的共犯与介绍贿赂罪。

（三）介绍贿赂罪的处罚

根据《刑法》第 392 条的规定，向国家工作人员介绍贿赂，情节严重的，处 3 年以下有期徒刑或者拘役，并处罚金。介绍贿赂人在被追诉前主动交待介绍贿赂行为的，可以减轻处罚或者免除处罚。

参照 1999 年 9 月 16 日最高人民检察院《关于人民检察院直接受理立案侦查案件立案标准的规定（试行）》的规定，介绍贿赂涉嫌下列情形之一的，应予立案：（1）介绍人向国家工作人员行贿，数额在 2 万元以上的；介绍单位向国家工作人员行贿，数额在 20 万元以上的；（2）介绍贿赂数额不满上述标准，但具有下列情形之一的：为使行贿人获取非法利益而介绍的；3 次以上或者为 3 人以上介绍贿赂的；向党政领导、司法工作人员、行政执法人员介绍贿赂的；致使国家或者社会利益遭受重大损失的。

## 十、单位行贿罪

（一）单位行贿罪的概念及犯罪构成

单位行贿罪，是指单位为谋取不正当利益而给予国家工作人员以财物，或者违反国家规定，给予国家工作人员以回扣、手续费，情节严重的行为。

1. 单位行贿罪的客体

单位行贿罪侵犯的客体主要是国家工作人员职务行为的不可收买性及国家机关、公司、企业、事业单位和团体的正常活动和声誉。

2. 单位行贿罪的客观方面

单位行贿罪在客观方面表现为公司、企业、事业单位、机关、团体，为了谋取不正当利益，给予国家工作人员以财物，数额较大的，或者违反国家规定，给予上述人员以回扣、手续费，情节严重的行为。

3. 单位行贿罪的主体

单位行贿罪的主体是单位，包括公司、企业、事业单位、机关、团体。

4. 单位行贿罪的主观方面

单位行贿罪的在主观方面表现为故意，且具有谋取不当利益的动机。

（二）单位行贿罪的认定

1. 单位行贿罪与个人行贿罪的区别

单位行贿罪与行贿罪的区别：第一，主体不同。个人行贿罪的主体是自然人。而单位行贿罪必须有单位意志，即经过单位负责人或决策机构的决策及认可。单位行贿罪一般表现为单位的直接主管人、责任人员根据本单位意志实施的行贿行为。第二，行贿利益的归属不同。单位行贿罪行贿行为的违法所得必须归单位所有，如果归个人所有，应以自然人的个人行贿罪论处。第三，情节标准不同。单位行贿的认定起点要求较高，仅就数额而言，单位行贿数额在 20 万元以上的才应予立案；而个人行贿罪的追究数额起点是 1 万元。

（三）对单位行贿罪的处罚

根据《刑法》第 393 条的规定，单位为谋取不正当利益而行贿，或者违反国家规定，给予国家工作人员以回扣、手续费，情节严重的，对单位判处罚金，并对其直接负责的主管人员和其他直接责任人员，处 5 年以下有期徒刑或者拘役，并处罚金。因行贿取得的违法所得归个人所有的，依照本法第 389 条、第 390 条的规定定罪处罚。

参照 1999 年 9 月 16 日最高人民检察院《关于人民检察院直接受理立案侦查案件立案标准的规定（试行）》的规定，涉嫌下列情形之一的，应予立案：（1）单位行贿数额在 20 万元以上的；（2）单位为谋取不正当利益而行贿，数额在 10 万元以上不满 20 万元，但具有下列情形之一的：为谋取非法利益而行贿的；向 3 人以上行贿的；向党政领导、司法工作人员、行政执法人员行贿的；致使国家或者社会利益遭受重大损失的。

## 十一、巨额财产来源不明罪

（一）巨额财产来源不明罪的概念及犯罪构成

巨额财产来源不明罪是指国家工作人员的财产、支出明显超过合法收入，差额巨大，不能说明来源的行为。

1. 巨额财产来源不明罪的客体

本罪侵犯的客体是复杂客体。即国家工作人员职务行为的廉洁性和公私财物的所有权。

2. 巨额财产来源不明罪的客观方面

本罪的客观行为表现为财产、支出明显超过合法收入，差额巨大，在有关机关责令行为人说明来源时，行为人不能说明其来源。需要注意的是“财产、支出明显超过合法收入”并不是本罪的实行行为，只是本罪的前提条件，也可以说是行为状况，即在财产、支出明显超过合法收入，被责令说明来源的状况下不能说明财产来源。所以，本罪是不作为犯。

根据2003年11月13日最高人民法院《全国法院审理经济犯罪案件工作座谈会纪要》的规定，“行为人不能说明巨额财产来源合法”包括以下情况：(1) 行为人拒不说明财产来源；(2) 行为人无法说明财产的具体来源；(3) 行为人所说的财产来源经司法机关查证并不属实；(4) 行为人所说的财产来源因线索不具体等原因，司法机关无法查实，但能排除存在来源合法的可能性和合理性的。

根据2003年11月13日最高人民法院《全国法院审理经济犯罪案件工作座谈会纪要》的规定，在具体计算时，《刑法》第395条规定的“非法所得”(不能说明其来源)，一般是指行为人的全部财产与能够认定的所有支出的总和减去能够证实的有真实来源的所得。在具体计算时，应注意以下问题：(1) 应把国家工作人员个人财产和与其共同生活的家庭成员的财产、支出等一并计算，而且一并减去他们所有的合法收入以及确属与其共同生活的家庭成员个人的非法收入；(2) 行为人所有的财产包括房产、家具、生活用品、学习用品及股票、债券、存款等动产和不动产；行为人的支出包括合法支出和不合法的支出，包括日常生活、工作、学习费用、罚款及向他人行贿的财物等；行为人的合法收入包括工资、奖金、稿酬、继承等法律和政策允许的各种收入；(3) 为了便于计算犯罪数额，对于行为人的财产和合法收入，一般可以从行为人有比较确定的收入和财产时开始计算。

3. 巨额财产来源不明罪的主体

本罪的主体是特殊主体，即国家工作人员。非国家工作人员不能成为本罪主体。国家工作人员，包括：在国家机关、国有公认企业、事业单位、人民团体中从事公务的人员和国家机关、国有公司企业、事业单位委派到非国有公司、企业、事业单位、社会团体从事公务的人员，以及其他依照法律从事公务的人员。

4. 巨额财产来源不明罪的主观方面

本罪在主观上是故意，即行为人明知财产不合法而故意占有，案发后又故意拒不说明财产的真正来源，或者有意编造财产来源的合法途径。

（二）巨额财产来源不明罪的认定

1. 巨额财产来源不明罪与贪污罪、受贿罪的区别

巨额财产来源不明罪与贪污罪和受贿罪有一定区别。首先，主体不同。贪污罪、受贿罪的主体范围要比巨额财产来源不明罪广泛，除国家机关工作人员，还可包括国有公司、企业、事业单位其他经手管理公共财产的人员和其他依法从事公务的人员等。其次，客观方面不同。巨额财产来源不明罪只要求行为人拥有超过合法收入的巨额财产，而且行为人不能说明、司法机关又不能查明其来源的即可。也就是说，行为人拥有的来源不明的巨额财产既可能来自于贪污受贿，也可能来自走私、贩毒、盗窃、诈骗等犯罪行为。

（三）巨额财产来源不明罪的处罚

根据《刑法》第 395 条第 1 款的规定，国家工作人员的财产、支出明显超过合法收入，差额巨大的，可以责令该国家工作人员说明来源，不能说明来源的，差额部分以非法所得论，处 5 年以下有期徒刑或者拘役；差额特别巨大的，处 5 年以上 10 年以下有期徒刑。财产的差额部分予以追缴。

参照 1999 年 9 月 16 日最高人民检察院《关于人民检察院直接受理立案侦查案件立案标准的规定（试行）》的规定，巨额财产来源不明中的“差额巨大”是指涉嫌巨额财产来源不明，数额在 30 万元以上，应予立案。

司法机关在查处贪污、受贿、走私等刑事犯罪案件过程中，发现被告人的财产或者支出明显超过合法收入，且本人不能说明其来源合法，差额达到巨大标准的，应以巨额财产来源不明罪予以认定，按数罪并罚原则处罚；差额未达到巨大标准的，不以巨额财产来源不明罪认定，但其差额部分仍属非法所得，应依法予以追缴。

## 十二、隐瞒境外存款罪

（一）隐瞒境外存款罪的概念及犯罪构成

隐瞒境外存款罪，是指国家工作人员对自己数额较大的境外存款，应当依照国家规定申报而隐瞒不报的行为。

1. 隐瞒境外存款罪的客体

本罪侵犯的客体是复杂客体，即国家的廉政制度和国家的外汇管理制度。国家工作人员在境外的存款，应当依照国家规定申报。某些国家工作人员置宪法和法律规定于不顾，在涉外公务活动中，不惜损害国家的利益，以权谋私，进行钱权交易，大肆进行贪污、受贿等违法犯罪活动，将在国内外贪污、受贿等非法所得的赃款存入境外，隐瞒不报，破坏了国家廉政制度，同时也侵犯国家对外汇的管理，使国家损失了这部分应得的外汇收入。

2. 隐瞒境外存款罪的客观方面

本罪在客观方面表现为国家工作人员在境外依照国家规定应当申报而隐瞒不报，且数额较大的行为。“境外存款”是指在我国国（边）境以外的国家和地区（包括香港、澳门、台湾地区）存入金融机构的外币、外币有价证券、支付凭证、贵重金属及其制品等。因此，这里讲的“存款”，是指外汇，而不是指人民币，因为人民币不能在外国自由兑换。所谓“隐瞒不报”是指国家工作人员在境外存入境外所得的合法收入或是非法收入不按国家有关规定申报而隐瞒存入境外地区的银行或其他国家银行。

3. 隐瞒境外存款罪的主体

本罪的主体是特殊主体，即只能由国家工作人员构成。非国家工作人员的一般公民，没有特定的申报财产义务，也没有申报境外存款的义务。

4. 隐瞒境外存款罪的主观方面

本罪在主观上是故意，即行为人明知自己的境外存款应当申报而故意隐瞒不报。本罪的故意表现为先有在境外存款的行为，并且明知国家的申报规定，然后有意隐瞒拒不申报。不是出于故意隐瞒，而是对国家的申报规定不明知，在主观无过错的情况下没有申报的，或者由于客观上的原因未及时申报的，都不能构成此罪。隐瞒不报境外存款的动机是多种多样的，有的是为了掩盖非法收入，有的是出于对国家的不信任，但无论是何种动机，都不影响本罪的成立。

（二）隐瞒境外存款罪的认定

1. 隐瞒境外存款罪中的一罪与数罪问题

对于国家工作人员在贪污、受贿后，将赃款转移出境，存入境外的银行的行为，如果查明行为人已构成贪污罪或受贿罪，又将赃款偷偷转移存入境外，应视为隐藏赃款的行为，应“从一重处断”。对确实查不出犯罪来源的

“存款”，可只以隐瞒境外存款罪定罪量刑。

如果国家工作人员的境外存款明显超过其合法收入，差额巨大且不能说明来源是合法的，则同时构成隐瞒境外存款罪、巨额财产来源不明罪的想象竞合，应以巨额财产来源不明罪认定。

（三）隐瞒境外存款罪的处罚

《刑法》第 395 条规定，国家工作人员在境外的存款，应当依照国家规定申报。数额较大、隐瞒不报的，处 2 年以下有期徒刑或者拘役；情节较轻的，由其所在单位或者上级主管机关酌情给予行政处分。

参照 1999 年 9 月 16 日最高人民检察院《关于人民检察院直接受理立案侦查案件立案标准的规定（试行）》的规定，涉嫌隐瞒境外存款，折合人民币数额在 30 万元以上的，应予立案。

## 十三、私分国有资产罪

（一）私分国有资产罪的概念及犯罪构成

私分国有资产罪，是指国家机关、国有公司、企业、事业单位、人民团体，违反国家规定，以单位名义将国有资产集体私分给个人，数额较大的行为。

1. 私分国有资产罪的客体

私分国有资产罪所侵犯的客体是国有资产、财务的管理制度及其所有权以及职务行为的廉洁性。

2. 私分国有资产罪的客观方面

在客观方面，私分国有资产罪是指违反国家规定，以单位名义，故意将国有资产或应当上缴国家的罚没财物集体私分给个人。

参照相关规定，国有资产是指国有单位占有、使用的，依法确认为国家所有，能以货币计量的各种经济资源的总称，包括国家拨给国有单位的资产，国有单位按照国家规定运用国有资产组织收入形成的资产，以及接受捐赠和其他经法律确认为国家所有的资产，其表现形式为流动资产、固定资产、无形资产和对外投资等。

本罪的“以单位的名义私分给个人”是指经集体研究决定将国有资产以单位名义分配给单位的所有成员、多数人或公开分给少数人，数额较大的行为。私分国有资产数额较大的，才成立私分国有资产罪。

3. 私分国有资产罪的主体

私分国有资产罪的主体是国家机关、国有公司、企业、事业单位、人民团体。此罪是单位犯罪，但根据法律规定只处罚私分国有资产的直接负责的主管人员和其他直接责任人员。

4. 私分国有资产罪的主观方面

私分国有资产罪在主观方面是直接故意。行为须有明知是国有资产而故意违反国家规定，将其集体私分给个人的故意。如疏忽大意地误将国有资产当作单位可分配的资金加以集体私分者，不能成立本罪，情节严重者，可按有关渎职犯罪处理。

（二）私分国有资产罪的认定

1. 私分国有资产罪与私分罚没财物罪的区分

在司法实践中，司法机关、行政执法机关违反国家规定，以单位名义私分国有资产的，应认定为私分国有资产罪，只有私分应当上缴国家的罚没财物时，才成立私分罚没财物罪。

2. 私分国有资产罪、私分罚没财物罪与贪污罪的区分

私分国有资产罪、私分罚没财物罪与单位个别负责人或经手人贪污国有资产或罚没财物的行为是有区别的。此二罪属于集体私分，在单位内部带有普遍性和公开性，而贪污行为则带有个人性和隐秘性。截留国有资产账外暗中私分的，个人决定私分国有资产或罚没财物的，将国有资产或者罚没财物私自分给单位领导或者部分成员的，应认定是贪污罪。

（三）私分国有资产罪处罚

根据《刑法》第396条之规定，单位犯本罪的，对其直接负责的主管人员和其他直接责任人员，处3年以下有期徒刑或者拘役，并处或者单处罚金；数额巨大的，处3年以上7年以下有期徒刑，并处罚金。

根据1999年9月16日最高人民检察院《关于人民检察院直接受理立案侦查案件立案标准的规定（试行）》，涉嫌私分国有资产，累计数额在10万元以上的，应予立案。

## 十四、私分罚没财物罪

（一）私分罚没财物罪的概念及犯罪构成

私分罚没财物罪，是指司法机关、行政执法机关违反国家规定，将应当

上缴国家的罚没财物，以单位名义集体私分给个人的行为。

1. 私分罚没财物罪的客体

私分罚没财物罪所侵犯的客体是国有资产、财务的管理制度及其所有权以及职务行为的廉洁性。

2. 私分罚没财物罪的客观方面

在客观方面，私分罚没财物罪是违反国家规定，以单位名义，故意将应当上缴国家的罚没财物集体私分给个人。

这里的违反国家规定，是指违反国家关于罚没财物应当上缴国家的有关法律、行政法规的规定。私分罚没财物罪的对象是“罚没财物”，是指司法机关在办理刑事案件过程中追缴、没收犯罪嫌疑人、被告人的财物，以及对犯罪分子判处的罚金、没收的财产；行政执法机关在行政执法活动中没收和处罚收缴的财物、罚款。集体私分给个人，是指经集体研究决定将罚没财物，以单位名义将分配给单位的所有成员、多数人或公开分给少数人，数额较大的行为。

3. 私分罚没财物罪的主体

私分罚没财物罪的主体是司法机关、行政执法机关。这里的司法机关应作广义理解，包括公安机关、国家安全机关、检察机关、审判机关和监狱管理机关。行政执法机关是指政府所属的工商、税务、海关、质量监督、卫生检疫、交通管理、环境保护等机关。此罪是单位犯罪，但根据法律规定只处罚私分罚没财物的直接负责的主管人员和其他直接责任人员。

4. 私分罚没财物罪的主观方面

私分罚没财物罪的主观方面是直接故意。行为须有明知是罚没财物而故意违反国家规定，将其集体私分给个人的故意。如是疏忽大意地误将罚没财物当作单位可分配的物品加以集体私分者，不能成立本罪，情节严重者，可按有关渎职犯罪处理。

（二）私分罚没财物罪的处罚

根据《刑法》第 396 条之规定，单位犯本罪的，对其直接负责的主管人员和其他直接责任人员，处 3 年以下有期徒刑或者拘役，并处或者单处罚金；数额巨大的，处 3 年以上 7 年以下有期徒刑，并处罚金。

## 十五、非国家工作人员受贿罪

### （一）非国家工作人员受贿罪的概念及犯罪构成

非国家工作人员受贿罪，是指公司、企业或者其他单位的工作人员利用职务上的便利，索取他人财物或者非法收受他人财物，为他人谋取利益，数额较大的行为。

#### 1. 非国家工作人员受贿罪的客体

非国家工作人员受贿罪侵犯的客体是非国家工作人员职务行为的不可收买性及国家对公司、企业及其他单位的管理制度。在市场经济及现代社会的运行机制中，公司、企业及其他单位扮演着十分重要的角色。这些单位的工作人员通过自己的合法职务活动，使公司、企业、其他单位在市场经济体制及现代社会中的角色得以正常发挥。因此，有关法律对这些单位的工作人员的职务活动作了规范，建立起一套明确的管理制度。相关人员受贿犯罪则是对这套管理制度的直接侵犯，从而危害公司、企业、事业单位的根本利益，破坏正常的社会主义市场公平竞争的交易秩序。

#### 2. 非国家工作人员受贿罪的客观方面

非国家工作人员受贿罪的客观方面表现为利用职务上的便利，索取他人财物或非法收受他人财物，为他人谋取利益，数额较大的行为。利用职务上的便利是本罪在客观方面的重要因素，是指公司、企业以及事业单位、其他组织的工作人员利用本人组织、领导、监督、管理等职权以及利用与上述职权有关的便利条件。索取他人财物是指利用组织、领导、监督、管理等职务上的便利，主动向有求于行为人职务行为的请托人索要财物。非法收受他人财物是指利用组织、领导、监督、管理等职务上的便利，为请托人办事，接受请托人主动送给的财物。为他人谋取利益是指行为人索要或收受他人财物，利用职务之便为他人或允诺为他人实现某种利益。该利益是合法还是非法，该利益是否已谋取到，均不影响本罪的成立。数额较大是指接受贿赂即财物的数额较大。接受了数额较大的贿赂，则构成该罪的既遂。

《刑法修正案（六）》第7条对《刑法》第163条第2款进行了修正，规定公司、企业或者其他单位的工作人员在经济往来中，利用职务上的便利，违反国家规定，收受各种名义的回扣、手续费，归个人所有的，以公司、企业、其他单位人员受贿罪处罚。

3. 非国家工作人员受贿罪的主体

非国家工作人员受贿罪的主体是特殊主体，即公司、企业或者其他单位的工作人员。公司、企业或者其他单位的工作人员既包括非国有公司、企业或者其他单位的工作人员，也包括国有公司、企业以及其他国有单位中的非国家工作人员。参照2008年11月20日最高人民法院、最高人民检察院《关于办理商业贿赂刑事案件适用法律若干问题的意见》规定，“其他单位”，既包括事业单位、社会团体、村民委员会、居民委员会、村民小组等常设性的组织，也包括为组织体育赛事、文艺演出或者其他正当活动而成立的组委会、筹委会、工程承包队等非常设性的组织。

但应注意的是，参照《刑法》第163条第3款，在国有公司、企业、国有其他单位中从事公务的人员和国有公司、企业、国有其他单位委派到非国有公司、企业以及其他单位从事公务的人员利用职务上的便利受贿的，不成立公司、企业、其他单位人员受贿罪，而应依照《刑法》第385条、第386条的受贿罪处罚。

4. 非国家工作人员受贿罪的主观方面

非国家工作人员受贿罪的主观方面表现为故意，即公司、企业、其他单位人员明明知接受或索取贿赂的行为会侵犯相关职务行为的廉洁性，而希望或放任这种结果的发生。

（二）非国家工作人员受贿罪的处罚

参照《刑法》第163条，公司、企业或者其他单位的工作人员利用职务上的便利，索取他人财物或者非法收受他人财物，为他人谋取利益，数额较大的，处5年以下有期徒刑或者拘役；数额巨大的，处5年以上有期徒刑，可以并处没收财产。公司、企业或者其他单位的工作人员在经济往来中，利用职务上的便利，违反国家规定，收受各种名义的回扣、手续费，归个人所有的，依照前款的规定处罚。

参照2016年4月18日最高人民法院、最高人民检察院《关于办理贪污贿赂刑事案件适用法律若干问题的解释》第11条，非国家工作人员受贿罪中的“数额较大”“数额巨大”的数额起点，按照本解释关于受贿罪、贪污罪相对应的数额标准规定的2倍、5倍执行；即数额较大为6万元，数额巨大为100万元。

## 十六、对非国家工作人员行贿罪

### （一）对非国家工作人员行贿罪的概念及犯罪构成

对非国家工作人员行贿罪是指为谋取不正当利益，给予公司、企业或者其他单位的工作人员以财物，数额较大的行为。

1. 对非国家工作人员行贿罪的客体

对非国家工作人员行贿罪侵犯的客体是非国家工作人员职务行为的不可收买性及国家对公司、企业及其他单位的管理制度。

2. 对非国家工作人员行贿罪的客观方面

对非国家工作人员行贿罪的客观方面表现为谋取不正当利益，给予公司、企业的工作人员以财物，并且数额较大的行为。

3. 对非国家工作人员行贿罪的主体

对非国家工作人员行贿罪的主体是一般主体，自然人和单位均可以构成本罪的犯罪主体。

4. 对非国家工作人员行贿罪的主观方面

对非国家工作人员行贿罪的主观方面为故意。其目的或动机是为了谋取不正当利益，此处的谋利，不同于经济活动中依法经营获取的正当利益，而是牟取暴利、追求不正当的高额经济利润。

### （二）对非国家工作人员行贿罪的处罚

参照《刑法》第164条的规定，为谋取不正当利益，给予公司、企业或者其他单位的工作人员以财物，数额较大的，处3年以下有期徒刑或者拘役，并处罚金；数额巨大的，处3年以上10年以下有期徒刑，并处罚金。单位犯本罪的，对单位判处罚金，并对其直接负责的主管人员和其他直接责任人员，依照上述规定处罚。行贿人在被追诉前主动交待行贿行为的，可以减轻处罚或者免除处罚。

参照2016年4月18日最高人民法院、最高人民检察院《关于办理贪污贿赂刑事案件适用法律若干问题的解释》第11条规定，《刑法》第164条第1款规定的对非国家工作人员行贿罪中的“数额较大”“数额巨大”的数额起点，按照本解释第7条、第8条第1款关于行贿罪的数额标准规定的2倍执行：即数额较大为6万元或2万元（综合加重情节），数额巨大为100万元或50万元（综合加重情节）。关于单位对非国家工作人员行贿的，参照2010年

5 月 7 日最高人民检察院、公安部《关于公安机关管辖的刑事案件立案追诉标准的规定（二）》，单位行贿数额在 20 万元以上的，应予立案追诉。

## 十七、对外国公职人员、国际公共组织官员行贿罪

### （一）对外国公职人员、国际公共组织官员行贿罪的概念与犯罪构成

对外国公职人员、国际公共组织官员行贿罪是指为谋取不正当商业利益，给予外国公职人员或者国际公共组织官员以财物的行为。

1. 对外国公职人员、国际公共组织官员行贿罪的客体

对外国工作人员、国际公共组织官员行贿罪的客体是外国公职人员或国际公共组织官员的职务廉洁性及国家对公司、企业的管理秩序。为了配合《联合国反腐败公约》（2003 年 12 月 10 日我国签署，以下简称《公约》），我国《刑法修正案（八）》首次将对外国公职人员、国际公共组织官员行贿行为纳入我国刑法规定的犯罪范畴，对《刑法》第 164 条进行了修改，增加了“为谋取不正当商业利益，给予外国公职人员或者国际公共组织官员以财物的，依照前款（对非国家工作人员行贿罪）的规定处罚”。

2. 对外国公职人员、国际公共组织官员行贿罪的客观方面

对外国公职人员、国际公共组织官员行贿罪的客观方面表现是为谋取不正当商业利益，给予外国公职人员或者国际公共组织官员以财物的行为。

根据《公约》第 2 条的规定，“外国公职人员”指外国无论是经任命还是经选举而担任立法、行政、行政管理或者司法职务的任何人员；以及在外国为公共机构或者公营企业行使公共职能的任何人员；“国际公共组织官员”指国际公务员或者经此种组织授权代表该组织行事的任何人员。

根据《公约》第 16 条的规定，贿赂外国公职人员或者国际公共组织官员是指“直接或间接向外国公职人员或者国际公共组织官员许诺给予、提议给予或者实际给予该公职人员本人或者其他人员或实体不正当好处，以使该公职人员或者该官员在执行公务时作为或者不作为，以便获得或者保留与进行国际商务有关的商业或者其他不正当好处”。此处，《公约》规定贿赂范围为“不正当好处”。而根据我国刑法的规定，贿赂范围仅指索取或收受的“财物”，包括金钱、实物、以及能够用金钱计算数额的财产性收益，因此，此处的贿赂范围应以我国刑法的财物范围为准。

3. 对外国公职人员、国际公共组织官员行贿罪的主体

本罪的主体是一般主体，包括自然人和单位。无论是具有中国国籍的自然人或单位，还是外国国籍的自然人或单位，只要其实施对外国公职人员、国际公共组织官员行贿之行为，又在我国刑事管辖的范围内，均可以成为本罪的主体。

4. 对外国公职人员、国际公共组织官员行贿罪的主观方面

本罪主观方面是故意，即行为人为谋取不正当商业利益而实施贿赂行为。所谓不正当商业利益，则应依据外国法律、法规或国家政策，以及国际组织的规章、制度作出判断。这些利益可能是应损失的而未损失的，可能是不应得而获得的，也可能是应得而扩大的，例如使资质欠缺的公司获得某国市场的准入资格，使国际公共组织违背标准进行认证等等。

（二）对外国公职人员、国际公共组织官员行贿罪的处罚

参照《刑法》第164条的规定，为谋取不正当商业利益，给予外国公职人员或者国际公共组织官员以财物的，数额较大的，处3年以下有期徒刑或者拘役，并处罚金；数额巨大的，处3年以上10年以下有期徒刑，并处罚金。单位犯前款罪的，对单位判处罚金，并对其直接负责的主管人员和其他直接责任人员，依照前款的规定处罚。行贿人在被追诉前主动交待行贿行为的，可以减轻处罚或者免除处罚。

参照2010年5月7日最高人民检察院、公安部《关于公安机关管辖的刑事案件立案追诉标准的规定（二）》的补充规定，为谋取不正当商业利益，给予外国公职人员或者国际公共组织官员以财物，个人行贿数额在1万元以上的，单位行贿数额在20万元以上的，应予立案追诉。

## 要点小结

贪污贿赂犯罪，是指国家工作人员及其他相关人员利用职务之便，贪污、挪用、私分公共财物，索取、收受贿赂，不履行法定义务，侵犯职务行为的廉洁性、不可收买性的行为。该类职务犯罪主要侵犯了公、私职务的廉洁性，国家机关、国有企业事业单位（及部分非国有公司、企业或者其他单位）的正常活动以及公共财物的所有权。对于该类犯罪的认定需要从各具体罪名的犯罪构成加以深入学习，尤其要注意“主体要件”及“客观要件”。在定罪量刑方面，要注意《中华人民共和国刑法修正案（九）》及最新司法解释对

相关主要罪名认定从“数量标准”向“数量+情节标准”的变化。

## 理解、反思与探究

1. 如何理解贪污贿赂犯罪中的“利用职务上的便利”？
2. 贪污罪的主体有哪些具体规定？
3. 认定贪污罪、受贿罪时，“数额、情节标准”都有哪些？
4. 挪用公款罪3种不同情况如何认定？
5. 如何认识受贿罪客观方面的3种表现，及“为他人谋取利益”？
6. 如何判断各类交易、经济活动等隐蔽形式的收受贿赂问题？
7. 如何区分受贿罪、介绍贿赂罪与利用影响力受贿罪？
8. 如何认识行贿罪的客观要件？
9. 最新司法解释对行贿罪的处罚有哪些规定？
10. 几种单位行贿受贿罪与个人行贿受贿罪的区别是什么？
11. 巨额财产来源不明罪的客观要件是什么？它与贪污罪、受贿罪的区别是什么？
12. 非国家工作人员受贿罪、对非国家工作人员行贿罪如何认定？

## 案例练习

1. 案情简介

杨某某1996年8月任浙江省义乌市委常委，2003年3月任义乌市人大常委会副主任，2000年8月兼任中国小商品城福田市场（2003年3月改称中国义乌国际商贸城，简称国际商贸城）建设领导小组副组长兼指挥部总指挥，主持指挥部全面工作。2002年，杨某某得知义乌市稠城街道共和村将列入拆迁和旧村改造范围后，决定在该村购买旧房，利用其职务便利，在拆迁安置时骗取非法利益。为达此目的，杨某某遂与被告人王某芳（杨某某的妻妹）、被告人郑某某（王某芳之夫）共谋后，由王、郑二人出面，通过共和村王某某，以王某芳的名义在该村购买赵某某的3间旧房（房产证登记面积61.87平方米，发证日期1998年8月3日）。按当地拆迁和旧村改造政策，赵某某无论有无该旧房，其所得安置土地面积均相同，事实上赵某某也按无房户得到了土地安置。2003年3、4月份，为使3间旧房所占土地确权到王某芳名下，在杨某某指使和安排下，郑某某再次通过共和村王某某，让该村村民委员会及其成员出具了该3间旧房系王某芳1983年所建的虚假证明。杨某某利用职务便利，要求兼任国际商贸城建设指挥部分管土地确权工作的副总指挥、义乌市国土资源局副局长吴某某和指挥部确权报批科人员，对王某芳拆迁安置、土地确权予以关照。国际商贸城建设指挥部遂将王某芳所购房屋作为有村证明但无产权证的旧房进行确权审核，上报义乌市国土资源局确权，并按丈量结果认定其占地面积64.7平方米。

此后，被告人杨某某与郑某某、王某芳等人共谋，在其岳父王某祥在共和村拆迁中可得25.5平方米土地确权的基础上，于2005年1月编造了由王某芳等人签名的申请报告，谎称“王某祥与王某芳共有三间半房屋，占地90.2平方米，二人在1986年分家，王某祥分得36.1平方米，王某芳分得54.1平方米，有关部门确认王某祥房屋25.5平方米、王某芳房屋64平方米有误”，要求义乌市国土资源局更正。随后，杨某某利用职务便利，指使国际商贸城建设指挥部工作人员以该部名义对该申请报告盖章确认，并使该申请报告得到义乌市国土资源局和义乌市政府认可，从而让王某芳、王某祥分别获得72和54平方米（共126平方米）的建设用地审批。按王某祥的土地确权面积仅应得36平方米建设用地审批，其余90平方米系非法所得。2005年5月，杨某某等人在支付选位费24.552万元后，在国际商贸城拆迁安置区获得两间店面72平方米土地的拆迁安置补偿（案发后，该72平方米的土地使用权被依法冻结）。该处地块在用作安置前已被国家征用并转为建设用地，属国有划拨土地。经评估，该处每平方米的土地使用权价值35 270元。杨某某等人非法所得的建设用地90平方米，按照当地拆迁安置规定，折合拆迁安置区店面的土地面积为72平方米，价值253.944万元，扣除其支付的24.552万元后，实际非法所得229.392万元。

（摘自最高人民法院指导案例11号，2012年9月18日发布，有删节。）

2. 问题思考

（1）杨某某的行为是否“利用职务上的便利”？

（2）“土地使用权”是否可以成为本案中的犯罪对象？

3. 案例评析

（1）杨某某“利用职务上的便利”的分析

贪污罪中的“利用职务上的便利”，是指利用职务上主管、管理、经手公共财物的权力及方便条件，既包括利用本人职务上主管、管理公共财物的职务便利，也包括利用职务上有隶属关系的其他国家工作人员的职务便利。经调查，义乌国际商贸城指挥部系义乌市委、市政府为确保国际商贸城建设工程顺利进行而设立的机构，指挥部下设确权报批科，工作人员从国土资源局抽调，负责土地确权、建房建设用地的审核及报批工作，分管该科的副总指挥吴某某也是国土资源局的副局长。确权报批科作为指挥部下设机构，同时受指挥部的领导，作为指挥部总指挥的杨某某具有对该科室的领导职权。本案中，杨某某正是利用担任义乌市委常委、义乌市人大常委会副主任和兼任指挥部总指挥的职务便利，给下属的土地确权报批科人员及其分管副总指挥打招呼，才使得王某芳等人虚报的拆迁安置得以实现。

（2）“土地使用权”成为本案犯罪对象的分析

《中华人民共和国土地管理法》第 2 条、第 9 条规定，我国土地实行社会主义公有制，即全民所有制和劳动群众集体所有制，并可以依法确定给单位或者个人使用。对土地进行占有、使用、开发、经营、交易和流转，能够带来相应经济收益。因此，土地使用权自然具有财产性利益，无论国有土地、还是集体土地的使用权，都属于《刑法》第 382 条第 1 款规定中的“公共财物”，可以成为贪污的对象。王某芳名下安置的地块已在 2002 年 8 月被征为国有并转为建设用地，义乌市政府文件抄告单也明确该处的拆迁安置土地使用权登记核发国有土地使用权证。

经查，本案中王某芳购房时系居民户口，按照法律规定和义乌市拆迁安置有关规定，不属于拆迁安置对象，不具备获得土地确权的资格，其在共和村所购房屋既不能获得土地确权，也不能得到拆迁安置补偿。杨某某等人明知王某芳不符合拆迁安置条件，却利用杨某某的职务便利，通过将王某芳所购房屋谎报为其祖传旧房、虚构王某芳与王某祥分家事实，骗得旧房拆迁安置资格，骗取国有土地确权。同时，由于杨某某利用职务便利，杨某某、王某芳等人弄虚作假，既使王某芳所购旧房的房主赵某某按无房户得到了土地安置补偿，又使本来不应获得土地安置补偿的王某芳获得了土地安置补偿。

综上所述，杨某某作为国家工作人员，利用担任义乌市委常委、义乌市人大常委会副主任和兼任国际商贸城指挥部总指挥的职务便利，伙同被告人郑某某、王某芳以虚构事实的手段，骗取国有土地使用权，非法占有公共财物，三被告人的行为均已构成贪污罪。在共同贪污犯罪中，杨某某起主要作用，系主犯，应当按照其所参与或者组织、指挥的全部犯罪处罚；郑某某、王某芳起次要作用，系从犯，应减轻处罚。

**拓展性阅读导航**

1. 中央纪律检查委员会、国家监察委员会《国家监察委员会管辖规定（试行）》，2018 年 4 月 16 日。

2. 最高人民法院、最高人民检察院《关于办理贪污贿赂刑事案件适用法律若干问题的解释》，2016 年 4 月 18 日。

3. 《中华人民共和国刑法修正案（九）》，2015 年 8 月 29 日。

4. 最高人民法院、最高人民检察院《关于办理行贿刑事案件具体应用法律若干问题的解释》，2012 年 12 月 26 日。

5. 最高人民法院、最高人民检察院《关于办理国家出资企业中职务犯罪案件具体应用法律若干问题的意见》，2010 年 11 月 26 日。

6. 最高人民法院、最高人民检察院《关于办理商业贿赂刑事案件适用法律若干问题的意见，2008 年 11 月 20 日。

7. 最高人民法院、最高人民检察院《关于办理受贿刑事案件适用法律若干问题的意见》，2007 年 7 月 8 日。

8. 最高人民法院《全国法院审理经济犯罪案件工作座谈会纪要》，2003 年 11 月 13 日。

9. 全国人大常委会《关于〈中华人民共和国刑法〉第 384 条第 1 款的解释》，2002 年 4 月 28 日。

10. 最高人民法院《关于审理贪污、职务侵占案件如何认定共同犯罪几个问题的解释》，2000 年 6 月 30 日。

11. 全国人民代表大会常务委员会《关于〈中华人民共和国刑法〉第 9 章渎职罪主体适用问题的解释》，2000 年 4 月 29 日。

12. 最高人民检察院《关于人民检察院直接受理立案侦查案件立案标准的规定（试行）》，1999 年 9 月 16 日。

13. 最高人民法院《关于审理挪用公款案件具体应用法律若干问题的解释》，1998 年 4 月 29 日。

# 第三章
# 滥用职权犯罪

**内容提要**

本章主要介绍"滥用职权犯罪"的概念及犯罪构成，讨论该类职务犯罪认定中的相关问题，结合立法规定、司法解释及规范性文件，明确立案、量刑标准。

**学习目标**

1. 明确各种滥用职权犯罪的概念及犯罪构成。
2. 掌握各种滥用职权犯罪的立案、量刑标准。
3. 了解各种滥用职权犯罪认定中的相关问题。

**关键词**

滥用职权犯罪　滥用职权罪　故意泄露国家秘密罪　徇私枉法罪　国有公司、企业、事业单位人员滥用职权罪

## 第一节　滥用职权犯罪概述

### 一、滥用职权犯罪的概念及犯罪构成

#### （一）滥用职权犯罪的概念

滥用职权犯罪是指国家机关工作人员及国有公司、企业中从事公务的人员利用职务上的便利滥用职权，妨害国家机关公务的合法、公正、有效执行，损害国民对国家机关公务客观、公正、有效执行的信赖，致使国家与人民利

益遭受重大损失的行为。

（二）滥用职权犯罪的犯罪构成

1. 滥用职权犯罪的客体

滥用职权犯罪的客体要件主要是国家机关公务的合法、公正、有效执行以及国民对此的信赖。国家机关的公务，是指各级国家机关执行国家职能、贯彻国家的法律、法规与政策的活动。国家机关的公务由国家机关工作人员具体实施，他们如果滥用职权构成犯罪，势必侵犯国家机关公务的合法、公正、有效执行以及国民对此的信赖。当然，滥用职权的某些罪名还可能侵犯到其它客体，例如，非法剥夺公民宗教信仰自由罪、侵犯少数民族风俗习惯罪、报复陷害等罪会侵犯到公民的人身民主权利；挪用特定款物罪会侵犯到相关主体的财产利益。

2. 滥用职权犯罪的客观方面

滥用职权犯罪的客观方面表现为不合法地超越职权或者玩弄职权。根据刑法的规定，这些行为通常只有给国家和人民利益造成重大损失时，才成立犯罪，但这种结果不仅指有形的结果，需要进行客观全面的判断与评价。

3. 滥用职权犯罪的主体

滥用职权犯罪的行为主体主要是国家机关工作人员（国家各级立法机关、各级行政机关、各级司法机关、各级军事机关中从事公务的人员），部分罪名的主体是国有公司、企业中从事公务的人员及其他相关人员。

另外，需要注意本类犯罪不同罪名主体差异的情况：第一，并非任何国家机关的工作人员都可以成为任何滥用职权的主体，刑法的某些条文根据具体滥用职权职务犯罪的特点，对国家机关工作人员的范围进一步做出了限制。如徇私舞弊不征、少征税款罪的主体，必须是税务机关的工作人员。第二，故意泄露国家秘密罪的主体可以是非国家机关工作人员，但此种情况可能不属于职务犯罪。第三，对于军人违反职责的犯罪，在刑法有特别规定的情况下，应适用特别规定，不应认定为本章的职务犯罪。

4. 滥用职权犯罪的主观方面

滥用职权类职务犯罪的主观方面为故意。

## 二、滥用职权犯罪的罪名

参照 2018 年 4 月 16 日《国家监察委员会管辖规定（试行）》第 13 条的

规定，滥用职权犯罪包括：（1）滥用职权罪；（2）国有公司、企业、事业单位人员滥用职权罪；（3）滥用管理公司、证券职权罪；（4）食品监管渎职罪；（5）故意泄露国家秘密罪；（6）报复陷害罪；（7）阻碍解救被拐卖、绑架妇女、儿童罪；（8）帮助犯罪分子逃避处罚罪；（9）违法发放林木采伐许可证罪；（10）办理偷越国（边）境人员出入境证件罪；（11）放行偷越国（边）境人员罪；（12）挪用特定款物罪；（13）非法剥夺公民宗教信仰自由罪；（14）侵犯少数民族风俗习惯罪；（15）打击报复会计、统计人员罪。

另外，参照2018年10月26日《中华人民共和国刑事诉讼法》规定，人民检察院在对诉讼活动实行法律监督中发现的司法工作人员利用职权实施的非法拘禁、刑讯逼供、非法搜查等侵犯公民权利、损害司法公正的犯罪，可以由人民检察院立案侦查。再参照2018年11月24日最高人民检察院《关于人民检察院立案侦查司法工作人员相关职务犯罪案件若干问题的规定》的规定，人民检察机关管辖的“滥用职权犯罪”包括：（1）非法拘禁罪（非司法工作人员除外）；（2）非法搜查罪（非司法工作人员除外）；（3）刑讯逼供罪；（4）暴力取证罪；（5）虐待被监管人员；（6）徇私枉法罪；（7）民事行政枉法裁判罪；（8）执行判决裁定滥用职权罪；（9）私放在押人员罪。

## 第二节　滥用职权犯罪分述

### 一、滥用职权罪

#### （一）滥用职权罪的概念及犯罪构成

滥用职权罪，是指国家机关工作人员滥用职权，致使公共财产、国家和人民利益遭受重大损失的行为。

1. 滥用职权罪的客体

本罪侵犯的客体是国家机关的正常活动。

2. 滥用职权罪的客观方面

本罪的客观要件是有滥用职权的行为，致使公共财产、国家和人民利益遭受重大损失。滥用职权，是指不法行使职务上的权限的行为，即就属于国家机关工作人员一般职务权限的事项，以行使职权的外观，实施实质的、具体的违法、不当的行为。首先，滥用职权应是滥用国家机关工作人员的一般职务权限。一般职务权限，不仅包括法定的职务权限，而且包括根据惯例、基于国情等形成的职务权限。其次，行为人实施了违法、不当的行为，或者抽象地看是行使职权，具体地考察却为违法、不当的行为。

根据我国的司法实践，滥用职权主要表现为以下几种情形：一是超越职权，擅自决定或处理没有具体决定、处理权限的事项；二是不正确履行职权，表现为随心所欲地对事项做出决定与处理，或者任意放弃职责。当然，以上两种情况都可能涉及以权谋私、假公济私的动机。

3. 滥用职权罪的主体

本罪的主体是国家机关工作人员。国家机关是指国家权力机关、各级行政机关和各级司法机关，因此，国家机关工作人员，是指在各级人大及其常委会、各级人民政府和各级人民法院和人民检察院中依法从事公务的人员。

4. 滥用职权罪的主观方面

本罪主观要件为故意，包括直接故意与间接故意，即行为人明知自己滥用职权的行为会发生侵害国家机关公务活动的合法、公正、有效性，仍然希望或者放任这种结果发生；致使公共财产、国家和人民利益遭受重大损失的结果。当然，虽然危害结果是本罪的构成要件要素，但宜作为客观的超过要素，不要求行为人希望或者放任这种结果发生。至于行为人是为了自己的利益滥用职权，还是为了他人利益滥用职权，则不影响本罪的成立。

（二）滥用职权罪的认定

1. 滥用职权罪与特殊滥用职权罪之间的关系

《刑法》第 397 条关于滥用职权罪的规定属于普通法条，此外，刑法还规定了其他一些特殊的滥用职权的犯罪即特别法条。国家机关工作人员滥用职权的行为触犯特别法条时，也可能同时触犯本条的普通法条。参照 2013 年 1 月 9 日起施行的最高人民法院、最高人民检察院《关于办理渎职刑事案件适用法律若干问题的解释（一）》第 2 条的规定，国家机关工作人员实施滥用职权或者玩忽职守犯罪行为，触犯刑法分则第 9 章第 398 条至第 419 条规定的，依照该规定定罪处罚。国家机关工作人员滥用职权或者玩忽职守，因不具备徇私舞弊等情形，不符合刑法分则第 9 章第 398 条至第 419 条的规定，但依法构成第 397 条规定的犯罪的，以滥用职权罪或者玩忽职守罪定罪处罚。

参照以上规定，如果出现了法条竞合，应按照特别法条优于普通法条的原则认定犯罪，即认定为特别法条规定的犯罪，而不认定为本罪。例如，林业主管部门的工作人员违反森林法的规定，超过批准的年采伐限额发放林木采伐许可证或者违反规定滥发林木采伐许可证，情节严重，致使森林遭受严重破坏的行为，是滥用职权的行为，但由于《刑法》第 407 条将其规定为独立犯罪，故对该行为适用《刑法》第 407 条，不能认定为滥用职权罪。另一方面，如果特别法条不完全满足认定要件，如“因不具备徇私舞弊等情形”，应考虑适用一般渎职罪的法条，以滥用职权罪或者玩忽职守罪定罪处罚。

2. 滥用职权罪与其它犯罪的关系

从滥用职权罪的立案标准可以看出，滥用职权行为只有造成他人重伤、死亡和重大财产损失等结果时，才成立犯罪。但是，造成他人重伤、死亡和重大财产损失的行为，很可能完全符合故意伤害、故意杀人、侵犯财产等罪的犯罪构成。滥用职权的行为同时触犯故意伤害、故意杀人、侵犯财产等罪的犯罪构成时，属于典型的想象竞合犯，应当从一重罪论处。例如，国家机关工作人员滥用职权以作为方式杀害他人的，应以故意杀人罪论处。

（三）滥用职权罪的处罚

根据《刑法》第 397 条规定，犯本罪的，处 3 年以下有期徒刑或者拘役；情节特别严重的，处 3 年以上 7 年以下有期徒刑。本法另有规定的，依照规定。根据本条第 2 款规定，徇私舞弊犯本罪的，处 5 年以下有期徒刑或者拘役；情节特别严重的，处 5 年以上 10 年以下有期徒刑。本法另有规定的，依照规定。

犯滥用职权罪而情节特别严重的，是本罪的加重处罚事由。这里的情节特别严重，是指造成的经济损失数额特别巨大；造成人员死亡或者多人重伤的特别严重后果的；造成特别严重政治影响的等。参照 2013 年 1 月 9 日起施行的最高人民法院、最高人民检察院《关于办理渎职刑事案件适用法律若干问题的解释（一）》第 1 条的规定，国家机关工作人员滥用职权或者玩忽职守，具有下列情形之一的，应当认定为《刑法》第 397 条规定的“致使公共财产、国家和人民利益遭受重大损失”：（1）造成死亡 1 人以上，或者重伤 3 人以上，或者轻伤 9 人以上，或者重伤 2 人、轻伤 3 人以上，或者重伤 1 人、轻伤 6 人以上的；（2）造成经济损失 30 万元以上的；（3）造成恶劣社会影响的；（4）其他致使公共财产、国家和人民利益遭受重大损失的情形。具有下列情形之一的，应当认定为《刑法》第 397 条规定的“情节特别严重”：（1）造成伤亡达到前款第（一）项规定人数 3 倍以上的；（2）造成经济损失 150 万元以上的；(3) 造成前款规定的损失后果，不报、迟报、谎报或者授意、指使、强令他人不报、迟报、谎报事故情况，致使损失后果持续、扩大或者抢救工作延误的；(4) 造成特别恶劣社会影响的；(5) 其他特别严重的情节。

## 二、国有公司、企业、事业单位人员滥用职权罪

### (一) 国有公司、企业、事业单位人员滥用职权罪的概念及犯罪构成

国有公司、企业、事业单位人员滥用职权罪，是指国有公司、企业、事业单位的工作人员滥用职权，造成国有公司、企业、事业单位破产、严重亏损，致使国家利益遭受重大损失的行为。

1. 国有公司、企业、事业单位人员滥用职权罪的客体

本罪侵犯的客体是国有公司、企业财产权益和社会主义市场经济秩序。国有公司、企业在社会经济生活中占据着举足轻重的作用，国有公司、企业工作人员背离市场活动的基本原则，滥用职权必然会使国有公司、企业的正常活动遭到破坏，使国家和人民利益受到损害，进而破坏社会主义市场经济秩序。

2. 国有公司、企业、事业单位人员滥用职权罪的客观方面

本罪在客观上表现为国有公司、企业的工作人员由于严重不负责任或者滥用职权，造成国有公司、企业破产或严重亏损，致使国家利益遭受重大损失；国有事业单位的工作人员由于严重不负责任或者滥用职权，致使相关单位乃至国家利益遭受重大损失的行为。就国有公司、企业直接的主管人员来说，滥用职权的行为主要有以下一些表现：不尊重客观经济规律，对市场需求不作可行性分析和论证，独断专行，致使企业经营决策发生重大失误；管理混乱，规章制度不健全，对于侵吞、侵占、私分、挪用公司、企业财产的违法犯罪现象置若罔闻；在经济交往活动中由于种种原因上当受骗后，不主动及时向司法机关报案；违反规定动用企业资金炒股票、期货；违反规定批准拆借资金等。

本罪属于结果犯，只有造成国有公司、企事业单位，破产、严重亏损或其他致使国家利益遭受重大损失时，才构成犯罪。所谓“严重亏损”是指国有公司、企业的亏损足以使其丧失清偿到期债务的能力。此处的“严重亏损”只能是由于企业直接负责的主管人员的行为造成的。所谓“破产”是指国有公司、企业因严重亏损，无力清偿到期债务，经债权人或债务人申请，被人

民法院依法宣布其消灭的行为。所谓“无力清偿”是指国有公司、企业缺乏清偿债务的能力的客观状态。债务人对于清偿期届满并且债权人已请求清偿的债务，在一定期间内一般（而非个别情形）并且持续（而非暂时的、短期的情形）处于不能清偿的状态。

3. 国有公司、企业、事业单位人员滥用职权罪的主体

本罪的主体为特殊主体，即国有公司、企业、事业单位的工作人员。

4. 国有公司、企业、事业单位人员滥用职权罪的主观方面

本罪的主观方面是故意，即行为人明知自己的行为会破坏国有公司企事业单位相关经济活动秩序，导致国有公司、企业、事业单位财产权益损失，但希望或放任其发生。行为人对相关国家单位利益遭受重大损失的结果即便不是直接故意的（对此罪损害结果的发生存在过失的情况），但在“违反规定或滥用职权”时存在故意。

（二）国有公司、企业、事业单位人员滥用职权罪的处罚

根据《刑法》第 168 条的规定，国有公司、企业的工作人员，由于严重不负责任或者滥用职权，造成国有公司、企业破产或者严重损失，处 3 年以下有期徒刑或者拘役；致使国家遭受特别重大损失的，处 3 年以上 7 年以下有期徒刑；徇私舞弊犯上述罪的，从重处罚。

按照 2010 年 5 月 7 日最高人民检察院、公安部《关于公安机关管辖的刑事案件立案追诉标准的规定（二）》第 16 条的规定，国有公司、企业、事业单位的工作人员，滥用职权，涉嫌下列情形之一的，应予立案追诉：（1）造成国家直接经济损失数额在 30 万元以上的；（2）造成有关单位破产，停业、停产 1 年以上，或者被吊销许可证和营业执照、责令关闭、撤销、解散的；（3）其他致使国家利益遭受重大损失的情形。

参照 2016 年 4 月 18 日起施行的最高人民法院、最高人民检察院《关于办理贪污贿赂刑事案件适用法律若干问题的解释》第 17 条的规定，“国家工作人员利用职务上的便利，收受他人财物，为他人谋取利益，同时构成受贿罪和刑法分则第 3 章第 3 节、第 9 章规定的渎职犯罪的，除刑法另有规定外，以受贿罪和渎职犯罪数罪并罚”。

## 三、滥用管理公司、证券职权罪

### （一）滥用管理公司、证券职权罪的概念及犯罪构成

滥用管理公司、证券职权罪是指国家主管部门的国家机关工作人员，徇私舞弊，滥用职权，对不符合法律规定条件的公司设立、登记申请或者股票、债券发行、上市申请，予以批准或者登记，致使公共财产、国家和人民利益遭受重大损失的行为。

1. 滥用管理公司、证券职权罪的客体

滥用管理公司、证券职权罪的客体是国家对公司、证券的正常管理活动。

2. 滥用管理公司、证券职权罪的客观方面

滥用管理公司、证券职权罪的行为是滥用职权，对不符合法律规定条件的公司设立、登记申请或者股票、债券发行、上市申请；予以批准或者登记。这里的不符合法律规定条件，是指违反公司法和有关法规关于公司设立、登记申请或者股票、债券发行、上市申请的必备条件。对不符合上述条件，依法不应批准、登记而予以批准、登记，这是一种滥用职权的行为。此外，上级部门直接负责的主管人员强令登记机关及其工作人员实施上述行为的，也构成本罪。

3. 滥用管理公司、证券职权罪的主体

滥用管理公司、证券职权罪的主体是国家主管部门的国家机关工作人员。这里的国家主管部门的国家机关工作人员，是指工商行政管理、人民银行、证券管理等国家有关主管部门中对公司设立、登记申请或者股票、债券发行、上市申请具有批准或者登记职权的国家机关工作人员。根据刑法规定，上级部门直接负责的主管人员也可以成为本罪的主体。

4. 滥用管理公司、证券职权罪的主观方面

滥用管理公司、证券职权罪的主观方面是故意。这里的故意是指明知是滥用管理公司、证券职权的行为而有意实施的主观心理状态。本罪须出于徇私的动机。

### （二）滥用管理公司、证券职权罪的处罚

根据《刑法》第403条之规定，国家有关主管部门的国家机关工作人员，徇私舞弊，滥用职权，对不符合法律规定条件的公司设立、登记申请或者股票、债券发行、上市申请，予以批准或者登记，致使公共财产、国家和人民

利益遭受重大损失的，处 5 年以下有期徒刑或者拘役。上级部门强令登记机关及其工作人员实施前款行为的，对其直接负责的主管人员，依照前款的规定处罚。

滥用管理公司、证券职权罪的立案要求是致使公共财产、国家和人民利益遭受重大损失。参照 2006 年 7 月 26 日最高人民检察院《关于渎职侵权犯罪案件立案标准的规定》第 13 条，涉嫌下列情形之一的，应予立案：（1）造成直接经济损失 50 万元以上的；（2）工商管理部门的工作人员对不符合法律规定条件的公司设立、登记申请，违法予以批准、登记，严重扰乱市场秩序的；（3）金融证券管理机构工作人员对不符合法律规定条件的股票、债券发行、上市申请，违法予以批准，严重损害公众利益，或者严重扰乱金融秩序的；（4）工商管理部门、金融证券管理机构的工作人员对不符合法律规定案件的公司设立、登记申请或者股票、债券发行、上市申请违法予以批准或者登记，致使犯罪行为得逞的；（5）上级部门强令登记机关及其工作人员实施徇私舞弊，滥用职权，对不符合法律规定条件的公司设立、登记申请或者股票、债券发行、上市申请予以批准或者登记，致使公共财产、国家或者人民利益遭受重大损失的；（6）其他致使公共财产、国家和人民利益遭受重大损失的情形。

## 四、食品监管渎职罪

### （一）食品监管渎职罪的概念及犯罪构成

食品监管渎职罪，是指负有食品安全监督管理职责的国家机关工作人员，滥用职权或者玩忽职守，导致发生重大食品安全事故或者造成其他严重后果的行为。本罪包括两个类型：一是故意的滥用职权的行为，二是过失的玩忽职守的行为。

1. 食品监管渎职罪的客体

本罪侵犯的客体是国家机关的正常管理活动。具体而言，本罪的直接客体为食品安全监管机关的正常监管活动。

2. 食品监管渎职罪的客观方面

本罪的客观方面表现为玩忽职守或者滥用职权，导致发生重大食品安全事故或者造成其他严重后果。在危害行为上包括两种行为方式，一为玩忽职守即消极的不作为，明明负有食品安全监管职责而不履行监管义务，二为滥用职权即积极的作为，超越职权范围或者违背法律授权的宗旨，违反职权行使程序行使职权。在危害结果上要求导致发生重大食品安全事故或者造成其他严重后果。

3. 食品监管渎职罪的主体

本罪的犯罪主体是特殊主体，即负有食品安全监督管理职责的国家机关工作人员。

4. 食品监管渎职罪的主观方面

行为人在主观上表现为过失即可构成本罪，即在主观上应该预见自己的玩忽职守行为或滥用职权行为可能导致发生重大食品安全事故或者造成其他严重后果，或者已经预见而轻信能够避免，以致发生这种重大事故或造成严重后果的极其不负责任的心理态度。行为人玩忽职守或滥用职权的行为是故意的，但对损害结果的发生是过失的。

（二）食品监管渎职罪的认定与处罚

根据刑法规定，商检徇私舞弊罪、动植物检疫徇私舞弊罪的处刑幅度规定与食品安全监管渎职罪基本一致，因此，如果商检、动植物检疫部门工作人员在履行食品安全监督管理职责过程中徇私舞弊渎职犯罪并具备有关情形，可以参照商检徇私舞弊罪、动植物检疫徇私舞弊罪立案标准规定予以追究。

根据《刑法》第408条之一的规定，负有食品安全监督管理职责的国家机关工作人员，滥用职权或者玩忽职守，导致发生重大食品安全事故或者造成其他严重后果的，处5年以下有期徒刑或者拘役；造成特别严重后果的，处5年以上10年以下有期徒刑。徇私舞弊犯本罪的，从重处罚。

## 五、故意泄露国家秘密罪

（一）故意泄露国家秘密罪的概念及犯罪构成

国家机关工作或其他有关人员违反国家保密法规，故意泄漏、披露国家秘密，情节严重的行为。

1. 故意泄露国家秘密罪的客观

故意泄露国家秘密罪侵犯的客体是国家的保密制度。

2. 故意泄露国家秘密罪的客观方面

故意泄露国家秘密罪的客观方面表现为违反保守国家秘密法的规定，泄露国家秘密，情节严重。违反保守国家秘密法的规定，是指违反《中华人民共和国保守国家秘密法》及其实施细则的规定。参照2010年4月29日修订的《中华人民共和国保守国家秘密法》第2条的规定，国家秘密，是指关于国家的安全和利益，依照法定程序确定，在一定时间内只限一定范围的人员知悉的事项。参照该法第9条，下列涉及国家安全和利益的事项，泄露后可能损害国家在政治、经济、国防、外交等领域的安全和利益的，应当确定为国家秘密：（1）国家事务重大决策中的秘密事项；（2）国防建设和武装力量活动中的秘密事项；（3）外交和外事活动中的秘密事项以及对外承担保密义务的秘密事项；（4）国民经济和社会发展中的秘密事项；（5）科学技术中的秘密事项；（6）维护国家安全活动和追查刑事犯罪中的秘密事项；（7）经国家保密行政管理部门确定的其他秘密事项。政党的秘密事项中符合前款规定的，属于国家秘密。参照该法第10条，国家秘密分为3级："绝密"，是指最重要的国家秘密，泄露会使国家的安全和利益遭受特别严重的损害；"机密"，是指重要的国家秘密，泄露会使国家的安全和利益遭受严重损害；"秘密"，是指一般的国家秘密，泄露会使国家的安全和利益遭受损害。国家秘密及其密级的具体范围，由国家保密行政管理部门分别会同外交、公安、国家安全和其他中央有关机关规定。军事方面的国家秘密及其密级的具体范围，由中央军事委员会规定。国家秘密及其密级的具体范围的规定，应当在有关范围内公布，并根据情况变化及时调整。

"泄露"是指违反保守国家秘密法的规定，使国家秘密被不应当知悉者知悉，以及使国家秘密超出了限定的接触范围，而不能证明未被不应知悉者知悉。泄露的方法没有限制，如采用提供阅读、准许复制等方法泄露，在私人交谈或通信中泄露，在公共场所谈论国家秘密，提供属于国有秘密的设备或产品，在报刊上、网络上披露国家秘密的内容，张贴国家秘密的内容，等等。

3. 故意泄露国家秘密罪的主体

故意、过失泄露国家秘密的主体一般是掌握国家机密的国家工作人员，但非国家工作人员也可构成。

4. 故意泄露国家秘密罪的主观方面

故意泄露国家秘密罪的主观方面表现为故意，行为人明知自己的行为会发生泄露国家秘密的结果，并且希望或者放任这种结果发生。

（二）故意泄露国家秘密罪的认定

1. 故意泄露国家秘密罪与相近犯罪的认定

明知对方为境外机构、组织、人员，而向其泄露国家秘密的，成立为境外机构、组织、人员非法提供国家秘密罪。故意非法披露商业秘密的，成立侵犯商业秘密罪；但是，如果非法披露属于国家秘密的商业秘密，则是本罪与侵犯商业秘密罪的想象竞合犯，从一重罪论处。单纯非法获取国家秘密的，不成立故意泄露国家秘密罪；非法获取国家秘密的人又故意泄露该国家秘密的，宜从一重罪论处。以盗窃的故意窃取了属于国家秘密的财物后，随意抛弃该财物，导致国家秘密被泄漏的，以盗窃罪与故意泄露国家秘密罪并罚。

（三）故意泄露国家秘密罪的处罚

根据《刑法》第398条的规定，故意或过失、泄露国家秘密，构成犯罪的，处3年以下有期徒刑或者拘役；情节特别严重的，处3年以上7年以下有期徒刑。非国家机关工作人员犯本罪的，依照上述法定刑酌情处罚。

参照2006年7月26日最高人民检察院《关于渎职侵权犯罪案件立案标准的规定》，涉嫌下列情形之一的，应予立案：（1）泄露绝密级国家秘密1项（件）以上的；（2）泄露机密级国家秘密2项（件）以上的；（3）泄露秘密级国家秘密3项（件）以上的；（4）向非境外机构、组织、人员泄露国家秘密，造成或者可能造成危害社会稳定、经济发展、国防安全或者其他严重危害后果的；（5）通过口头、书面或者网络等方式向公众散布、传播国家秘密的；（6）利用职权指使或者强迫他人违反国家保守秘密法的规定泄露国家秘密的；（7）以牟取私利为目的泄露国家秘密的；（8）其他情节严重的情形。

## 六、报复陷害罪

（一）报复陷害罪的概念与犯罪构成

报复陷害罪，是指国家机关工作人员滥用职权、假公济私，对控告人、申诉人、批评人、举报人实行报复陷害的行为。

1. 报复陷害罪的客体

本罪的客体是公民的民主权利，即公民的控告权、申诉权、批评监督权与举报权，及国家机关的正常活动。

公民的批评权、申诉权、控告和举报权是我国公民享有的重要的民主权利，是公民行使管理国家权利的一个重要方面，受到国家法律的严格保护。

参照2018年修订的《中华人民共和国宪法》第41条规定，“中华人民共和国公民对于任何国家机关和国家工作人员，有提出批评和建议的权利；对于任何国家机关和国家工作人员的违法失职行为，有向有关国家机关提出申诉、控告或者检举的权利，但是不得捏造或者歪曲事实进行诬告陷害。对于公民的申诉、控告或者检举，有关国家机关必须查清事实，负责处理。任何人不得压制和打击报复”。为了切实保障以上公民权利，刑法对侵犯公民权利的行为规定了报复陷害罪。报复陷害犯罪还严重损害了国家机关的声誉，破坏了国家机关的正常活动。因此，本罪侵害的客体是复杂客体。

2. 报复陷害罪的客观方面

本罪在客观方面表现为滥用职权、假公济私，对控告人、申诉人或批评人、举报人实行打击报复陷害的行为。本罪的行为对象为“控告人、申诉人、批评人与举报人”。控告人是向司法机关或其他有关国家机关告发国家工作人员违法失职行为的人；申诉人是指对自己或亲属所受的处分不服，请求改变或撤销处分的人；批评人是指对国家机关及其工作人员提出批评建议的人；举报人是指向司法机关及其他有关部门检举、报告违法犯罪行为的人。需要注意的是，上述“控告人、申诉人、批评人与举报人的范围”并不限于对实施本罪的国家机关工作人员进行控告、申诉、批评与举报的人。例如，被害人向国家机关工作人员甲提出控告，国家机关工作人员乙滥用职权进行报复陷害的，仍然构成报复陷害罪。再如，被害人控告某国家机关工作人员子女的犯罪行为，该国家机关工作人员滥用职权进行报复陷害的，也构成报复陷害罪。

行为人报复陷害的方式多种多样，如制造种种理由或借口，非法克扣工资、奖金，或开除公职、党籍，或降职、降薪，或压制学术、技术职称的评定等等。如果所采取的报复陷害行为与行为人的职权没有关系，则不构成本罪。如行为人对控告人进行身体伤害的行为，就不是滥用职权，因而不构成本罪。

另一方面，参照《中华人民共和国宪法》第41条的规定，控告人、申诉人、批评人、举报人在提出控告、申诉和批评意见时，不得捏造事实进行诬告陷害，否则，不仅不属于本条的保护对象，如果情节严重，还应当依照《刑法》第243条诬告陷害罪论处。

3. 报复陷害罪的主体

本罪为身份犯，行为主体必须是国家机关工作人员。国家机关工作人员，是指在国家机关从事公务的人员。非国家机关工作人员是不可能滥用职权报复陷害他人，如果实施了报复陷害行为，构成什么罪，就以什么罪论处。

4. 报复陷害罪的主观方面

本罪的主观方面为故意，即行为人明知自己的报复陷害行为会发生侵犯他人民主权利的结果，并且希望或者放任这种结果的发生。

（二）报复陷害罪的认定

1. 报复陷害罪本罪与诬告陷害罪的区别

这两种犯罪都侵犯了公民的人身权利、民主权利和国家机关的正常活动，都有陷害他人的故意。其主要区别在于：（1）主体要件不同。报复陷害罪的主体只能是国家机关工作人员，而诬告陷害罪的主体则可以是任何公民。（2）犯罪目的不同。报复陷害罪的目的是打击报复陷害他人，而诬告陷害罪则是意图使他人枉受刑事追究。（3）犯罪手段不同。报复陷害罪必须是基于职务，滥用职权或假公济私，诬告陷害罪则不要求必须利用职权。（4）陷害的对象不同。报复陷害罪只限于控告人、申诉人、批评人、举报人这四种人，而诬告陷害罪可以是任何干部和群众。

2. 报复陷害罪与打击报复证人罪的区别

报复陷害罪与打击报复证人的主要区别在于：（1）犯罪客体不同。打击报复证人罪侵犯的客体是复杂客体，即国家司法机关的正常活动和公民依法作证的民主权利。证人，是案件得到合法、公正处理的关键性因素之一，有些案件特别是刑事案件，证人的作用尤为重要。对证人进行打击报复必然会导致证人不敢作证或推翻原来所作出的证言，从而破坏司法机关执法活动的进行。因此，该罪属于妨害司法类犯罪。报复陷害罪侵犯的客体是公民依法享有的控告、申诉、批评、检举等民主权利，同时也妨害了国家机关的正常管理活动。（2）犯罪的客观方面不同。打击报复证人罪的客观表现为对证人进行打击报复的行为。既可以是行为人利用手中职权对证人进行打击报复，也可不利用职权而对证人采用恐吓、行凶、伤害等手段进行报复。打击报复证人罪侵害的对象只能是依法作证的证人。报复陷害罪的客观方面则表现为行为人利用手中的职权，假公济私，对他人进行报复陷害的行为。其侵害的对象只限于控告人、申诉人、批评人、举报人。（3）两罪的主体要件不同。打击报复证人罪的主体为一般主体；而报复陷害罪的主体则为特殊主体，即只有国家机关工作人员才能构成。

### （三）报复陷害罪的处罚

根据《刑法》第254条的规定，犯报复陷害罪的，处2年以下有期徒刑或者拘役；情节严重的，处2年以上7年以下有期徒刑。所谓情节严重，通常是指对多人进行报复陷害，报复陷害的手段恶劣，报复陷害造成严重后果等。

参照2006年7月26日最高人民检察院《关于渎职侵权犯罪案件立案标准的规定》，具有下列情形之一的，应予追诉：（1）报复陷害，情节严重，导致控告人、申诉人、批评人、举报人或者其近亲属自杀、自残造成重伤、死亡，或者精神失常的；（2）致使控告人、申诉人、批评人、举报人或者其近亲属的其他合法权利受到严重损害的；（3）其他报复陷害应予追诉的情形。

## 七、阻碍解救被拐卖、绑架妇女、儿童罪

### （一）阻碍解救被拐卖、绑架的妇女、儿童罪的概念及犯罪构成

阻碍解救被拐卖、绑架妇女、儿童罪是指对被拐卖、绑架妇女、儿童负有解救职责的国家机关工作人员利用职务阻碍解救的行为。

#### 1. 阻碍解救被拐卖、绑架的妇女、儿童罪的客体

本罪所侵害的客体为复杂客体，其既侵犯了国家机关及其工作人员的信誉，而且还侵犯了被拐卖、绑架妇女、儿童的人身权利。本罪所侵害的对象亦具有多重性，一般包括依法正在执行解救公务活动的国家机关工作人员，协助执行解救活动的非国家机关工作人员和被拐卖、绑架的妇女或儿童。

#### 2. 阻碍解救被拐卖、绑架的妇女、儿童罪的客观方面

本罪在客观方面表现为利用职务阻碍解救被拐卖、被绑架的妇女、儿童的行为。所谓“利用职务”是指负有解救职责的国家机关工作人员利用主管、负责解救被拐卖、绑架的妇女、儿童工作的便利，而不是利用国家机关工作人员身份的便利阻碍解救工作。所谓解救职责是指法律、法规所赋予的把被拐卖、绑架的妇女、儿童从人贩子、收买人或绑架人手中解脱出来、安置或者送返被害人等解救工作的职责。我国目前履行这些职责的机关组织主要为公安机关、民政、妇联。故主管解救工作的也主要是这些机关和组织的工作人员。

对“解救被拐卖、绑架的妇女、儿童”中的“解救”应作广义的理解。它既包括负有解救职责的国家机关工作人员依法履行职责，以使被拐卖、绑

架、收买的妇女、儿童摆脱他人非法控制，解除其与买主非法形成的各种社会关系的公务行为，也应包括被收买的妇女、儿童及其亲友要求解救的行为，或普通公民进行的解救行为。

“阻碍解救”中“阻碍”的行为多种多样，如向犯罪分子通风报信，泄露解救的执行人员、时间、步骤等消息；在他人要求解除收买人与被收买人之间非法形成的婚姻、收养关系时，宣布这种关系“合法”予以维护；对要求解救的被收买、绑架的妇女、儿童及其亲属进行威胁、蒙骗，令其不得报案，要求解救；责令被拐卖、绑架的妇女、儿童与买主共同生活；向上级部门或要求提供协助的其他执行解救公务的国家工作人员提供虚假的情况或拒绝提供或隐瞒情况；利用自己知道内情的便利为他人如何阻碍解救出谋划策等。

3. 阻碍解救被拐卖、绑架的妇女、儿童罪的主体

阻碍解救被拐卖、绑架妇女、儿童罪的主体是负有解救职责的国家机关工作人员。

4. 阻碍解救被拐卖、绑架的妇女、儿童罪的主观方面

阻碍解救被拐卖、绑架妇女、儿童罪的罪责形式是故意，这里的“故意”是指明知是阻碍解救被拐卖、绑架妇女、儿童的行为而有意实施的主观心理状态。

（二）阻碍解救被拐卖、绑架的妇女、儿童罪的处罚

根据《刑法》第416条第2款之规定，负有解救职责的国家机关工作人员利用职务阻碍解救的，处2年以上7年以下有期徒刑；情节较轻的，处2年以下有期徒刑或者拘役。这里的情节较轻，是指没有造成严重后果的情形，例如解救活动没有实际受到阻碍的，没有造成恶劣社会影响的等。

参照2006年7月26日最高人民检察院《关于渎职侵权犯罪案件立案标准的规定》，具有下列情形之一的，应予追诉：（1）利用职权，禁止、阻止或者妨碍有关部门、人员解救被拐卖、绑架的妇女、儿童的；（2）利用职务上的便利，向拐卖、绑架或者收买者通风报信，妨碍解救工作正常进行的；（3）其他利用职务阻碍解救被拐卖的妇女、儿童的行为。

## 八、帮助犯罪分子逃避处罚罪

### （一）帮助犯罪分子逃避处罚罪的概念及犯罪构成

帮助犯罪分子逃避处罚罪是指有查禁犯罪活动职责的国家机关工作人员，向犯罪分子通风报信、提供便利，帮助犯罪分子逃避处罚的行为。

1. 帮助犯罪分子逃避处罚罪的客体

帮助犯罪分子逃避处罚罪侵犯的客体是国家机关的威信和正常活动。帮助犯罪分子逃避处罚罪的犯罪对象必须是犯罪分子，其中包括犯罪之后，潜逃在外，尚未抓获的犯罪分子，也包括尚未被司法机关发觉的犯罪分子。

2. 帮助犯罪分子逃避处罚罪的客观方面

帮助犯罪分子逃避处罚罪的行为是向犯罪分子通风报信、提供便利，帮助犯罪分子逃避处罚。这里的通风报信，是指直接向犯罪分子或者通过其亲友向犯罪分子泄露、告知或通报有关部门查禁犯罪活动的部署、措施、计划以及时间、地点等情况。提供便利是指为犯罪分子提供隐藏处所、交通工具、通讯设备、钱物等便利条件。采用上述两种手段，帮助犯罪分子逃避处罚。

帮助犯罪分子“逃避处罚”，主要包括以下情形：（1）帮助犯罪分子使其免予定罪；（2）帮助犯罪分子使其免予刑罚处罚或者使其仅受行政处罚；（3）帮助犯罪分子逃避应受的重刑罚，亦即，包括使原本应受重刑罚的犯罪分子仅受到较轻的刑罚处罚；（4）在人民法院判处刑罚后，帮助犯罪分子逃避刑罚执行。但是，如果根据事实与法律，被帮助的人实际上无罪或者原本应当免予刑罚处罚的，则帮助者的行为不成立犯罪。

3. 帮助犯罪分子逃避处罚罪的主体

帮助犯罪分子逃避处罚罪的主体是有查禁犯罪活动职责的国家机关工作人员。“有查禁犯罪活动职责的国家机关工作人员”是指各级党委、政府等国家机关中负有查禁犯罪活动职责的相关工作人员。具有刑事追诉职权的司法工作人员，在刑事追诉过程中，对明知是有罪的人而故意使其不受追诉的，应以徇私枉法罪论处。但是，司法工作人员在刑事追诉过程之外使有罪的人不受追诉的，以及没有刑事追诉职权的司法工作人员帮助犯罪分子逃避处罚的，成立本罪。

4. 帮助犯罪分子逃避处罚罪的主观方面

帮助犯罪分子逃避处罚罪的主观方面是故意。这里的“故意”是指明知是帮助犯罪分子逃避处罚的行为而有意实施的主观心理状态。

（二）帮助犯罪分子逃避处罚罪的处罚

根据《刑法》第417条之规定，犯本罪的，处3年以下有期徒刑或者拘役；情节严重的，处3年以上10年以下有期徒刑。这里的情节严重，是指多次向犯罪分子或者向多名犯罪分子通风报信、提供便利的，致使罪行严重的犯罪分子逃避处罚的，造成恶劣社会影响的等。

参照2006年7月26日最高人民检察院《关于渎职侵权犯罪案件立案标准的规定》，帮助犯罪分子逃避处罚行为涉嫌下列情形之一的，应予立案：（1）向犯罪分子及其亲属泄漏有关部门查禁犯罪活动的部署、人员、措施、时间、地点等情况的；（2）向犯罪分子及其亲属提供交通工具、通讯设备、隐藏处所等便利条件的；（3）向犯罪分子及亲属泄漏案情；（4）帮助、指示其隐匿、毁灭、伪造证据及串供、翻供的；（5）其他向犯罪分子通风报信、提供便利，帮助犯罪分子逃避处罚的行为。

## 九、违法发放林木采伐许可证罪

（一）违法发放林木采伐许可证罪的概念及犯罪构成

违法发放林木采伐许可证罪是指林业主管部门的工作人员违反森林法的规定，超过批准的年采伐限额发放林木采伐许可证或者违反规定滥发林木采伐许可证，情节严重，致使森林遭受严重破坏的行为。

1. 违法发放林木采伐许可证罪的客体

违法发放林木采伐许可证罪的客体是林木采伐许可权。这里的林木采伐许可权，是指林业主管部门颁发的，允许一定期限内采伐林木的权力。

2. 违法发放林木采伐许可证罪的客观方面

违法发放林木采伐许可证罪的客观行为是违反森林法的规定，超过批准的年采伐限额发放林木采伐许可证或者违反规定滥发林木采伐许可证。这里的“违法”是指违反森林法关于发放林木采伐许可证的规定。本罪行为表现为两种情形：一是超过批准的年采伐限额发放采伐许可证；二是违反规定滥发林木采伐许可证。

3. 违法发放林木采伐许可证罪的主体

违法发放林木采伐许可证罪的主体主要是林业主管部门的工作人员，一般为林业主管部门负有发放林木采伐许可证职责的工作人员。参照相关司法解释，林业主管部门工作人员之外的国家机关工作人员，违反森林法的规定，滥用职权或者玩忽职守致使森林遭受严重破坏，情节严重达到一定程度，行为人也可成为本罪的主体。

4. 违法发放林木采伐许可证罪的主观方面

违法发放林木采伐许可证罪的主观方面是故意，这里的“故意”是指明知超过批准的年采伐限额而故意发放林木采伐许可证，或者明知违反规定而故意滥发林木采伐许可证的主观心理状态。

（二）违法发放林木采伐许可证罪的处罚

根据《刑法》第407条之规定，犯本罪的，处3年以下有期徒刑或者拘役。

参照2006年7月26日最高人民检察院《关于渎职侵权犯罪案件立案标准的规定》，涉嫌下列情形之一的，应予立案：（1）发放林木采伐许可证允许采伐数量累计超过批准的年采伐限额，导致林木被超限额采伐10立方米以上的；（2）滥发林木采伐许可证，导致林木被滥伐20立方米以上，或者导致幼树被滥伐1000株以上的；（3）滥发林木采伐许可证，导致防护林、特种用途林被滥伐5立方米以上，或者幼树被滥伐200株以上的；（4）滥发林木采伐许可证，导致珍贵树木或者国家重点保护的其他树木被滥伐的；（5）滥发林木采伐许可证，导致国家禁止采伐的林木被采伐的；（6）其他情节严重，致使森林遭受严重破坏的情形。

林业主管部门工作人员之外的国家机关工作人员，违反森林法的规定，滥用职权或者玩忽职守，致使林木被滥伐40立方米以上或者幼树被滥伐2000株以上，或者致使防护林、特种用途林被滥伐10立方米以上或者幼树被滥伐400株以上，或者致使珍贵树木被采伐、毁坏4立方米或者4株以上，或者致使国家重点保护的其他植物被采伐、毁坏后果严重的，或者致使国家严禁采伐的林木被采伐、毁坏情节恶劣的，按照《刑法》第397条的规定以滥用职权罪或者玩忽职守罪追究刑事责任。

## 十、办理偷越国（边）境人员出入境证件罪

### （一）办理偷越国（边）境人员出入境证件罪的概念及犯罪构成

办理偷越国（边）境人员出入境证件罪是指负责办理护照、签证以及其他出入境证件的国家机关工作人员，对明知是企图偷越国（边）境的人员，予以办理出入境证件的行为。

1. 办理偷越国（边）境人员出入境证件罪的客体

办理偷越国（边）境人员出入境证件罪的客体是国家的边境管理制度。

2. 办理偷越国（边）境人员出入境证件罪的客观方面

办理偷越国（边）境人员出入境证件罪的客观行为是对企图偷越国（边）境的人员，予以办理出入境证件。本罪所指的证件包括：（1）护照。这里的护照是指一国政府主管机关发给本国出国履行公务、旅行或者在外居留的公民，用以证明其国籍和身份的证件，包括外交护照、公务护照和普通护照。（2）签证。这里的签证是指一国国内或驻国外主管机关在本国或者外国公民所持的护照或者其他旅行证件上签证、盖章，表示准许其出入本国国境或者过境的手续。（3）其他出入境证件。其他出入境证件是指除护照以外其他用于出入境或过境的证明性文件，主要包括边防证、海关证和过境证等。

3. 办理偷越国（边）境人员出入境证件罪的主体

办理偷越国（边）境人员出入境证件罪的主体是负责办理护照、签证以及其他出入境证件的国家机关工作人员。这些国家机关工作人员主要是指在外交部或者外交部授权的地方外事部门、港务监督局或者港务监督局授权的港务监督部门以及公安部或者外交部授权的地方公安机关中从事办理护照、签证以及其他出入境证件工作的人员。

4. 办理偷越国（边）境人员出入境证件罪的主观方面

办理偷越国（边）境人员出入境证件罪的主观方面是故意，即明知是办理偷越国（边）境人员出入境证件的行为而有意实施的主观心理状态。

（二）办理偷越国（边）境人员出入境证件罪的处罚

根据《刑法》第415条之规定，犯本罪的，处3年以下有期徒刑或者拘役；情节严重的，处3年以上7年以下有期徒刑。情节严重是指多次或给多人办理出入境证件的，造成严重后果的行为。

参照2006年7月26日最高人民检察院《关于渎职侵权犯罪案件立案标准的规定》，负责办理护照、签证以及其他出入境证件的国家机关工作人员涉嫌在办理护照、签证以及其他出入境证件的过程中，对明知是企图偷越国（边）境的人员而予以办理出入境证件的，应予立案。边防、海关等国家机关工作人员涉嫌在履行职务过程中，对明知是偷越国（边）境的人员而予以放行的，应予立案。

## 十一、放行偷越国（边）境人员罪

### （一）放行偷越国（边）境人员罪的概念及犯罪构成

放行偷越国（边）境人员罪是指边防、海关等国家工作人员，对明知是偷越国（边）境的人员，予以放行的行为。

1. 放行偷越国（边）境人员罪的客体

放行偷越国（边）境人员罪侵犯的客体是国家的海关或边防的正常活动。根据我国有关法律规定，海关是进出境的监督管理机关，海关人员有权查阅进出境人员的证件。人员出境入境时，应向边防检查站出示证件，边防检查站人员对未持有护照等出入境证件、持无效出入境证件、持伪造、涂改、冒用的出入境证件或拒绝交付出入境证件的人员有权不予放行。

2. 放行偷越国（边）境人员罪的客观方面

放行偷越国（边）境人员罪在客观方面表现为利用职务之便，非法放行他人偷越国（边）境的行为。所谓“利用职务之便”是指利用审查、核对护照、签证等出入境证件的职务之便。所谓非法放行他人偷越国（边）境，是指违反规定不履行检查出入境的职责，对偷越国（边）境人员予以放进或放出的行为。

3. 放行偷越国（边）境人员罪的主体

本罪的主体要件为特殊主体，即海关、边防等国家机关工作人员。

4. 放行偷越国（边）境人员罪的主观方面

放行偷越国（边）境人员罪在主观方面是故意犯罪，即明知是偷越国（边）境的人员，而故意予以放行。

### （二）放行偷越国（边）境人员罪的认定

1. 放行偷越国（边）境人员与相近犯罪的区分

如果国家工作人员没有利用职务之便，而以其他方法帮助他人偷越国（边）境的，应按偷越国（边）境罪的共犯论处。如果上述国家工作人员与组织、运送他人偷越国（边）境的犯罪分子相勾结，实施上述非法放行偷越国（边）境的行为，则应属于组织他人偷越国（边）境罪和运送他人偷越国（边）境罪的共犯，因此，应依照组织他人偷越国（边）境罪和运送他人偷越国（边）境罪定罪处罚。

(三) 放行偷越国（边）境人员罪的处罚

根据《刑法》第415条之规定，犯本罪的，处3年以下有期徒刑或者拘役；情节严重的，处3年以上7年以下有期徒刑。

参照2006年7月26日最高人民检察院《关于渎职侵权犯罪案件立案标准的规定》，边防、海关等国家机关工作人员涉嫌在履行职务过程中，对明知是偷越国（边）境的人员而予以放行的，应予立案。

## 十二、挪用特定款物罪

(一) 挪用特定款物罪的概念及犯罪构成

挪用特定款物罪，是指将专用于救灾、抢险、防汛、优抚、扶贫、移民、救济款物挪作他用，情节严重，致使国家和人民群众利益遭受重大损害的行为。

1. 挪用特定款物罪的客体

本罪侵犯的客体是国家关于特定款物专门使用的财经管理制度。我国在政府财政支出中特别设立民政事业费一项，包括救灾、抢险、防汛、优抚、扶贫、移民、救济款物，以便帮助人民群众战胜自然灾害，解决生活中的具体困难。这对于安定群众生活，以及恢复再生产能力，将困难和灾害限制在最小的范围之内，具有十分重要的现实意义。对上述特定款物决不允许任意挪用，必须做到专款专物专门使用，这是我国一项重要的财经管理制度。

2. 挪用特定款物罪的客观方面

本罪在客观方面表现为单位实施的挪用国家用于救灾、抢险、防汛、优抚、扶贫、移民、救济款物，情节严重，致使国家和人民群众利益遭受重大损害的行为。

本罪侵犯的对象，只能是国家用于救灾、抢险、防汛、优抚、扶贫、移民、救济的特定款物，既包括用于上述用途的由国家预算安排的民政事业费，又包括临时调拨的救灾、抢险、防汛等款物以及由国家募捐的救灾、救济款物。

所谓“救灾款物”是指国家拨给遭受自然灾害地区的专项资金和物资；所谓“扶贫款物”是指用于扶贫的专项资金和物资。所谓“抢险款物”是指国家拨给因自然灾害而出现危险情形需要抢救的专项资金和物资。所谓“防汛款物”是指国家拨给防备水灾和汛潮的专项资金和物资。所谓“优抚款物”

是指国家拨给用于优待和抚恤优抚对象的专项资金和物资。所谓“救济款物”是指国家用于社会救济和自然灾害救济的专项资金和物资。所谓“移民款物”是指国家拨付的用于移民安置的专项资金和物资。为了救灾、抢险、防汛、优抚、扶贫、移民、救济等方面的需要，国家临时调拨、募捐或者用上述专款购置的食品、被服、药品、器材设备以及其他物资，也属于作为本罪对象的特定专用物资。特定款物不得挪作他用，也不得混用。挪用其他款物，即使是专用款物，如教育经费，也不能构成本罪。

本罪的挪用，只限于改变专用款物用途，如果挪作个人使用则与挪用公款罪想象竞合，参照相关法条规定处理。本罪的行为还必须达到情节严重，且致使国家和人民群众利益遭受重大损害的，才构成挪用特定款物罪。之所以不仅要求“情节严重”，还要求“重大损害”的结果才追究刑事责任，是由于本罪的挪用行为与贪污罪、挪用公款罪、盗窃罪、诈骗罪中获取财物行为的性质毕竟不同。通常认为，挪用特定款物而造成抗洪、抗旱、抗震、防汛等工作的重大困难和损失的；挪用特定款物数额较大，直接侵害群众生活利益或者妨害恢复生产自救的；直接导致灾情扩大的；挪用特定款物而造成群众逃荒、疾病、死亡的等，构成挪用特定款物罪。

3. 挪用特定款物罪的主体

本罪的主体是支配救灾、抢险、防汛、优抚、扶贫、移民、救济款物单位的主管人员。

4. 挪用特定款物罪的主观方面

本罪在主观方面表现为故意。即明知是国家救灾、抢险、防汛、优抚、扶贫、移民、救济款物而故意挪用，过失不能构成本罪。

（二）挪用特定款物罪的认定

1. 挪用特定款物罪与贪污罪的界限

挪用特定款物罪与贪污罪都侵犯了公共财产所有权，两者的主要区别有（1）主观目的不同。挪用特定款物罪的主观目的是将特定款物移作他用，用后归还；贪污罪的主观目的是将公共财产据为己有，改变财产所有权。（2）侵犯客体不同，前者既侵犯财产所有权，又侵犯国家财经管理制度，还侵犯了民政事业制度。后者侵犯的客体是国家工作人员职务行为的廉洁性及公共财产所有权。（3）犯罪对象不同。前者是救灾、救济、抢险、优抚、防汛、扶贫、移民、救济款物；后者是公共财物。（4）行为性质手段不同。前者是非法挪用特定款物；后者是利用职务之便非法占有、盗窃、骗取手段侵吞公共财产。

2. 挪用特定款物罪与挪用公款罪的区别

（1）犯罪目的不同。挪用公款罪的目的是为了个人使用或者为他人进行非法活动、营利活动；挪用特定款物罪的目的是为了单位另行使用，如将特定款物用于改建楼堂馆所等。如果行为人将特定款物归个人使用，按第 384 条第 2 款挪用公款罪从重处罚。（2）犯罪客体不同。挪用公款罪侵犯的客体是复杂客体，主要是国家工作人员的职务廉洁性，其次是侵犯了国家对公共财产的使用、处分权；挪用特定款物罪侵犯的客体是国家财经管理制度及国家对特定款物的管理权。（3）犯罪的客观方面不同。挪用公款罪表现为行为人利用职务上的便利，实施了挪用公款数额较大的行为；挪用特定款物罪表现为行为人将自己保管或经手的特定款物，未经批准，擅自调拨，用于其他方面。实施挪用特定款物，如果致使国家和人民群众利益遭受重大损失，无论挪用行为是用于非法用途还是合法用途，都构成犯罪。（4）犯罪对象不同。挪用公款罪的犯罪对象是公款，仅限于货币资金，不包括物资。挪用特定款物罪的犯罪对象是特定的，是用于救灾、抢险、防汛、扶贫、优抚、移民、救济的款物，这些特定款物必须专用，既可以是钱，也可以是物。

（三）挪用特定款物罪的处罚

根据《刑法》第 273 条的规定，犯本罪的，对直接责任人员，处 3 年以下有期徒刑或者拘役；情节特别严重的，处 3 年以上 7 年以下有期徒刑。

参照 2010 年 5 月 7 日最高人民检察院、公安部《关于公安机关管辖的刑事案件立案追诉标准的规定（二）》第 86 条规定，挪用用于救灾、抢险、防汛、优抚、扶贫、移民、救济款物，涉嫌下列情形之一的，应予立案追诉：（1）挪用特定款物数额在 5 千元以上的；（2）造成国家和人民群众直接经济损失数额在 5 万元以上的；（3）虽未达到上述数额标准，但多次挪用特定款物的，或者造成人民群众的生产、生活严重困难的；（4）严重损害国家声誉，或者造成恶劣社会影响的；（5）其他致使国家和人民群众利益遭受重大损害的情形。

## 十三、非法剥夺公民宗教信仰自由罪

（一）非法剥夺公民宗教信仰自由罪的概念及犯罪构成

非法剥夺公民宗教信仰自由罪，是指国家机关工作人员非法剥夺公民宗教信仰自由，情节严重的行为。

1. 非法剥夺公民宗教信仰自由罪的客体

本罪侵犯的客体是公民的宗教信仰自由权利。宗教信仰自由包括，信仰宗教的自由与不信仰宗教的自由，信仰这种宗教的自由和信仰那种宗教的自由，进行正当的宗教活动的自由等等。2018 年修订的《中华人民共和国宪法》第 36 条规定：“中华人民共和国公民有宗教信仰自由，任何国家机关、社会团体和个人不得强制公民信仰宗教或者不信仰宗教，不得歧视信仰宗教的公民和不信仰宗教的公民。”

2. 非法剥夺公民宗教信仰自由罪的客观方面

非法剥夺公民宗教信仰自由罪的常见行为主要有以下方式：

（1）以暴力、胁迫或其他非法手段干涉他人宗教信仰自由。国家机关工作人员以暴力、胁迫或其他非法手段禁止他人信仰宗教和加入宗教团体；强迫他人放弃信仰宗教、退出宗教团体；或者强迫他人信仰某种宗教，加入某种宗教团体等行为，情节严重的。

（2）封闭或破坏宗教场所及必要设施。寺庙、教堂等宗教场所及必要设施是宗教教徒举行正当的宗教活动所必需的，与宗教信仰自由密切关联，有些少数民族甚至还把宗教寺庙等视作民族存在的象征。历史上，对于藏族与信仰伊斯兰教的少数民族而言，寺庙不仅是宗教活动的场所，而且是民族文化的传递中心，有的喇嘛寺内保存着藏族丰富的历史、文化等传统资料。因而，封闭或破坏宗教场所及必要设施的行为，无疑会损害信教公民的宗教感情，侵犯他们的宗教信仰。

（3）禁止或扰乱正当的宗教活动。每一种宗教都有自己的宗教活动，如天主教的弥撒、基督教的礼拜、佛教的法会、道教的道场、伊斯兰教的礼拜和朝觐等。正是通过这些活动，使得宗教的信仰得以传播，教徒的信念得以坚定，宗教情感得以培养。因为在庄严、肃穆的宗教场所，通过神圣、完整的宗教礼仪和带有神秘色彩的服饰、道具和音乐等，教徒们可以产生一种强烈的认同和归属感，并通过相互感染，把个人与宗教群体紧密地联系在一起。正因为如此，正当的宗教活动对宗教本身和教徒来说是十分重要，禁止和扰乱这种活动势必伤害教徒的宗教感情，侵犯他们的宗教信仰自由权。

（4）对信仰宗教的公民进行威胁、打击、迫害，后果严重的。例如，为了剥夺正当的宗教信仰自由，对教徒在政治上进行打击和迫害，在经济上进行非法制裁，以及进行人身威胁等，造成恶劣影响。

(5) 非法撤销合法的宗教组织，非法剥夺教职人员在各宗教团体的领导下履行宗教职务的权利，非法阻挠、禁止宗教刊物的发行或者勒令停办宗教院校等。

(6) 以语言、文字、图案等方式侮辱宗教或宗教团体的行为，也可构成非法剥夺宗教信仰自由的犯罪。例如，出版社、报纸、杂志等新闻出版机关中国家工作人员明知出版物中包含有侮辱、毁损宗教或宗教团体的内容而予以出版发行，造成恶劣社会影响的行为等。

(7) 其他剥夺宗教信仰自由的行为造成严重后果或恶劣影响的。

本罪中的“情节严重”是指行为人的手段恶劣或危害后果严重。手段恶劣通常是指行为人以下列手段剥夺公民宗教信自由的情形。包括以暴力对公民身体进行强制、伤害等侵犯公民人身自由的；以胁迫的方式，通过精神上的强制，逼迫公民为某种行为或不为某种行为；用言语、传单、标语等传播手段对公民进行侮辱、攻击、诽谤，使其名誉、人格受到损害；使用砸、抢、烧等极具破坏性的方式毁坏与宗教有关的场所和设施的；其它可以产生与上述行为类似后果的手段。

本罪中的“后果严重”常见的表现有：造成公民人身伤害（重伤及死亡的除外）；给被害人的精神造成伤害，严重影响其正常的宗教活动和日常生活的；造成有关宗教场所、设施等重大毁坏，财产损失严重（造成国家珍贵文物毁损的，应根据想象竞合犯的原则定罪）；引起教徒骚乱、民族纠纷等社会矛盾，社会影响恶劣的；引起被害人家庭解体、自杀或其他严重后果的。

3. 非法剥夺公民宗教信仰自由罪的主体

非法剥夺公民宗教信仰自由罪的主体必须是国家机关工作人员。因为国家机关工作人员是国家方针政策的执行者，他们滥用职权非法剥夺公民宗教信仰自由，就会直接妨害国家的宗教政策的落实。非国家工作人员非法剥夺宗教信仰自由触犯刑律的，除已成为犯本罪的国家机关工作人员的共犯以外，依照具体情况处理，不构成本罪。

4. 非法剥夺公民宗教信仰自由罪的主观方面

非法剥夺公民宗教信仰自由罪的主观要件是指行为人明知自己的行为会发生非法剥夺他人宗教信仰自由的结果，并且希望或者放任这种结果发生。

（二）非法剥夺公民宗教信仰自由罪的认定

1. 正当的宗教信仰与封建迷信的界限

宗教是社会意识形态的一种表现，而封建迷信是用以骗人的装神弄鬼、占卦算命、画符念咒等骗术。对于封建迷信不能视为宗教活动，应予以取缔。尤其是神汉、巫婆利用封建迷信造谣惑众，骗取钱财的，应依法予以惩处。

2. 正常的宗教活动与非正常的宗教活动的界限

非正常的宗教活动是指利用宗教活动干预国家行政、司法、教育的行为，是国家法律所不允许的。如果行为人干涉、禁止这样的所谓宗教活动，则没有造成对法律保护的公民宗教信仰自由权利的侵犯，而且是维护国家法律的行为，因此不构成犯罪。

3. 本罪与一般违法行为的界限

根据本条规定，国家机关工作人员以暴力、胁迫或其他手段，非法剥夺公民宗教信仰自由，情节严重的，构成非法剥夺宗教信仰自由罪。这里，“情节严重”是行为人构成犯罪所必不可少的客观要件。所以，司法实践中，一定要注意分清是国家机关工作人由于工作方法简单粗暴或政策水平低所引起的一般侵犯他人宗教信仰自由权的行为，还是具有非法剥夺、干涉他人宗教信仰自由的故意而实施的手段恶劣的或是危害结果严重的犯罪行为。这就需要严格依据法律的规定，来判断行为人的行为是否具有构成本罪的全部要件，如有任何要件不符合，则不能认定为此罪。对于一般工作上的问题，可通过总结经验、批评教育、向被害人赔礼道歉、赔偿损失等方式来解决。

（三）本罪的处罚

根据《刑法》第 251 条的规定，国家机关工作人员非法剥夺公民的宗教信仰自由，情节严重的，处 2 年以下有期徒刑或者拘役。

## 十四、侵犯少数民族风俗习惯罪

（一）侵犯少数民族风俗习惯罪的概念与犯罪构成

侵犯少数民族风俗习惯罪，是指国家机关工作人员以强制手段非法干涉、破坏少数民族的风俗习惯，情节严重的行为。

1. 侵犯少数民族风俗习惯罪的客体

侵犯少数民族风俗习惯罪的客体是少数民族保持与改革本民族的风俗习惯的权利。

2. 侵犯少数民族风俗习惯罪的客观方面

国家机关工作人员以强制手段非法干涉、破坏少数民族风俗习惯。本罪中干涉、破坏的形式表现为使用暴力、胁迫、利用权势、运用行政措施等。从内容上看，主要表现为强迫少数民族公民改变自己的风俗习惯，干涉或破坏少数民族根据自己的风俗习惯所进行的正当活动。例如，强制回族群众食用猪肉，禁止少数民族过自己的节日等等。具体认定时需要注意以下方面：

（1）侵犯少数民族风俗习惯的客观行为，必须具有强制性。以宣传教育的方法，劝说少数民族自愿放弃、改革落后风俗习惯的，不构成本罪。

（2）所侵犯的必须是少数民族（汉族以外的民族）的风俗习惯；这种风俗习惯必须是在长期的生产、生活过程中形成的、具有群众基础的风俗习惯。因此，侵犯汉族风俗习惯，或者干涉少数民族的个别人并非基于风俗习惯所进行的活动的，不构成本罪。

（3）侵犯少数民族风俗习惯的行为，必须具有非法性，即对少数民族风俗习惯的干涉不具有合法根据。

成立本罪还要求情节严重，如手段恶劣的，引起民族纠纷、发生械斗的，应认定为情节严重。由于政策水平不高，或者对少数民族的风俗习惯缺乏了解，导致对具体问题处理失当，引起少数民族地区的公民不满的，一般不能以本罪论处。

3. 侵犯少数民族风俗习惯罪的主体

本罪主体为特殊主体，为国家机关工作人员。只有作为国家方针政策执行者的国家机关工作人员实施的上述行为，才具有犯罪的社会危害性。非国家机关工作人员侵犯少数民族风俗习惯触犯刑法的，应根据行为的性质、情节与危害程度，以其他犯罪论处。

4. 侵犯少数民族风俗习惯罪的主观方面

侵犯少数民族风俗习惯罪的主观方面为故意，行为人明知自己的行为会发生侵犯少数民族保持与改革本民族风俗习惯的结果，并且希望或者放任这种结果的发生。

（二）侵犯少数民族风俗习惯罪的认定

1. 区分本罪与非法剥夺公民宗教信仰自由罪的界限

（1）犯罪客体的不同。非法剥夺公民宗教信仰自由罪侵犯的客体是公民的宗教信仰自由权，侵犯少数民族风俗习惯罪侵犯客体是少数民族的保持和改革本民族风俗习惯的自由权。（2）侵犯的对象不同。侵犯少数民族风俗习惯罪侵犯的对象只限于少数民族公民的风俗习惯不包括汉族人民的风俗习惯；而非法剥夺公民宗教信仰自由罪的犯罪对象则既可能是少数民族的公民也可能是汉族公民。（3）犯罪的客观方面不同，非法剥夺公民宗教信仰自由罪行为的客观表现为以暴力、胁迫或其他方法对公民的宗教信仰自由进行非法剥夺；而侵犯少数民族风俗习惯罪在客观上主要表现为以强制手段破坏少数民族风俗习惯的行为。另外，一般说来，两罪的犯罪行为发生的地点也常常不同。非法剥夺宗教信仰自由罪多发生在教堂、寺庙，或其他有关宗教活动场所；而侵犯少数民族风俗习惯罪则较少发生在这些场所。

（三）侵犯少数民族风俗习惯罪的处罚

根据《刑法》第251条的规定，国家机关工作人员侵犯少数民族风俗习惯，情节严重的，处2年以下有期徒刑或者拘役。

## 十五、打击报复会计、统计人员罪

（一）打击报复会计、统计人员罪的概念及犯罪构成

打击报复会计、统计人员罪，是指公司、企业、事业单位、机关、团体的领导人，对依法履行职责、抵制违反会计法、统计法行为的会计、统计人员实行打击报复，情节恶劣的行为。

1. 打击报复会计、统计人员罪的客体

本罪侵犯的客体是双重客体，既侵犯了会计、统计人员的人身权利，又侵犯了国家会计、统计管理制度。

建立严格完善的会计、统计制度，是发展国民经济的重要保证。为此，我国专门制定了《中华人民共和国会计法》和《中华人民共和国统计法》，要求一切会计、统计机构和人员严格履行职责，并赋予了会计、统计人员抵制违反会计法、统计法的行为的职权。但近年来，一些单位的领导人员为了个人的私利和小团体的利益，不但违反会计法、统计法，还对会计、统计人员的抵制行为进行打击报复，严重侵犯了国家的经济管理制度和会计、统计人员的人身权利，对于这种行为，理应给予刑事处罚。

2. 打击报复会计、统计人员罪的客观方面

本罪在客观方面表现为公司、企业、事业单位、机关、团体的领导人，对依法履行职责，抵制违反会计法、统计法行为的会计、统计人员实行打击

报复，情节恶劣的行为。

所谓依法履行职责，对于会计人员来说，是指会计人员依照《中华人民共和国会计法》的规定履行会计机构、会计人员的主要职责，如依法进行会计核算，实行会计监督；拟订本单位办理会计事务的具体办法；参与拟订经济计划、业务计划、考核、分析预算、财务计划的执行情况；办理其他会计事务等。对于统计人员来说，则是指统计人员依照《中华人民共和国统计法》的规定，履行统计人员的职责，如组织、协调本单位的统计工作，完成国家统计调查、部门统计调查和地方统计调查任务，搜集、整理、提供统计资料；对本单位的计划执行情况进行统计分析，实行统计监督；管理本单位的统计调查表，建立健全统计台账制度，并会同有关机构或者人员建立健全原始记录制度，等等。

所谓抵制违反会计法、统计法的行为，是指会计人员、统计人员对于不符合《中华人民共和国会计法》《中华人民共和国统计法》的行为，依法加以拒绝、揭露、向有关领导反映、提出批评意见等行为。司法实践中，通常表现为会计人员、统计人员对本单位有关领导的违反会计法、统计法的命令、授意等予以抵制，拒绝服从或检举、揭发的行为。

任何单位或者个人不得对依法履行职责、抵制违反本法规定行为的会计人员实行打击报复。2017 年 11 月 4 日的《中华人民共和国会计法》第 5 条规定，“任何单位或者个人不得以任何方式授意、指使、强令会计机构、会计人员伪造、变造会计凭证、会计账簿和其他会计资料，提供虚假财务会计报告；任何单位或者个人不得对依法履行职责、抵制违反本法规定行为的会计人员实行打击报复”。第 46 条规定，“单位负责人对依法履行职责、抵制违反本法规定行为的会计人员以降级、撤职、调离工作岗位、解聘或者开除等方式实行打击报复，构成犯罪的，依法追究刑事责任；尚不构成犯罪的，由其所在单位或者有关单位依法给予行政处分。对受打击报复的会计人员，应当恢复其名誉和原有职务、级别”。

2010 年 1 月 1 日实施的《中华人民共和国统计法》第 6 条规定，“统计机构和统计人员依照本法规定独立行使统计调查、统计报告、统计监督的职权，不受侵犯；地方各级人民政府、政府统计机构和有关部门以及各单位的负责人，不得自行修改统计机构和统计人员依法搜集、整理的统计资料，不得以任何方式要求统计机构、统计人员及其他机构、人员伪造、篡改统计资料，不得对依法履行职责或者拒绝、抵制统计违法行为的统计人员打击报复”。

3. 打击报复会计、统计人员罪的主体

本罪的主体为特殊主体，一般为公司、企业、事业单位、机关、团体的领导人。

4. 打击报复会计、统计人员的主观方面

本罪在主观方面表现为故意，并且具有打击报复的目的。

（二）打击报复会计、统计人员罪的认定

1. 打击报复会计、统计人员罪与报复陷害罪的区别

打击报复会计、统计人员罪与报复陷害罪，存在以下区别：

（1）本罪的主体是公司、企业、事业单位、机关、团体的领导；后者则为国家机关工作人员。（2）本罪的对象是依法履行职责、抵制违反会计法、统计法行为的会计、统计人员；后者则为控告人、申诉人、批评人、举报人。（3）本罪的行为既可以利用职权实施，又可以不利用职权实施，后者则必须要求滥用职权进行报复。尽管如此，有时候会计人员、统计人员对行为人不当行为进行抵制的同时，又在公共场合如会议提出了批评甚或对其他违法犯罪行为提出了控告。在此种情况下，如果作为国家机关工作人员的行为人滥用职权对会计人员、统计人员打击报复，可能同时触犯打击报复会计、统计人员罪与报复陷害罪，对此，应按照想象竞合从一重罪处罚。

（三）打击报复会计、统计人员罪的处罚

根据《刑法》第255条的规定，公司、企业、事业单位、机关、团体的领导人，对依法履行职责、抵制违反会计法、统计法行为的会计、统计人员实行打击报复，情节恶劣的，处3年以下有期徒刑或者拘役。本罪的打击报复行为，应是基于行为主体的职权所实施的行为。对会计、统计人员实施杀害、伤害行为的，成立故意杀人罪、故意伤害罪。

## 十六、非法拘禁罪

（一）非法拘禁罪的概念及犯罪构成

非法拘禁罪，是指故意非法拘禁他人或者以其他方法非法剥夺他人人身自由的行为。

1. 非法拘禁罪的客体

非法拘禁罪侵犯的客体是公民的人身自由权。人身自由权，是公民按照

自己的意志自由支配自己身体活动的权利，是公民的一项基本权利，公民的人身自由权，只有依法律规定被法律授权的单位才能依法剥夺其自由权，除此以外，任何单位和个人均不得剥夺公民的人身自由权。

非法拘禁罪侵害的对象，是依法享有人身权利的任何自然人。身体自由权作为一种人格权，是组成民事权利体系之一的人身权的重要组成部分。凡具有民事权利能力之自然人均依法享受包括身体自由权在内的民事权利。民事权利能力是法律赋予民事主体从事民事活动，享受民事权利和承担民事义务的资格，始于出生，终于死亡，自然人的民事权利能力一律平等。因此非法拘禁罪侵害的对象，包括一切自然人（即基于自然规律而出生的人），即包括无辜公民、犯错误的人、有一般违法行为的人和犯罪嫌疑人。非法拘禁罪的对象应是具有身体活动自由的自然人。身体活动自由虽以意识活动自由为前提，但只要具有基于意识从事身体活动的能力即可，不要求具有刑法上的责任能力与民法上的法律行为能力，故能行走的幼儿、精神病患者、能够依靠轮椅或者其他工具移动身体的人，均可成为本罪的对象。

2. 非法拘禁罪的客观方面

行为内容是非法拘禁他人或者以其他方法非法剥夺他人人身自由。显然，剥夺人身自由的方法没有限制，如非法逮捕、拘留、监禁、扣押、办封闭式“学习班”“隔离审查”等等，均包括在内。概言之，非法剥夺人身自由包括两类：一类是直接拘束他人的身体，剥夺其身体活动自由，如捆绑他人四肢，使用手铐拘束他人双手；另一类是间接拘束人的身体，剥夺其身体活动自由，如将他人监禁于一定场所，使其不能或明显难以离开、逃出。剥夺人身自由的方法既可以是有形的，也可以是无形的。例如，将妇女洗澡时的换洗衣服拿走，使其基于羞耻心无法走出浴室的行为，就是无形的方法。此外，无论是以暴力、胁迫方法拘禁他人，还是利用他人的恐惧心理予以拘禁（如使被害人进入货车车厢后高速行驶，使之不敢轻易跳下车），均不影响本罪的成立。

剥夺人身自由的行为必须具有非法性，不具备“违法阻却事由”。司法机关根据法律规定，对于有犯罪事实和重大嫌疑的人，依法采取拘留、逮捕等限制人身自由的强制措施的行为，阻却违法性。但发现不应拘捕时，借故不予释放，继续羁押的，或者故意超期羁押的，应认定为非法拘禁罪。公民将正在实行犯罪或犯罪后及时被发觉的、通缉在案的、越狱逃跑的、正在被追捕的人，依法扭送至司法机关的，阻却违法性。依法收容精神病患者的，也不成立犯罪；但将精神正常的人收容于精神病院的，属于非法拘禁。为了防止凶暴的醉汉危害他人的生命或身体，不得已拘束其身体的行为，不构成犯罪。

3. 非法拘禁罪的主体

非法拘禁罪的主体既可以是国家工作人员，也可以是一般公民。从实际发生的案件来看，多为掌握一定职权的国家工作人员或基层干部。另外，这类案件往往涉及的人员较多。有的是经干部会议集体讨论决定的；有的是经上级领导同意或默许的；有的分为策划者、指挥者。因此，处理时要注意，依法应当追究刑事责任的只是其中的直接责任者和出于陷害、报复和其他卑鄙动机的人员。对其他人员应实行区别对待，一般不追究刑事责任。

4. 非法拘禁罪的主观方面

非法拘禁罪的主观方面为故意。行为人明知自己的行为会发生剥夺他人身体自由权利的结果，并希望或者放任这种结果的发生。

（二）非法拘禁罪的认定

1. 一般非法拘禁行为与非法拘禁犯罪的区别

非法拘禁行为，只有达到相当严重的程度，才构成非法拘禁罪犯罪。因此，应当根据情节轻重、危害大小、动机为私为公、拘禁时间长短等因素，综合分析，来确定非法拘禁行为的性质。

2. 违法拘捕与非法拘禁罪的界限

两者的区别主要在于违法拘留、逮捕是违反拘留、逮捕法规的行为，一般是司法人员在依照法定职权和条件的情况决定、批准、执行拘捕时，违反法律规定的有关程序、手续和时限，并不具有非法拘禁的动机和目的。如：一般的超时限报捕、批捕；未及时办理、出示拘留、逮捕证；未依法及时通知犯罪嫌疑人家属或单位；未先办理延期手续而超期羁押人犯等等；都不构成非法拘禁罪。因各种客观因素造成错拘、错捕的，也不构成犯罪。

3. 非法拘禁罪与刑讯逼供罪、暴力取证罪的界限

非法拘禁罪与刑讯逼供罪、暴力取证罪都属于侵犯人身权利的犯罪，实践中往往互相牵连，容易混淆。两者的区别在于：（1）主体要件不同。前者是一般主体，后者只能是国家司法工作人员。（2）犯罪对象不同。前者是一般公民，后者只能是被指控有违法犯罪行为的犯罪嫌疑人。（3）犯罪行为表

现和目的不同。前者是以拘禁或者其他强制方法非法剥夺他人人身自由，后者是对犯罪嫌疑人使用肉刑或者变相肉刑逼取口供。如果国家司法工作人员对犯罪嫌疑人、被告人或证人非法拘禁的同时又实施了刑讯逼供，一般应按牵连犯罪从一重罪处理。非国家工作人员有类似“刑讯逼供”等关押行为的，不定刑讯逼供罪，可以非法拘禁罪论处。

非法拘禁罪与暴力取证罪也可能形成“牵连犯”或“想象竞合犯”。司法工作人员非法将犯罪嫌疑人、被告人或证人拘禁，在此过程中又进行了暴力逼取证言的行为，应按暴力取证罪对行为人定罪处罚。当然，如果行为人在拘禁他人进行刑讯逼供、暴力逼取证言过程中致人伤残、死亡的，应以故意伤害罪、故意杀人罪定罪处罚。

4. 非法拘禁罪与故意杀人罪、故意伤害罪的牵连或竞合关系

非法拘禁罪与故意杀人罪、故意伤害罪的牵连，通常表现为在非法拘禁过程中，行为人对被害人进行暴力加害，或者行为人用非法拘禁方法故意使被害人因冻、饿等原因而死亡、受伤等。对于在非法拘禁中对被害人加害的情况，应当注意，《刑法》第238条第2款明确规定，非法拘禁“使用暴力致人伤残、死亡的”，依照故意伤害罪、故意杀人罪定罪处罚。因此，一方面对于这种情况只应按一重罪即故意伤害罪或故意杀人罪定罪处罚，另一方面，要注意其适用的条件：必须是在非法拘禁中“使用暴力且致人伤残、死亡”。这里的“伤残”不包括轻伤，而是指重伤，但不限于肢体残废的情形，而是包括各种对于人身健康有重大伤害的情形在内。至于上述后一种情况，即行为人目的即在于故意伤害、故意杀害被害人，只不过其方法采用了非法拘禁而已，自然应按牵连犯的处罚原则，以故意伤害罪或故意杀人罪定罪处罚。

5. 非法拘禁罪与妨害公务罪的想象竞合

妨害公务罪，是指以暴力、威胁方法阻碍国家机关工作人员依法执行职务、以暴力、威胁方法阻碍全国人大和地方各级人大代表依法执行代表职务，或者在自然灾害和突发事件中，以暴力、威胁方法阻碍红十字会工作人员依法履行职责的行为。“暴力、威胁方法”是多数妨害公务行为构成犯罪必备的行为方法条件。妨害公务罪中的暴力，一般是指对国家机关工作人员等特定人员的身体实行打击或强制，例如殴打、捆绑等。司法实践中，往往有以捆绑等非法拘禁的方法妨害公务的案件发生。这实际上是一行为同时触犯两个罪名，属于想象竞合犯，对此应择一重罪处罚。对此，应以妨害公务罪定罪

处罚，这样可以更好地反映行为的整体性质和本质特征。

（三）非法拘禁罪的处罚

参照《刑法》第238条的规定，非法拘禁他人或者以其他方法非法剥夺他人人身自由的，处3年以下有期徒刑、拘役、管制或者剥夺政治权利。具有殴打、侮辱情节的，从重处罚。犯前款罪，致人重伤的，处3年以上10年以下有期徒刑；致人死亡的，处10年以上有期徒刑。使用暴力致人伤残、死亡的，依照《刑法》第234条（故意伤害罪）、第232条（故意杀人罪）的规定定罪处罚。为索取债务非法扣押、拘禁他人的，依照前2款的规定处罚。国家机关工作人员利用职权犯前3款罪的，依照前3款的规定从重处罚。

参照2006年7月26日最高人民检察院《关于渎职侵权犯罪案件立案标准的规定》，非法拘禁涉嫌下列情形之一的，应予立案：（1）非法剥夺他人人身自由24小时以上的；（2）非法剥夺他人人身自由，并使用械具或者捆绑等恶劣手段，或者实施殴打、侮辱、虐待行为的；（3）非法拘禁，造成被拘禁人轻伤、重伤、死亡的；（4）非法拘禁，情节严重，导致被拘禁人自杀、自残造成重伤、死亡，或者精神失常的；（5）非法拘禁3人次以上的；（6）司法工作人员对明知是没有违法犯罪事实的人而非法拘禁的；（7）其他非法拘禁应予追诉的情形。

参照2017年3月9日最高人民法院《关于常见犯罪的量刑指导意见》，构成非法拘禁罪的，可以根据下列不同情形在相应的幅度内确定量刑起点：（1）犯罪情节一般的，可以在1年以下有期徒刑、拘役幅度内确定量刑起点。（2）致1人重伤的，可以在3年至5年有期徒刑幅度内确定量刑起点。（3）致1人死亡的，可以在10年至13年有期徒刑幅度内确定量刑起点。

在量刑起点的基础上，可以根据非法拘禁人数、拘禁时间、致人伤亡后果等其他影响犯罪构成的犯罪事实增加刑罚量，确定基准刑。非法拘禁多人多次的，以非法拘禁人数作为增加刑罚量的事实，非法拘禁次数作为调节基准刑的量刑情节。有下列情节之一的，可以增加基准刑的10%-20%：（1）具有殴打、侮辱情节的；（2）国家机关工作人员利用职权非法扣押、拘禁他人的。

## 十七、非法搜查罪

（一）非法搜查罪的概念及犯罪构成

非法搜查罪是指无权搜查的人擅自非法对他人的身体或者住宅进行搜查

的行为。

1. 非法搜查罪的客体

本罪侵犯的客体是他人的隐私权。所谓隐私权，是指自然人享有的住宅和个人生活不受侵扰，与社会无关的个人信息和个人事务不被不当披露为内容的人格权，包括个人信息的控制权、个人生活的自由权和私人领域的占有权。隐私权具体涉及以下几个方面：（1）姓名、住址、肖像、私人电话号码等个人信息不被公开的权利；（2）储蓄或者其他财产状况，非有正当理由不得调查和公开；（3）社会关系（包括亲属关系、朋友关系）非有正当理由不得调查、刺探和公开；（4）档案材料应在合理范围内使用；（5）住宅不受非法侵入或侵扰；（6）个人生活不受监视或骚扰；（7）通信、日记或其他私人文件不得刺探和公开；（8）夫妻合法的性生活不受非法干扰、调查和公开，婚外性关系非关系社会利益，不得任意公开；（9）不愿让他人知道的有关经历和纯属个人私事，非有正当理由不得予以公开；（10）其他与社会公益无关的个人信息，如生活缺陷、健康状况、婚姻状况、宗教信仰等，非有正当理由亦不得刺探和公开。搜查是司法机关对刑事案件进行侦查过程中，采取的一项收集证据、查获犯罪人的措施，是对他人隐私权的一种妨害，必须依法进行，否则就构成对他人隐私权的侵犯。

2. 非法搜查罪的客观方面

非法搜查罪的行为内容为非法搜查他人身体或者住宅。首先，必须有搜查行为，如搜索、检查、翻阅、挖掘、搜身、抄家等。其次，搜查的范围，包括他人的人身与住宅。当车辆、船只可以评价为住宅时，对车辆、船舶的搜查也成立本罪。例如，有的渔民以船为家，非法搜查其船只，实际上是非法搜查其住宅，应以非法搜查罪论处。再次，搜查行为必须具有非法性，即无权搜查的人擅自对他人的人身或住宅进行搜查，或者有权搜查的人不经批准擅自对他人的人身或住宅进行搜查。警察依法搜查的行为，阻却违法性。得到被害人有效承诺的搜查行为，阻却违法性。

在司法实践中，非法搜查主要有3种情况：第一，无搜查权的机关、团体、单位的工作人员或其他个人，为了寻找失物、有关人或达到其他目的而对他人的身体或住宅进行搜查的；第二，有搜查权的人员，未经合法批准或授权，滥用权力，非法进行搜查的；第三，有搜查权的机关和人员不按照法定的程序、手续进行搜查的。具备上述之一的就属于非法搜查。

搜查的对象，根据《刑法》第245条的规定，仅限于他人的身体和住宅。如果不是针对身体或住宅搜查，而是非法搜查机关或其他单位的办公室、仓库、车辆、船只、飞机等“非住宅场所”，不能以本罪论处。这些搜查行为如果构成犯罪的，可能构成妨害公务罪、抢劫罪、盗窃罪、故意毁坏财物罪等等。至于住宅，则是指公民居住、生活的场所，既包括公民长期居住的生活场所，如私人建造的住宅、公寓等，又包括公民临时居住、生活的场所，如较长时间租住的旅店，还包括公民居住、办公两用的房间以及以船为家的渔民船只等。搜查住宅，不仅指搜查住宅内，而且还包括和住宅紧紧相连、构成住宅整体的庭院以及构成整个住宅组成部分的其他用房如储藏室等。

3. 非法搜查罪的主体

本罪的主体是一般主体。凡达到刑事责任年龄且具备刑事责任能力的自然人均能构成本罪。无搜查权的人擅自对他人的身体或住宅进行非法搜查构成本罪；有搜查权的侦查人员作为司法人员，其滥用职权，实施本行为，从重处罚。

4. 非法搜查罪的主观方面

本罪在主观方面表现为直接故意，不能由间接故意或者过失构成。其动机可以是各种各样的，如有的是为了搜寻控告对方的“罪证”；有的是为了查找失窃的财物；有的是为了寻找离家出走的亲人等，但何种动机不影响本罪的成立。

（二）非法搜查罪的认定

1. 非法搜查罪与搜查工作中的错误行为的界限

搜查工作中的失误行为例如，侦查人员依法搜查时没有请见证人到场，或者没有向被搜查人出示搜查证，搜查妇女身体时不是由女工作人员进行等，属于合法搜查中的错误行为。

2. 非法搜查罪与非法侵入住宅罪的界限

非法搜查罪与非法侵入住宅罪常常具有一定的牵连关系。当行为人非法侵入他人住宅的目的是为了进行非法搜查时，一般以后一行为吸收前一行为，定非法搜查罪。但是，如果前一行为情节恶劣而后一行为情节一般，则以前一行为吸收后一行为，定非法侵入住宅罪。

3. 非法搜查罪与抢劫罪、盗窃罪、侮辱妇女罪界限

抢劫罪、盗窃罪、侮辱妇女罪等犯罪在客观方面亦可能采取非法搜查的

行为，此时非法搜查仅是实施其犯罪的手段行为，如盗窃犯罪分子在侵入他人住宅后非法翻箱倒柜、盗走他人珍贵物品的，就包括了非法搜查的牵连行为。此时，如果构成他罪的，应择一重罪即后者定罪。倘若不构成他罪，如非法搜查后仅是盗取少量财物，但情节恶劣构成犯罪的，则可以以本罪论处，而把其他行为作为本罪的一个量刑情节予以考虑。

（三）非法搜查罪的处罚

根据《刑法》第 245 条的规定，非法搜查他人身体、住宅，或者非法侵入他人住宅的，处 3 年以下有期徒刑或者拘役。司法工作人员滥用职权，犯前款罪的，从重处罚。

依照 2006 年 7 月 26 日最高人民检察院《关于渎职侵权犯罪案件立案标准的规定》，非法搜查具有下列情形之一的，应当追诉：（1）非法搜查他人身体、住宅，并实施殴打、侮辱等行为的；（2）非法搜查，情节严重，导致被搜查人或者其近亲属自杀、自残造成重伤、死亡，或者精神失常的；（3）非法搜查，造成财物严重损坏的；（4）非法搜查 3 人（户）次以上的；（5）司法工作人员对明知是与涉嫌犯罪无关的人身、住宅非法搜查的；（6）其他非法搜查应予追诉的情形。

## 十八、刑讯逼供罪

（一）刑讯逼供罪的概念及犯罪构成

刑讯逼供罪，是指司法工作人员对犯罪嫌疑人、被告人使用肉刑或者变相肉刑，逼取供述的行为。

1. 刑讯逼供罪的客体

刑讯逼供罪侵犯的客体是复杂客体，即公民的人身权利和国家司法机关的正常活动。我国法律严格保护公民的人身权利，即使是被怀疑或者被指控犯有罪行而受审的人，也不允许非法侵犯其人身权利。刑讯逼供会造成受审人的肉体伤害和精神损害，因此，直接侵犯了公民的人身权利。而按照刑讯逼供所得的口供定案，又往往是造成冤假错案的原因，因此，刑讯逼供又妨害了司法机关的正常活动，破坏了社会主义法制，损害了司法机关的威信。

刑讯逼供罪侵害的对象是犯罪嫌疑人和被告人。所谓犯罪嫌疑人，是指根据一定证据被怀疑可能是实施犯罪行为的人。所谓被告人，是指依法被控诉有罪，并由司法机关追究刑事责任的人。证人不能成为本罪侵害的对象，如果对他们刑讯逼供构成犯罪的，按暴力取证罪论处。

2. 刑讯逼供罪的客观方面

刑讯逼供罪客观行为的内容为，司法工作人员对犯罪嫌疑人、被告人等使用肉刑或者变相肉刑，逼取供述的行为。

首先，刑讯逼供罪行为对象是侦查过程中的犯罪嫌疑人和起诉、审判过程中的刑事被告人。但是，不能完全按照刑事诉讼法的规定理解犯罪嫌疑人，只要是被公安、司法机关作为嫌疑人对待或者被采取刑事追诉手段的人，都属于本罪中的嫌疑人。例如，警察为了决定是否立案，对被举报人、被控告人刑讯逼供的，也应认定为本罪。再如，警察为了查明对方实施的是犯罪行为还是违反《治安管理处罚法》的行为，而对其刑讯逼供的，也应认定为本罪。“被告人”仅限于刑事案件的被告人，虽然一般是公诉案件的被告人，但也不能完全排除自诉案件的被告人。犯罪嫌疑人、被告人的行为实际上是否构成犯罪，对本罪的成立没有影响。

其次，必须采用刑讯方法，即必须使用肉刑或者变相肉刑。所谓肉刑，是指对被害人的肉体施行暴力，如吊打、捆绑、殴打以及其他折磨人的肉体的方法。所谓变相肉刑，一般是指对被害人使用类似于暴力的摧残和折磨，如冻、饿、烤、晒、不准睡觉等。二者不存在实质区别，无论是使用肉刑还是变相肉刑，均可成立本罪。没有使用肉刑与变相肉刑的诱供、指供，不成立刑讯逼供罪。

最后，必须有逼供行为，即逼迫犯罪嫌疑人、被告人做出某种供述（包括口供与书面陈述）。但不限于逼取有罪供述，强迫犯罪嫌疑人作无罪辩解的，也成立本罪，同时触犯其他犯罪的，从一重罪论处。至于行为人是否得到供述，被害人的供述是否符合客观真实，并不影响本罪的成立。使用肉刑或变相肉刑，但并不逼取供述的，不是刑讯逼供罪。如果根据法律规定与实际需要，对犯罪嫌疑人、被告人使用械具进行审问的，阻却违法性，不能以刑讯逼供论处。

3. 刑讯逼供罪的主体

本罪为身份犯，行为主体必须是司法工作人员，根据《刑法》第 94 条的规定，司法工作人员，是指有侦查、检察、审判、监管职责的工作人员。企业事业单位的公安机构在机构改革过程中虽尚未列入公安机关建制，其工作人员在行使侦查职责时，可以成为本罪主体。未受公安机关正式录用，受委托履行侦查、监管职责的人员或者合同制民警，也可以成为本罪主体。其他人员与司法工作人员伙同刑讯逼供的，以刑讯逼供罪的共犯论处。

4. 刑讯逼供罪的主观方面

刑讯逼供罪的主观要件为故意，犯罪动机不影响本罪成立。无论行为人的动机出于“为公”，如为了迅速结案；还是“为私”，如为了挟嫌报复；刑讯逼供的行为都侵犯了他人的人身权利。因此，动机不应影响定罪。

（二）刑讯逼供罪的认定

1. 刑讯逼供罪与故意伤害罪、故意杀人罪的关系

《刑法》第247条明文规定，刑讯逼供“致人伤残、死亡的”依照故意伤害罪、故意杀人罪定罪并从重处罚。首先，这里的“伤残”应理解为重伤或残废，对刑讯逼供造成轻伤的，可以在刑讯逼供罪的法定刑内从重处罚，无须以故意伤害罪从重处罚。刑讯逼供致人死亡，是指由于暴力摧残或者其他虐待行为，致使被害人当场死亡或者经抢救无效死亡。刑讯逼供导致被害人自杀的，要根据具体情节分析认定，一般不宜认定为刑讯逼供致人死亡。其次，该规定属于法律拟制，即只要刑讯逼供致人伤残或者死亡，不管行为人对伤害或死亡具有何种心理状态（以具有预见可能性为前提），均应认定为故意伤害罪或故意杀人罪，并从重处罚。最后，司法工作人员先实施刑讯逼供行为构成犯罪，后产生杀人、伤害故意并杀害、伤害被害人的，应当以刑讯逼供罪和故意杀人罪、故意伤害罪实行并罚。

2. 刑讯逼供罪与虐待被监管人罪的区别

刑讯逼供罪与虐待被监管人罪主要有以下区别：（1）两罪行为人的犯罪目的不同。本罪是以逼取口供为目的，虐待被监管人罪是以压服被监管人或泄愤报复等为目的。（2）两罪的主体不同。两罪的主体虽然都是司法工作人员，但又有所差异。本罪的主体主要是有审讯犯罪嫌疑人、被告人职权的司法工作人员，即侦查人员、检察人员；而虐待被监管人罪的主体主要是有监管职权的劳动改造机关的工作人员。（3）构成虐待被监管人罪的必须具备“情节严重”，刑讯逼供罪则无此要求。

（三）刑讯逼供罪的处罚

《刑法》第247条规定，司法工作人员对犯罪嫌疑人、被告人实行刑讯逼供逼取证人证言的，处3年以下有期徒刑或者拘役。致人伤残、死亡的，依照本法第234条（故意伤害罪）、第232条（故意杀人罪）的规定定罪处罚。

依照2006年7月26日《最高人民检察院关于渎职侵权犯罪案件立案标准的规定》，刑讯逼供具有下列情形之一的，应当立案：（1）以殴打、捆绑、违法使用械具等恶劣手段逼取口供的；（2）以较长时间冻、饿、晒、烤等手段逼取口供，严重损害犯罪嫌疑人、被告人身体健康的；（3）刑讯逼供造成犯罪嫌疑人、被告人轻伤、重伤、死亡的；（4）刑讯逼供，情节严重，导致犯罪嫌疑人、被告人自杀、自残造成重伤、死亡，或者精神失常的；（5）刑讯逼供，造成错案的；（6）刑讯逼供3人次以上的；（7）纵容、授意、指使、强迫他人刑讯逼供，具有上述情形之一的；（8）其他刑讯逼供应予追诉的情形。

## 十九、暴力取证罪

### （一）暴力取证罪的概念及犯罪构成

暴力取证罪，是指司法工作人员使用暴力逼取证人证言的行为。

1. 暴力取证罪的客体

暴力取证罪客体要件是证人的人身权利，其次是司法活动的正当性。

2. 暴力取证罪的客观方面

暴力取证罪客观上表现为使用暴力逼取证人证言的行为。暴力是指对证人使用有形力的一切方法，暴力的程度没有限定。暴力的对象是证人，证人是指司法工作人员和案件当事人以外了解案件情况的人。这里的“证人”宜作广义理解；不具有作证资格的人，知道案件真相的人，也可能成为本罪中的证人；此外，民事诉讼、行政诉讼中的证人，也能成为本罪中的证人。逼取证人证言，是指强迫证人做出证言，包括口头陈述与书面陈述。在刑事诉讼中暴力取证主要有三种情形：一是证人不提供任何证言时，行为人逼取证言，但不明确要求证人提供他人有罪或者无罪的证言；二是证人提供了他人无罪、罪轻的证言，行为人向证人逼取有罪、罪重的证言；三是证人提供了他人有罪、罪重的证言，行为人向证人逼取无罪、罪轻的证言。

3. 暴力取证罪的主体

暴力取证罪的主体为特殊主体，即司法工作人员，是指有侦查、检察、审判、监管职责的工作人员。

4. 暴力取证罪的主观方面

本罪在主观方面表现为直接故意，且具有明确的逼取证言的目的。

（二）暴力取证罪的认定

1. 暴力取证罪与刑讯逼供罪的区别

暴力取证罪与刑讯逼供罪主要有以下的区别：（1）两罪的犯罪目的不同。暴力取证罪行为人的目的是为了逼取证人证言；刑讯逼供罪行为人是为了逼取口供。（2）两罪的犯罪对象不同。暴力取证罪的对象限于刑事案件的证人；刑讯逼供罪的对象则是犯罪嫌疑人和被告人。（3）两罪的客观行为方式有差异。刑讯逼供既可以是暴力方式，也可以使非暴力方式；而暴力取证罪则只能以暴力方式构成。

（三）暴力取证罪的处罚

根据《刑法》第 247 条规定，犯暴力取证的，处 3 年以下有期徒刑或者拘役。致人伤残、死亡的，认定为故意伤害罪、故意杀人罪并从重处罚。

依照 2006 年 7 月 26 日最高人民检察院《关于渎职侵权犯罪案件立案标准的规定》，暴力取证具有下列情形之一的，应予追诉：（1）以殴打、捆绑、违法使用械具等恶劣手段逼取证人证言的；（2）暴力取证造成证人轻伤、重伤、死亡的；（3）暴力取证，情节严重，导致证人自杀、自残造成重伤、死亡，或者精神失常的；（4）暴力取证，造成错案的；（5）暴力取证 3 人次以上的；（6）纵容、授意、指使、强迫他人暴力取证，具有上述情形之一的；（7）其他暴力取证应予追诉的情形。

## 二十、虐待被监管人罪

（一）虐待被监管人员罪的概念及犯罪构成

虐待被监管人罪，是指监狱、拘留所、看守所等监管机构的监管人员，对被监管人进行殴打或体罚虐待，或者指使被监管人殴打或体罚虐待其他被监管人，情节严重的行为。

1. 虐待被监管人罪的客体

本罪侵犯的客体是复杂客体，即被监管人的人身权利和监管机关的正常活动。对被监管的人进行体罚虐待，往往施用肉刑，捆绑打骂，侮辱人格，进行精神折磨，侵犯公民的人身权利。

2. 虐待被监管人罪的客观方面

本罪在客观方面表现为违反监管法规，对被监管人进行殴打或者体罚虐待，情节严重的行为。监管法规主要是指《中华人民共和国监狱法》以及其他法律、条例中有关的监管规定。所谓被监管人，是指依法被限制人身自由的人，包括一切已决或未决的在押犯罪嫌疑人和被告人；还包括在监狱、劳动改造管教队、少年犯管教所中服刑的已决犯，在看守所、拘留所关押的犯罪嫌疑人和被告人，以及因违反治安管理处罚条例等被拘留或者其他依法被监管的人。

殴打，是指造成被监管人肉体上的暂时痛苦的行为。体罚虐待，是指殴打以外的，能够对被监管人肉体或精神进行摧残或折磨的一切方法，如罚趴、罚跑、罚晒、罚冻、罚饿、辱骂，强迫超体力劳动，不让睡觉，不给水喝等等手段。需要指出的是，本罪中的殴打、体罚虐待，不要求具有一贯性，一次性殴打、体罚虐待情节严重的，就足以构成犯罪。至于行为人是直接实施殴打、体罚虐待行为，还是借被监管人之手实施殴打、体罚虐待其他被监管人的行为，只是方式上的差异，不影响本罪的成立。行为人默许被监管人殴打、体罚虐待其他被监管人的，亦应视为“指使被监管人殴打或体罚虐待其他被监管人”的行为。

殴打、体罚虐待被监管人的行为只有在情节严重时才构成犯罪。所谓情节严重，一般是指使用酷刑摧残，手段恶劣；一贯殴打、体罚虐待被监管人，屡教不改的；殴打、体罚虐待多人多次，影响很坏，等等。确定情节是否严重，一般应从行为人实施体罚虐待行为的主观意图、手段、对象及其造成的后果来认定。同一行为，由于被监管人的条件不同，也会有不同的认定。如强迫过度劳动，对身强力壮的人和年老体弱或者少年犯的后果不一样。后一种人可能因过度的体力劳动，造成身体伤残。如果是行为人故意所为，就属于体罚虐待性质，情节和后果都是严重的，就要以本罪论处；如果情节一般，后果不太严重的，不以犯罪论处，可由主管部门酌情予以批评教育或行政处分。

要把体罚虐待同依法对违反监管秩序的犯罪嫌疑人、被告人实行禁闭，使用戒具乃至武器区别开来。对嫌疑人、被告人的管教，特别是对犯罪分子的改造管理，有其特殊性，必须通过严格管教，采用一定的强制措施，才能使罪犯改恶从善，改变成新人。对不服从管教，拉帮结伙，破坏监规，公开抗拒改造的在押被监管人，必要时可依法实行禁闭，使用戒具乃至使用武器。这是加强监管所必要的惩罚和警戒措施，是合法的，与体罚虐待行为有原则性的区别，不能混为一谈。如果错误地使用武器而构成犯罪的，应当负刑事责任。如果在采用强制措施时，由于工作错误而滥施戒具或禁闭，因为行为人没有犯罪故意，则不能以本罪论处，但可根据不同情节，由主管部门给予必要的行政处分。

3. 虐待被监管人罪的主体

虐待被监管人罪行为主体是监管机构的监管人员，既包括监狱、拘留所、看守所的监管人员，也包括劳动教养所、缉捕戒毒所、收容教养所等监管机构的监管人员。实践中存在检察院、法院的司法警察在押解被监管人的途中或者在提讯时、法院休庭时殴打或体罚虐待被监管人的现象。虽然检察院、法院不是监管机构，检察院、法院的司法警察不是监管机构的监管人员，但是，检察院与法院在押解途中、提讯或者开庭审理期间，实际上在行使监管机构的权力，可谓特定期间的监管机构，其司法警察在特定期间代为行使监管机构的监管人员的监管职责，因而能够成为本罪主体。

4. 虐待被监管人罪的主观方面

虐待被监管人罪在主观方面表现为故意，过失不能构成本罪，即监管人员对其实施的体罚虐待及违反监管法规的行为是故意。本罪的犯罪目的一般是为了压服被监管人。犯罪动机各种各样，有的是为泄愤报复，有的是逞威逞能等。不管出于何种动机，都不影响犯罪成立。但是，犯罪动机是否恶劣，可作为量刑轻重的情节考虑。

（二）虐待被监管人罪的认定

1. 虐待被监管人罪与非罪的界限

对于情节一般的殴打、体罚被监管人的行为，不应以犯罪论处，比如，对于监管人员凭一时感情用事，对被监管人扇几个耳光、打两拳，并未造成什么严重后果的，可以给予批评教育或者由其主管部门予以行政处分，而不应以犯罪论处。其次，要将正当的管教措施与虐待被监管人的行为区分开来。根据《中华人民共和国监狱法》等监管法规，为保证监管活动的正常开展和维护良好的监管秩序，监管人员在紧急情况或必要时，有权对被监管人采取使用械具、予以禁闭、使用警棍乃至武器等强制措施。这些措施在客观上与体罚、虐待行为相似，实则有本质区别。

2. 虐待被监管人罪与故意伤害罪、故意杀人罪的界限

本罪相关法条规定，殴打、体罚被监管人“致人伤残、死亡的”，以故意伤害罪、故意杀人罪定罪从重处罚。但是应当注意，并非任何殴打、体罚虐待被监管人造成被监管人伤害、死亡的情形，都应以故意伤害罪、故意杀人

罪定罪处罚。对殴打、体罚虐待被监管人造成被监管人伤害死亡的，应具体分析，分别处理：(1) 行为人在殴打、体罚虐待中有轻伤的故意但过失地引起被监管人伤残或死亡的，应以故意伤害罪（引起死亡的为故意伤害致死）定罪从重处罚；(2) 行为人在殴打、体罚虐待中有重伤故意，过失地造成被监管人死亡的，仍应以故意伤害罪定罪处罚；(3) 行为人殴打、体罚虐待被监管人造成轻伤结果的，定虐待被监管人罪；(4) 行为人在殴打、体罚虐待过程中，明知殴打、体罚虐待行为可能造成被监管人死亡，却有意放任的，应对行为人以故意杀人罪定罪处罚。(5) 行为人在殴打、体罚虐待过程中，出于挟愤报复、显示淫威等动机故意杀害被监管人的，对行为人应以虐待被监管人罪和故意杀人罪实行数罪并罚。

(三) 虐待被监管人罪的处罚

根据《刑法》第 248 条规定，犯虐待被监管人罪的，处 3 年以下有期徒刑或者拘役；情节特别严重的，处 3 年以上 10 年以下有期徒刑；致人伤残、死亡的，依照《刑法》第 234 条、第 232 条关于故意伤害罪、故意杀人罪的规定定罪从重处罚。

依照 2006 年 7 月 26 日最高人民检察院《关于渎职侵权犯罪案件立案标准的规定》，暴力取证具有下列情形之一的，应予追诉：(1) 以殴打、捆绑、违法使用械具等恶劣手段虐待被监管人的；(2) 以较长时间冻、饿、晒、烤等手段虐待被监管人，严重损害其身体健康的；(3) 虐待造成被监管人轻伤、重伤、死亡的；(4) 虐待被监管人，情节严重，导致被监管人自杀、自残造成重伤、死亡，或者精神失常的；(5) 殴打或者体罚虐待 3 人次以上的；(6) 指使被监管人殴打、体罚虐待其他被监管人，具有上述情形之一的；(7) 其他情节严重的情形。

## 二十一、徇私枉法罪

(一) 徇私枉法罪的概念及犯罪构成

徇私枉法罪，是指司法工作人员徇私枉法、徇情枉法，对明知是无罪的人而使他受追诉，对明知是有罪的人而故意包庇不使他受追诉，或者在刑事审判活动中故意违背事实和法律作枉法裁判的行为。

1. 徇私枉法罪的客体

本罪的客体是侵犯了国家司法机关的正常活动和应有声誉，刑事追诉活动的正当性以及公民的自由与权利。

2. 徇私枉法罪的客观方面

本罪的客观方面是三种行为：一是对明知是无罪的人而使他受追诉。“追诉”，是指以追究刑事责任为目的进行的立案、侦查、起诉、审判活动。即对无罪的人实行立案、侦查、起诉、审判之一，即为追诉；不要求采取法定的强制措施，只要属于通常的追诉行为即可。对于明知是无罪的人，采取不立案、不报捕，但予以关押的手段，待被害人“交待”后再立案、采取强制措施的，应当认定为本罪；如果不符合本罪的构成要件，则应认定为非法拘禁罪。行为人明知他人无罪，而将其作为“逃犯”在网上通缉的，成立本罪。“对明知是无罪的人而使他受追诉”，主要表现为，对明知是没有犯罪事实或者其他依法不应当追诉的人，采取伪造、隐匿、毁灭证据或者其他隐瞒事实、违反法律的手段，进行立案、侦查、起诉或者审判。

二是明知是有罪的人而故意包庇不使他受追诉。这里的“追诉”包括法定的全部追诉过程与追诉结果。换言之，对有罪的人或者不立案、或者不侦查、或者不起诉、或者不审判、或者判无罪的，都属于“不使他受追诉”。不使有罪的人受追诉，是指对明知是有犯罪事实需要进行追诉的人，采取伪造、隐匿、毁灭证据或者其他隐瞒事实、违反法律的手段，故意包庇使其不受立案、侦查、起诉、审判，或者在立案后，采取伪造、隐匿、毁灭证据或者其他隐瞒事实、违反法律的手段，应当采取强制措施而不采取强制措施，或者虽然采取强制措施，但中断侦查或者超过法定期限不采取任何措施，实际放任不管，以及违法撤销、变更强制措施，致使犯罪嫌疑人、被告人实际脱离司法机关侦控。对于明知是有罪的人，而故意不收集有罪证据，导致有罪证据消失，因“证据不足”不能认定有罪的，应当认定为本罪。本罪中“有罪的人”，显然不是指经过人民法院判决有罪的人，而是指有证据证明实施了犯罪行为的人。至于有罪的人是否实际归案，不影响“有罪的人”的认定。

三是在刑事审判活动中故意违背事实和法律，作出枉法判决、裁定。刑法理论与司法实践一般认为，本罪中的枉法判决、裁定内容，主要包括无罪判有罪、有罪判无罪，以及重罪轻判、轻罪重判。侦查、起诉人员采取伪造、隐匿、毁灭证据或者其他隐瞒事实、违反法律的手段，故意使罪重的人受较轻的追诉，或者使罪轻的人受较重的追诉，导致无过错的法官将重罪定为轻罪或者将轻罪定为重罪的，也构成徇私枉法罪。

3. 徇私枉法罪的主体

本罪的主体是司法工作人员。根据《刑法》第94条的规定，司法工作人员，是指有侦查、检察、审判、监管职责的工作人员。根据司法实践，司法机关专业技术人员，也可以成为本罪行为主体。但是，只有负有刑事追诉职责的司法工作人员，才能成为本罪的正犯。司法机关为了谋取某种利益，集体研究共同犯本罪的，应当对直接负责的主管人员和其他直接责任人员以本罪论处。

4. 徇私枉法罪的主观方面

本罪的主观要件为故意，包括直接故意与间接故意，并出于徇私、徇情动机。刑法条文两处规定了“明知”、两处规定了“故意”，旨在明确将过失排除在外。因此，过失导致追诉无罪的人、包庇有罪的人或者错误判决、裁定的，不成立本罪。“明知是无罪的人”，是指明知是没有实施犯罪行为或者行为依法不成立犯罪的人。“明知是有罪的人”，是指明知是有证据证明有犯罪嫌疑应予刑事追诉的人。

（二）徇私枉法罪的认定

1. 徇私枉法的方式故意杀人问题

明知是无罪的人而判处死刑立即执行，或者明知是不应当判处死刑的人而判处死刑立即执行的，是徇私枉法罪与故意杀人罪的想象竞合犯，应从一重罪论处。

2. 司法工作人员徇私枉法的过程中实施了非法拘禁的处理

司法工作人员可能利用职权实施非法拘禁罪，徇私枉法罪中使无罪的人受追诉的行为也可能表现为采取拘禁措施，因而需要区分。使无罪的人受追诉的行为，即使没有剥夺被害人的人身自由（如仅采取取保候审措施），也应认定为徇私枉法罪。行为人通过伪造证据等方式对无罪的人采取剥夺人身自由的强制措施的，是非法拘禁罪与徇私枉法罪的想象竞合犯，应以徇私枉法罪论处；因证据不足而超期羁押的，宜认定为非法拘禁罪；不是为了追诉而非法剥夺他人自由的，应认定为非法拘禁罪。

3. 徇私枉法罪与包庇罪的关系

徇私枉法罪中的包庇有罪的人使其不受追诉的行为与包庇罪有相似之处。司法工作人员利用具体的职务权限（如承办案件和指示、指挥承办案件），使有罪的人不受追诉或者使重罪轻判的，成立徇私枉法罪。与具体的职务权限无关所实施的包庇行为，成立包庇罪。

4. 徇私枉法罪与帮助毁灭、伪造证据罪的关系

徇私枉法罪的行为主体应限于具体承办案件和指示、指挥承办案件的司法工作人员。因此，未具体承办案件和指示、指挥承办案件的司法工作人员，帮助当事人毁灭、伪造证据的，应认定为帮助毁灭、伪造证据罪。具体承办案件和指示、指挥承办案件的司法工作人员通过毁灭、伪造证据的方法实施枉法行为的，同时触犯了徇私枉法罪与帮助毁灭、伪造证据罪，应从一重罪，以徇私枉法罪论处。司法工作人员与一般公民通谋，承办案件的司法工作人员徇私枉法，一般公民帮助毁灭、伪造证据的，应认定为徇私枉法罪的共犯。

5. 徇私枉法罪与受贿罪的关系

依据《刑法》第 399 条的规定，司法工作人员收受贿赂，有前三款行为的，同时又构成本法第 385 条规定之罪的，依照处罚较重的规定定罪处罚。这是对徇私枉法罪与受贿罪之牵连犯的处罚原则的规定。在索取或者收受请托人的财物以后，为请托人谋取利益的行为又触犯了徇私枉法罪，在刑法理论上是牵连犯。根据《刑法》第 399 条第 4 款的规定，对于这种牵连犯，应当采取从一重罪处断的原则。

（三）徇私枉法罪的处罚

根据《刑法》第 399 条第 1 款之规定，犯本罪的，处 5 年以下有期徒刑或者拘役；情节严重的，处 5 年以上 10 年以下有期徒刑；情节特别严重的，处 10 年以上有期徒刑。第 4 款规定，司法工作人员贪赃枉法，有徇私枉法行为的，同时又构成本法第 385 条规定之罪的，依照处罚较重的规定定罪处罚。

依照 2006 年 7 月 26 日最高人民检察院《关于渎职侵权犯罪案件立案标准的规定》，徇私枉法具有下列情形之一的，应予立案：（1）对明知是没有犯罪事实或者其他依法不应当追究刑事责任的人，采取伪造、隐匿、毁灭证据或者其他隐瞒事实、违反法律的手段，以追究刑事责任为目的立案、侦查、起诉、审判的；（2）对明知是有犯罪事实需要追究刑事责任的人，采取伪造、隐匿、毁灭证据或者其他隐瞒事实、违反法律的手段，故意包庇使其不受立案、侦查、起诉、审判的；（3）采取伪造、隐匿、毁灭证据或者其他隐瞒事实、违反法律的手段，故意使罪重的人受较轻的追诉，或者使罪轻的人受较重的追诉的；（4）在立案后，采取伪造、隐匿、毁灭证据或者其他隐瞒事实、

违反法律的手段，应当采取强制措施而不采取强制措施，或者虽然采取强制措施，但中断侦查或者超过法定期限不采取任何措施，实际放任不管，以及违法撤销、变更强制措施，致使犯罪嫌疑人、被告人实际脱离司法机关侦控的；（5）在刑事审判活动中故意违背事实和法律，作出枉法判决、裁定，即有罪判无罪、无罪判有罪，或者重罪轻判、轻罪重判的；（6）其他徇私枉法应予追究刑事责任的情形。

## 二十二、民事、行政枉法裁判罪

### （一）民事、行政枉法裁判罪的概念及犯罪构成

民事、行政枉法裁判罪，是指司法工作人员，在民事、行政审判活动中故意违背事实和法律作枉法裁判，情节严重的行为。

1. 民事、行政枉法裁判罪的客体

本罪侵犯的客体是国家司法机关的正常活动和应有声誉。

2. 民事、行政枉法裁判罪的客观方面

民事、行政枉法裁判罪的客观行为是故意违背事实和法律，在民事、行政审判活动中作枉法裁判。这里的违背事实和法律，是指不忠于事实真相和不遵守法律规定。民事审判，指依法适用民事诉讼法审判案件的活动，包括民事案件、海事案件和经济案件的审判。行政审判，指适用行政诉讼法审判案件的活动，即行政案件的审判。裁判，包括判决、裁定和决定。枉法裁判是指该胜诉的判败诉，该败诉的判胜诉等。由于本罪的客观行为仅限于枉法裁判，故枉法调解的不应包括在内。但是，为执行或者不执行生效的调解书所作的枉法裁定，属于本罪的枉法裁判。

3. 民事、行政枉法裁判罪的主体

民事、行政枉法裁判罪的主体必须是司法工作人员，即从事民事、行政审判活动的审判人员。

4. 民事、行政枉法裁判罪的主观方面

民事、行政枉法裁判罪的主观方面是故意。这里的“故意”是指在民事、行政审判活动中，明知是违背事实和法律的枉法裁判行为而有意实施的主观心理状态。

### （二）民事、行政枉法裁判罪的处罚

根据《刑法》第399条第2款的规定，犯民事、行政枉法裁判罪的，处5

年以下有期徒刑或者拘役；情节特别严重的，处 5 年以上 10 年以下有期徒刑。收受贿赂犯本罪的，依照处罚较重的规定定罪处罚。

依照 2006 年 7 月 26 日最高人民检察院《关于渎职侵权犯罪案件立案标准的规定》，枉法裁判具有下列情形之一的，属于“情节严重”，应予立案：（1）枉法裁判，致使当事人或者其近亲属自杀、自残造成重伤、死亡，或者精神失常的；（2）枉法裁判，造成个人财产直接经济损失 10 万元以上，或者直接经济损失不满 10 万元，但间接经济损失 50 万元以上的；（3）枉法裁判，造成法人或者其他组织财产直接经济损失 20 万元以上，或者直接经济损失不满 20 万元，但间接经济损失 100 万元以上的；（4）伪造、变造有关材料、证据，制造假案枉法裁判的；（5）串通当事人制造伪证，毁灭证据或者篡改庭审笔录而枉法裁判的；（6）徇私情、私利，明知是伪造、变造的证据予以采信，或者故意对应当采信的证据不予采信，或者故意违反法定程序，或者故意错误适用法律而枉法裁判的；（7）其他情节严重的情形。

## 二十三、执行判决、裁定滥用职权罪

### （一）执行判决、裁定滥用职权罪的概念及犯罪构成

执行判决、裁定滥用职权罪，是指司法工作人员在执行判决、裁定活动中，滥用职权，不依法采取诉讼保全措施、不履行法定执行职责，或者违法采取诉讼保全措施、强制执行措施，致使当事人或者其他人的利益遭受重大损失的行为。

1. 执行判决、裁定滥用职权罪的客体

本罪侵犯的客体是司法活动的公正性和司法机关的威信。

2. 执行判决、裁定滥用职权罪的客观方面

本罪名的客观方面表现为在执行判决、裁定活动中，滥用职权，违法采取诉讼保全措施、强制执行措施，致使当事人或者其他人的利益遭受重大损失的行为。其中的判决、裁决，不仅包括民事、行政方面的判决、裁定，还包括部分刑事判决与裁定，如不履行没收财产或罚金判决的，就可能构成本罪。

3. 执行判决、裁定滥用职权罪的主体

本罪的主体为特殊主体，即仅限于司法工作人员。一般是审判机关中执行判决、裁定的工作人员。

4. 执行判决、裁定滥用职权罪的主观方面

主观方面是故意，包括直接故意和间接故意；即明知是滥用执行判决、裁定职权的行为而有意实施的主观心理状态。

（二）执行判决、裁定滥用职权罪的处罚

根据《刑法》第399条第3款的规定，行为人犯本罪的，处5年以下有期徒刑或者拘役；致使当事人或者其他人的利益遭受特别重大损失的，处5年以上10年以下有期徒刑。收受贿赂犯本罪的，依照处罚较重的规定定罪处罚。

根据2006年7月26日最高人民检察院《关于渎职侵权犯罪案件立案标准的规定》，执行判决、裁定滥用职权具有下列情形之一的，应予立案：（1）致使当事人或者其近亲属自杀、自残造成重伤、死亡，或者精神失常的；（2）造成个人财产直接经济损失10万元以上，或者直接经济损失不满10万元，但间接经济损失50万元以上的；（3）造成法人或者其他组织财产直接经济损失20万元以上，或者直接经济损失不满20万元，但间接经济损失100万元以上的；（4）造成公司、企业等单位停业、停产6个月以上，或者破产的；（5）其他致使当事人或者其他人的利益遭受重大损失的情形。

## 二十四、私放在押人员罪

（一）私放在押人员罪的概念及犯罪构成

私放在押人员罪，是指司法工作人员私放在押的犯罪嫌疑人、被告人或者罪犯的行为。

1. 私放在押人员罪的客体

本罪侵犯的客体是国家监管机关的监管制度。

2. 私放在押人员罪的客观方面

本罪的客观方面表现为，司法工作人员私自释放依法在押的犯罪嫌疑人、被告人或者罪犯。释放在押人员的行为包括作为与不作为，而且与司法工作人员的职务具有关联性。例如，私自将在押的犯罪嫌疑人、被告人、罪犯放走，或者授意、指使、强迫他人将在押的犯罪嫌疑人、被告人、罪犯放走；伪造、变造有关法律文书、证明材料，以使在押的犯罪嫌疑人、被告人、罪犯逃跑或者被释放；为私放在押的犯罪嫌疑人、被告人、罪犯，故意向其通风报信、提供条件，致使该在押的犯罪嫌疑人、被告人、罪犯脱逃；明知罪

犯脱逃而故意不阻拦、不追捕；等等。另外，释放行为必须具有非法性。依法释放在押人员的，不成立犯罪。不得已私自释放超期羁押的人员的，不成立私放在押人员罪。本罪的行为对象是依法被关押的犯罪嫌疑人、被告人或者罪犯；私放被行政拘留、司法拘留以及劳动教养的人员的，不成立本罪。

3. 私放在押人员罪的主体

本罪的行为主体是司法工作人员，主要是负有监管职责的司法工作人员。其中包括在看守所、拘留所、少年犯管教所、拘役所、劳改队、监狱工作的管教人员和看守人员，以及执行逮捕和押解罪犯的人员。工人等非监管机关在编监管人员在被监管机关聘用受委托履行监管职责的人员，未被公安机关正式录用，受委托履行监管职责的人员，以及受委派承担了监管职责的狱医也可成为本罪的犯罪主体。

4. 私放在押人员罪的主观方面

本罪的主观方面表现为故意，即明知自己的私放行为会使犯罪嫌疑人、被告人或者罪犯逃避监管，破坏国家的监管制度，并且希望或者放任这种结果发生。

（二）私放在押人员罪的认定

1. 帮助在押人员脱逃行为的认定

司法工作人员主动私放在押人员时，被释放的在押人员不成立脱逃罪，也不成立私放在押人员罪的共犯。在押人员脱逃时，司法工作人员故意不制止、不追捕的，以及在押人员与司法工作人员相勾结，导致在押人员脱离监管的，在押人员成立脱逃罪，司法工作人员同时触犯私放在押人员罪与脱逃罪的共犯，从一重罪，以私放在押人员罪论处。非司法工作人员帮助在押人员脱逃的，应以脱逃罪的共犯论处；司法工作人员虽帮助在押人员脱逃，但没有利用职务之便的，也应以脱逃罪的共犯论处。

2. 本罪与徇私枉法罪的界限

侦查、起诉、审判人员利用职务上的便利，徇私枉法，对明知是有罪的人而故意包庇不使他受追诉或者故意宣告无罪，致使罪犯被释放的，应认定为徇私枉法罪。侦查、检察、审判人员，对明知是正在且应继续羁押的犯罪嫌疑人、被告人，枉法采取取保候审措施的，应认定为徇私枉法罪。监管人员通过伪造释放证、无罪判决书等释放在押人员的，成立私放在押人员罪。

监管人员擅自对在押人员实行取保候审的，应认定为私放在押人员罪。

（三）私放在押人员罪的处罚

根据《刑法》第400条第1款的规定，犯本罪的，处5年以下有期徒刑或者拘役；情节严重的，处5年以上10年以下有期徒刑；情节特别严重的，处10年以上有期徒刑。

根据2006年7月26日最高人民检察院《关于渎职侵权犯罪案件立案标准的规定》，私放在押人员，具有下列情形之一的，应予立案：（1）私自将在押的犯罪嫌疑人、被告人、罪犯放走，或者授意、指使、强迫他人将在押的犯罪嫌疑人、被告人、罪犯放走的；（2）伪造、变造有关法律文书、证明材料，以使在押的犯罪嫌疑人、被告人、罪犯逃跑或者被释放的；（3）为私放在押的犯罪嫌疑人、被告人、罪犯，故意向其通风报信、提供条件，致使该在押的犯罪嫌疑人、被告人、罪犯脱逃的；（4）其他私放在押的犯罪嫌疑人、被告人、罪犯应予追究刑事责任的情形。

## 要点小结

滥用职权犯罪是指国家机关工作人员及国有公司、企业中从事公务的人员利用职务上的便利滥用职权，妨害国家机关公务的合法、公正、有效执行，损害国民对国家机关公务客观、公正、有效执行的信赖，致使国家与人民利益遭受重大损失的行为。对于该类职务犯罪的认定需要从各具体罪名的犯罪构成加以深入学习，尤其是“主体要件”及“客观要件”。该类职务犯罪的主体主要是各种国家机关工作人员，主观方面为故意，客观方面表现为不合法地超越职权或者玩弄职权。在认定方面，要注意滥用职权罪与各种特殊滥用职权罪之间的关系，滥用职权行为同时侵犯到公民人身民主权利、财产权构成犯罪的处理。在定罪量刑方面，要注意最新司法解释规定的各罪的数量及情节标准。

## 理解、反思与探究

1. 滥用职权罪的客观方面是什么？
2. 滥用职权罪与特殊滥用职权罪之间的关系如何？
3. 滥用职权罪的处罚标准是什么？
4. 国有公司、企业、事业单位人员滥用职权罪的客观要件是什么？

5. 报复陷害罪的概念与犯罪构成是什么？
6. 挪用特定款物罪与挪用公款罪的区别？
7. 非法剥夺公民宗教信仰自由罪的概念与犯罪构成是什么？
8. 打击报复会计、统计人员罪的概念与犯罪构成是什么？
9. 非法拘禁罪的认定要注意哪些问题？
10. 刑讯逼供罪的概念与犯罪构成是什么？
11. 徇私枉法罪的客体要件是什么？

## 案例练习

1. 案情简介

2008 年 8 月至 2009 年 12 月期间，罗甲、罗乙、朱某、罗丙先后被广州市黄埔区人民政府大沙街道办事处招聘为广州市城市管理综合执法局黄埔分局大沙街执法队（以下简称“执法队”）协管员。上述 4 名行为人的工作职责是街道城市管理协管工作，包括动态巡查，参与街道、社区日常性的城管工作；劝阻和制止并督促改正违反城市管理法规的行为；配合综合执法部门，开展集中统一整治行动等。工作任务包括坚持巡查与守点相结合，及时劝导中心城区的乱摆卖行为等。

罗甲、罗乙从 2009 年 8 月至 2011 年 5 月担任协管员队长和副队长，此后由罗甲担任队长，罗乙担任副队长。协管员队长职责是负责协管员人员召集，上班路段分配和日常考勤工作；副队长职责是协助队长开展日常工作，队长不在时履行队长职责。上述 4 人上班时，身着统一发放的迷彩服，臂上戴着写有“大沙街城市管理督导员”的红袖章，手持一根木棍。2010 年 8 月至 2011 年 9 月期间，罗甲、罗乙、朱某、罗丙等人利用职务便利，先后多次向多名无照商贩索要 12 元、10 元、5 元不等的少量现金、香烟或直接在该路段的“士多店”拿烟再让部分无照商贩结账，后放弃履行职责，允许给予好处的无照商贩在严禁乱摆卖的地段非法占道经营。由于上述 4 人的行为，导致该地段的无照商贩非法占道经营十分严重，几百档流动商贩恣意乱摆卖，严重影响了市容市貌和环境卫生，给周边商铺和住户的经营、生活、出行造成极大不便。由于执法不公，对给予钱财的商贩放任其占道经营，对其他没给好处费的无照商贩则进行驱赶或通知城管部门到场处罚，引起了群众强烈不满，城市管理执法部门执法人员在依法执行公务过程中遭遇多次暴力抗法，数名执法人员受伤住院。

（摘自最高人民检察院第二批指导性案例，检例第6号，2012年11月15日，有删节。）

2. 问题思考

（1）上述案件的4行为人是否构成滥用职权罪的主体？

（2）上述案件的4行为人造成了怎样的影响？

3. 案例评析

（1）关于案件的行为人主体身份的分析

罗甲、罗乙、朱某、罗丙身为虽未列入国家机关人员编制，但在国家机关中从事公务，且代表国家长期行使的工作职责是街道城市管理协管工作，包括动态巡查，参与街道、社区日常性的城管工作；劝阻和制止并督促改正违反城市管理法规的行为；配合综合执法部门，开展集中统一整治行动等。这些活动明显具有公共监督、管理的公务职权特征。因此，以上行为人属于“其他依照法律从事公务的人员”，符合滥用职权罪的主体身份。

（2）上述案件行为人造成影响的分析

根据刑法规定，滥用职权罪是指国家机关工作人员滥用职权，致使“公共财产、国家和人民利益遭受重大损失”的行为。参照2013年1月9日起施行的《最高人民法院、最高人民检察院关于办理渎职刑事案件适用法律若干问题的解释（一）》第1条的规定，对滥用职权“造成恶劣社会影响的”，应当依法认定为“致使公共财产、国家和人民利益遭受重大损失”。

在本案中，几位行为人先后多次向多名无照商贩索要12元、10元、5元不等的少量现金、香烟或直接在该路段的“士多店”拿烟再让部分无照商贩结账，后放弃履行职责，允许给予好处的无照商贩在严禁乱摆卖的地段非法占道经营。以上行为导致该地段的无照商贩非法占道经营十分严重，几百档流动商贩恣意乱摆卖，严重影响了市容市貌和环境卫生，给周边商铺和住户的经营、生活、出行造成极大不便。由于执法不公，对给予钱财的商贩放任其占道经营，对其他没给好处费的无照商贩则进行驱赶或通知城管部门到场处罚，引起了群众强烈不满，城市管理执法部门执法人员在依法执行公务过程中遭遇多次暴力抗法，数名执法人员受伤住院。综上所述，几位行为人的滥用职权的行为严重危害和影响了该地区的社会秩序、经济秩序、城市管理和治安管理，属于“造成了恶劣的社会影响”，应依法认定为“致使公共财产、国家和人民利益遭受重大损失”。

## 拓展性阅读导航

1. 《中华人民共和国刑事诉讼法》修订版，2018 年 10 月 26 日。

2. 中央纪律检查委员会、国家监察委员会《国家监察委员会管辖规定（试行）》，2018 年 4 月 16 日。

3. 最高人民法院、最高人民检察院《关于办理渎职刑事案件适用法律若干问题的解释（一）》，2013 年 1 月 9 日。

4. 最高人民检察院、公安部《关于公安机关管辖的刑事案件立案追诉标准的规定（二）》，2010 年 5 月 7 日。

5. 最高人民检察院《关于渎职侵权犯罪案件立案标准的规定》，2006 年 7 月 26 日。

# 第四章
# 玩忽职守犯罪

**内容提要**

本章主要介绍“玩忽职守犯罪”的概念及犯罪构成，讨论该类职务犯罪认定中的相关问题，结合立法规定、司法解释及规范性文件，明确立案、量刑标准。

**学习目标**

1. 明确各种玩忽职守犯罪的概念及犯罪构成。
2. 掌握各种玩忽职守犯罪的立案、量刑标准。
3. 了解各种玩忽职守犯罪认定中的相关问题。

**关键词**

玩忽职守犯罪　　玩忽职守罪　　国有公司、企业、事业单位人员失职罪
传染病防治失职罪　　失职致使在押人员脱逃罪

## 第一节　玩忽职守犯罪概述

### 一、玩忽职守犯罪的概念及犯罪构成

（一）玩忽职守犯罪的概念

玩忽职守犯罪是指国家机关工作人员及国有公司、企业中从事公务的人员，违反工作纪律、规章制度，擅离职守，不尽职责义务，或者不正确履行职责义务，影响国家机关公务的合法、公正、有效执行，损害国民对国家机

关公务的客观、公正、有效执行的信赖，致使国家与人民利益遭受重大损失的行为。

（二）玩忽职守犯罪的犯罪构成

1. 玩忽职守犯罪的客体

玩忽职守犯罪的客体要件主要是国家机关公务的合法、公正、有效执行，国家相关管理制度，以及国民对此的信赖。当然，玩忽职守的某些罪名还可能侵犯到其他客体，例如，不解救被拐卖、绑架妇女、儿童罪同时会侵犯到公民的人身民主权利。

2. 玩忽职守犯罪的客观方面

玩忽职守犯罪的客观方面表现为违反工作纪律、规章制度，擅离职守，不尽职责义务，或者不正确履行职责义务。根据刑法的规定，行为人玩忽职守只有给国家和人民利益造成重大损失时，才成立犯罪，但这种结果不仅指有形的结果，还需要进行客观、全面的判断与评价。

3. 玩忽职守犯罪的主体

玩忽职守犯罪的行为主体主要是国家机关工作人员（国家相关立法机关、行政机关、司法机关、军事机关中从事公务的人员），部分罪名的主体是国有公司、企业中从事公务的人员。

另外，也需要注意本类犯罪不同罪名的主体差异情况：第一，本类犯罪多数罪名都对相关国家机关工作人员的范围进一步做出了限制，因此，具体罪名主体要参照具体界定的范围。第二，过失泄露国家秘密罪的主体可以是非国家机关工作人员，但性质不属于职务犯罪。第三，对于军人违反职责的犯罪，在刑法有特别规定的情况下，应适用特别规定，不应认定为本章的职务犯罪。

4. 玩忽职守犯罪的主观方面

本类职务犯罪的主观方面为过失，但过失是针对造成重大损失的结果而言，并不排斥行为人对违反工作纪律和规章制度或对自己的作为和不作为行为存在故意的情形。

## 二、玩忽职守犯罪的罪名

参照2018年4月16日《国家监察委员会管辖规定（试行）》，玩忽职守犯罪包括：（1）玩忽职守罪；（2）国有公司、企业、事业单位人员失职罪；

（3）签订、履行合同失职被骗罪；（4）国家机关工作人员签订 、履行合同失职被骗罪；（5）环境监管失职罪；（6）传染病防治失职罪；（7）商检失职罪；（8）动植物检疫失职罪；（9）不解救被拐卖、绑架妇女、儿童罪；（10）失职造成珍贵文物损毁、流失罪；（11）过失泄露国家秘密罪。

另外，依据2018年11月24日最高人民检察院《关于人民检察院立案侦查司法工作人员相关职务犯罪案件若干问题的规定》，人民检察院立案侦查的“玩忽职守”犯罪案件包括：（1）执行判决裁定失职罪；（2）失职致使在押人员脱逃罪。

## 第二节 玩忽职守犯罪分述

### 一、玩忽职守罪

（一）玩忽职守罪的概念与犯罪构成

1. 玩忽职守罪的客体

本罪侵犯的客体是国家机关的正常活动。

2. 玩忽职守罪的客观方面

本罪在客观方面表现为国家机关工作人员违反工作纪律、规章制度，擅离职守，不尽职责义务，或者不正确履行职责义务，致使公共财产、国家和人民利益遭受重大损失的行为。

玩忽职守，是指严重不负责任，不履行职责或者不正确履行职责的行为。不履行，是指行为人应当履行且有条件与有能力履行职责，但违背职责没有履行，其中包括擅离职守的行为；不正确履行，是指在履行职责的过程中，违反职责规定，马虎草率、粗心大意。由于不同的国家机关工作人员具有不同的职责，而且同一国家机关工作人员在不同时期、不同条件下的职责不一定相同，因此，玩忽职守行为有各种不同的具体表现。

3. 玩忽职守罪的主体

本罪的主体是国家机关工作人员，与滥用职权罪的主体一致。

4. 玩忽职守罪的主观方面

本罪在主观方面由过失构成，故意不构成本罪，也就是说，行为人对于其行为所造成重大损失结果，在主观上并不是出于故意而是由于过失造成的。

具体而言是指，他应当知道自己擅离职守或者在职守中马虎从事对待自己的职责，可能会发生一定的社会危害结果，但是他疏忽大意而没有预见，或者是虽然已经预见到可能会发生，但他凭借着自己的知识或者经验而轻信可以避免，以致发生了造成严重损失的危害结果。

行为人主观上的过失是针对造成重大损失的结果而言，但并不排斥行为人对违反工作纪律和规章制度或对自己的作为和不作为行为可能是故意的情形。如果行为人在主观上对于危害结果的发生是出于故意，不仅预见到，而且希望或者放任它的发生，那就不属于玩忽职守的犯罪行为，而构成其他的故意犯罪。在许多场合，本罪的行为人主观上是一种监督过失，主要表现为应当监督直接责任者却没有实施监督行为，导致了结果发生；或者应当建立完备的安全体制与管理措施，却没有建立，导致了结果发生。

（二）玩忽职守罪的认定

1. 区分玩忽职守罪与一般玩忽职守行为的界限

玩忽职守罪与一般玩忽职守行为区别的关键在于是否造成了公共财产、国家和人民利益的重大损失。在这方面要防止两种倾向：一种倾向是认为在改革发展的形势下，各种规章制度不健全，许多工作具有探索性，国家机关工作人员的失误不可避免，并以此为由，将构成玩忽职守罪的行为认定为一般玩忽职守行为，不以犯罪论处；或者以行为属于官僚主义为由，将玩忽职守罪仅作党纪、政纪处理。另一种倾向是，将国家机关工作人员的一切失职行为，都当作玩忽职守罪处理。当前特别要防止前一种倾向。

2. 正确处理玩忽职守罪与滥用职权罪的关系

故意实施的违背职责的行为是滥用职权罪，过失实施的违背职责的行为是玩忽职守罪。至于行为人是出于故意还是过失，则应通过违背职责的行为内容进行判断。例如，粗心大意履行职责的行为，不可能构成故意的滥用职权罪；反之，假借行使职权实施违法与不当行为的，应认定为滥用职权罪。

3. 玩忽职守罪的法条竞合问题

《刑法》第397条的“本法另有规定的，依照规定”，是对玩忽职守罪法条竞合的规定。其中，关于“玩忽职守罪”的法条是普通法，“其他特别玩忽职守罪的规定”是特别法，如环境监管失职罪等。根据特别法优于普通法的原则，在这种情况下，应当适用特别法而不按普通法定罪处罚。

（三）玩忽职守罪的处罚

根据《刑法》第 397 条的规定，国家机关工作人员玩忽职守，致使公共财产、国家和人民利益遭受重大损失的，处 3 年以下有期徒刑或者拘役；情节特别严重的，处 3 年以上 7 年以下有期徒刑；徇私舞弊犯玩忽职守罪的，处 5 年以下有期徒刑或者拘役；情节特别严重的，处 5 年以上 10 年以下有期徒刑。

根据 2013 年 1 月 9 日最高人民法院、最高人民检察院《关于办理渎职刑事案件适用法律若干问题的解释（一）》的规定，国家机关工作人员滥用职权或者玩忽职守，具有下列情形之一的，应当认定为刑法第 397 条规定的“致使公共财产、国家和人民利益遭受重大损失”：（1）造成死亡 1 人以上，或者重伤 3 人以上，或者轻伤 9 人以上，或者重伤 2 人、轻伤 3 人以上，或者重伤 1 人、轻伤 6 人以上的；（2）造成经济损失 30 万元以上的；（3）造成恶劣社会影响的；（4）其他致使公共财产、国家和人民利益遭受重大损失的情形。具有下列情形之一的，应当认定为刑法第 397 条规定的“情节特别严重”：（1）造成伤亡达到前款第（一）项规定人数 3 倍以上的；（2）造成经济损失 150 万元以上的；（3）造成前款规定的损失后果，不报、迟报、谎报或者授意、指使、强令他人不报、迟报、谎报事故情况，致使损失后果持续、扩大或者抢救工作延误的；（4）造成特别恶劣社会影响的；（5）其他特别严重的情节。

关于玩忽职守罪的追诉时效问题：玩忽职守行为造成的重大损失当时没有发生，而是玩忽职守行为之后一定时间发生的，应从危害结果发生之日起计算玩忽职守罪的追诉期限。

## 二、国有公司、企业、事业单位人员失职罪

（一）国有公司、企业、事业单位人员失职罪的概念及犯罪构成

国有公司、企业、事业单位人员失职罪，是指国有公司、企业、事业单位的工作人员，由于严重不负责任，造成国有公司、企业、事业单位破产、严重损失，致使国家利益遭受重大损失的行为。

1. 国有公司、企业、事业单位人员失职罪的客体

本罪的客体是国有公司、企业、事业单位的管理秩序和国家的经济利益。国有公司、企业在社会经济生活中占据着举足轻重的作用。国有公司、企业

的工作人员背离市场活动的基本原则，玩忽职守会使国有公司、企业的正常活动遭到破坏，使国家和人民利益受到损害进而破坏社会主义市场经济秩序。

2. 国有公司、企业、事业单位人员失职罪的客观方面

本罪属于结果犯，主要表现为国有公司、企业的工作人员造成国有公司、企业破产或者严重亏损，致使国家利益遭受重大损失；国有事业单位的工作人员致使单位利益、国家利益遭受重大损失时，才构成犯罪。所谓严重亏损，是指国有公司、企业的亏损足以使其丧失清偿到期债务的能力。导致严重亏损的原因很多，包括经营管理不善、天灾人祸、不可抗力等，但构成本罪客观方面的“严重亏损”只能是由于企业直接负责的主管人员玩忽职守行为造成。所谓破产，是指国有公司、企业因严重亏损，无力清偿到期债务，经债权人或债务人申请，被人民法院依法宣布其消灭的行为。这里所谓无力清偿，是国有公司、企业缺乏清偿债务的能力的客观状态，债务人对于清偿期届满并且债权人已请求清偿的债务，在一定期间内一般（而非个别情形）并且持续（而非暂时的、短期的情形）处于不能清偿的状态。

3. 国有公司、企业、事业单位人员失职罪的主体

本罪的主体为特殊主体，即国有公司、企业、事业单位的工作人员，其他主体不构成本罪。根据2010年11月26日最高人民法院、最高人民检察院《关于办理国家出资企业中职务犯罪案件具体应用法律若干问题的意见》第6条的规定，“国家出资企业中国家工作人员”包括：经国家机关、国有公司、企业、事业单位提名、推荐、任命、批准等，在国有控股、参股公司及其分支机构中从事公务的人员，应当认定为国家工作人员。具体的任命机构和程序，不影响国家工作人员的认定。经国家出资企业中负有管理、监督国有资产职责的组织批准或者研究决定，代表其在国有控股、参股公司及其分支机构中从事组织、领导、监督、经营、管理工作的人员，应当认定为国家工作人员。国家出资企业中的国家工作人员，在国家出资企业中持有个人股份或者同时接受非国有股东委托的，不影响其国家工作人员身份的认定。

4. 国有公司、企业、事业单位人员失职罪的主观方面

本罪的主观方面只能由间接故意与过失构成。具体而言，本罪的行为人在主观方面并不希望国有公司、企业、单位破产或严重亏损，致使国家利益遭受重大损失。

(二) 国有公司、企业、事业单位人员失职罪的认定

《刑法》第168条同时规定了国有公司、企业、事业单位人员失职罪和国有公司、企业、事业单位人员滥用职权罪。两罪的主体都是国有公司、企业、事业单位人员,两罪都属结果犯,都要造成国有公司、企业破产或者严重损失,致使国家利益遭受重大损失才构成犯罪。

两罪的主要区别在于主观方面不同:国有公司、企业、事业单位人员滥用职权罪的主观方面表现为滥用职权的故意,而国有公司、企业、事业单位人员失职罪的主观方面表现为不负责任的过失。因此,国有公司、企业、事业单位人员滥用职权罪的主观恶性要大于国有公司、企业、事业单位人员失职罪,所以,两者的追诉标准也有所不同。根据2010年5月7日,最高人民检察院、公安部《关于公安机关管辖的刑事案件立案追诉标准的规定(二)》,国有公司、企业、事业单位人员失职案造成国家直接经济损失数额在50万元以上的应予追诉,而国有公司、企业、事业单位人员滥用职权案造成国家直接经济损失数额在30万元以上的应予追诉。

(三) 国有公司、企业、事业单位人员失职罪的处罚

根据《刑法》第168条的规定,国有公司、企业的工作人员,由于严重不负责任或者滥用职权,造成国有公司、企业破产或者严重损失,致使国家利益遭受重大损失的,处3年以下有期徒刑或者拘役;致使国家利益遭受特别重大损失的,处3年以上7年以下有期徒刑。国有事业单位的工作人员有前款行为,致使国家利益遭受重大损失的,依照前款的规定处罚。国有公司、企业、事业单位的工作人员,徇私舞弊,犯前两款罪的,依照第一款的规定从重处罚。

根据2010年5月7日最高人民检察院、公安部《关于公安机关管辖的刑事案件立案追诉标准的规定(二)》的规定,国有公司、企业、事业单位的工作人员,严重不负责任,涉嫌下列情形之一的,应予立案追诉:(1)造成国家直接经济损失数额在50万元以上的;(2)造成有关单位破产,停业、停产1年以上,或者被吊销许可证和营业执照、责令关闭、撤销、解散的;(3)其他致使国家利益遭受重大损失的情形。

## 三、签订、履行合同失职被骗罪

### （一）签订、履行合同失职被骗罪的概念及犯罪构成

签订、履行合同失职被骗罪，是指国有公司、企业、事业单位的直接负责的主管人员，在签订、履行合同过程中，因严重不负责任被诈骗，致使国家利益遭受重大损失的行为。

1. 签订、履行合同失职被骗罪的客体

本罪的客体是国有公司、企业、事业单位的管理秩序和国家的经济利益。

2. 签订、履行合同失职被骗罪的客观方面

签订、履行合同失职被骗罪的客观方面表现为在签订、履行合同的过程中，因严重不负责任被诈骗，致使国家利益遭受重大损失。所谓合同，是指处于平等地位的当事人之间设立、变更或终止民事关系、经济关系等的一种协议，如买卖、承揽、技术、融资、租赁、居间、担保、劳务、期货等合同；所谓签订合同，是指当事人之间就合同的条款进行协商，从而使各方的意思表示趋于一致的过程；所谓履行合同，是指双方当事人按照合同规定的条款履行自己的义务，从而使双方当事人的合同目的得以实现的行为。合同生效后，除非一些法定情况，当事人都应全面、实际、正确地履行，否则应承担合同违约的法定责任。

行为人只有在签订、履行合同的过程中因严重不负责任而导致了被诈骗的事实，才可构成本罪。“所谓严重不负责任”是指不履行或者不正确履行自己在合同签订、履行过程中应当履行的职责。其表现形式多种多样，如不就对方当事人的合同主体资格、资信情况、履行能力等进行认真的咨询、调查、了解、审查；应当公证或者鉴证的不进行公证或鉴证；贪图个人私利，关心的不是标的质量、价格，而是从中得到多少回扣、捞到多少好处。得到好处后，在质量上舍优求劣、在价格上舍低就高、在路途上舍近求远、在来源上舍公取私等；擅自越权作主签订、履行合同；急功近利不辨真假，盲目吸引外资，上当受骗；违反规定为他人签订经济担保合同；发现合同无效或对方根本没有履行能力，仍不坚持自己应当拥有的合法权益，甚至撒手不管，听之任之，等等。如果并不存在严重不负责任的行为，或者虽有严重不负责任的行为但不是因此而被诈骗，即使有重大过失亦不能以本罪论处。

所谓被诈骗，是指他人出于非法占有的目的，在签订、履行合同的过程

中，故意采用虚构事实或者隐瞒真相的手段，致使其产生错误的认识，从而导致公司、企业财产被他人骗取。无被诈骗的事实，即使国有公司、企业、事业单位的直接负责的主管人员在工作中具有严重不负责任的玩忽职守行为，亦不能构成本罪，这是本罪构成的一个重要客观条件。根据 2010 年 5 月 7 日最高人民检察院、公安部《关于公安机关管辖的刑事案件立案追诉标准的规定（二）》，本条规定的“诈骗”是指对方当事人的行为已经涉嫌诈骗犯罪，不以对方当事人已经被人民法院判决构成诈骗犯罪作为立案追诉的前提。此外，对方出于诈骗故意实施诈骗行为如因意志以外的原因而未得逞，或者虽然得逞，但通过各种途径如法律途径得以追回，造成的损失包括诉讼费用、追缴被诈骗钱财的费用等并不重大，都不能以犯罪论处。

还要注意的是并非在签订、履行合同过程中严重不负责任的一切行为，都成立本罪。因严重不负责任而不能履行合同，致使国家利益遭受重大损失的，不成立本罪；只有因严重不负责任被诈骗，从而致使国家利益遭受重大损失的，才成立本罪。所谓国家利益遭受重大损失是指造成大量的财物被诈骗而无法追回；或因对方诈骗造成无法供货，被迫停产甚至濒临破产倒闭等严重后果。对于损失的认定应主要从经济角度评价。

3. 签订、履行合同失职被骗罪的主体

行为主体只限于国有公司、企业、事业单位的直接负责的主管人员，包括“直接负责的主管人员”与“其他直接责任人员”。所谓直接负责的主管人员，是在国有公司、企业、事业单位中对该合同的签订、履行负领导责任的人员。所谓其他直接责任人员应指对该合同的签订和履行在直接负责的主管人员领导下负执行义务的人员。

4. 签订、履行合同失职被骗罪的主观方面

本罪的主观方面只能由过失构成。行为人对签订、履行合同过程中被诈骗，并造成“重大损失”的危害后果，不是抱希望或放任其发生的心理态度，而是由于其过失造成的，故意不构成本罪。

（二）签订、履行合同失职被骗罪的处罚

根据《刑法》第 167 条的规定，国有公司、企业、事业单位直接负责的主管人员，在签订、履行合同过程中，因严重不负责任被诈骗，致使国家利益遭受重大损失的，处 3 年以下有期徒刑或者拘役；致使国家利益遭受特别重大损失的，处 3 年以上 7 年以下有期徒刑。

根据2010年5月7日最高人民检察院、公安部《关于公安机关管辖的刑事案件立案追诉标准的规定（二）》第14条的规定，国有公司、企业、事业单位直接负责的主管人员，在签订、履行合同过程中，因严重不负责任被诈骗，具有下列情形之一的，应当立案追诉：（1）造成国家直接经济损失数额在50万元以上的；（2）造成有关单位破产，停业、停产6个月以上，或者被吊销许可证和营业执照、责令关闭、撤销、解散的；（3）其他致使国家利益遭受重大损失的情形。金融机构、从事对外贸易经营活动的公司、企业的工作人员严重不负责任，造成100万美元以上外汇被骗购或者逃汇1000万美元以上的，应予立案追诉。

## 四、国家机关工作人员签订、履行合同失职被骗罪

### （一）国家机关工作人员签订、履行合同失职被骗罪的概念及犯罪构成

国家机关工作人员签订、履行合同失职被骗罪，是指国家机关工作人员在签订、履行合同过程中，因严重不负责任被诈骗，致使国家利益遭受重大损失的行为。

#### 1. 国家机关工作人员签订、履行合同失职被骗罪的客体

本罪侵犯的客体是国家机关的正常活动。由于国家工作人员对本职工作严重不负责，不遵纪守法，违反规章制度，不履行应尽的职责义务，致使国家经济利益受到重大损失，给国家、集体和人民利益造成严重损害，从而危害了国家机关的正常活动。

#### 2. 国家机关工作人员签订、履行合同失职被骗罪的客观方面

本罪的客观方面是指国家机关工作人员在签订、履行合同过程中，因失职被诈骗。这里的失职是指严重不负责任，即不履行或者不正确履行签订、履行合同时应尽的职责，并致使国家利益遭受重大损失。

#### 3. 国家机关工作人员签订、履行合同失职被骗罪的主体

行为主体必须是国家机关工作人员。国有公司、企业、事业单位的直接负责的主管人员在签订、履行合同过程中因严重不负责任被诈骗的，则成立《刑法》第167条的签订、履行合同失职被骗罪。

#### 4. 国家机关工作人员签订、履行合同失职被骗罪的主观方面

本罪的主观方面是过失。这里的过失，是指应当预见自己严重不负责任可能发生被诈骗致使国家利益遭受重大损失的结果，由于疏忽大意而没有预

见，或者已经预见而轻信能够避免，以致发生这种结果的主观心理状态。

（二）国家机关工作人员签订、履行合同失职被骗罪的认定与处罚

根据《刑法》第406条的规定，国家机关工作人员在签订、履行合同过程中，因严重不负责任被诈骗，致使国家利益遭受重大损失的，处3年以下有期徒刑或者拘役；致使国家利益遭受特别重大损失的，处3年以上7年以下有期徒刑。

根据2006年7月26日最高人民检察院《关于渎职侵权犯罪案件立案标准的规定》，国家机关工作人员签订、履行合同失职被骗涉嫌下列情形之一的应予立案：（1）造成直接经济损失30万元以上的，或者直接经济损失不满30万元，但间接经济损失150万元以上的；（2）其他致使国家利益遭受重大损失的。

## 五、环境监管失职罪

（一）环境监管失职罪的概念及犯罪构成

环境监管失职罪是指负有环境保护监督管理职责的国家机关工作人员严重不负责任，导致发生重大环境污染事故，致使公私财产遭受重大损失或者造成人身伤亡的严重后果的行为。

1. 环境监管失职罪的客体

环境监管失职罪侵犯的客体是国家环境保护机关的监督管理活动和国家对保护环境防治污染的管理制度。

2. 环境监管失职罪客观方面

环境监管失职罪的客观方面是严重不负责任，导致发生重大环境污染事故的行为。这里的“严重不负责任”是指行为人违背了我国《环境保护法》《水污染防治法》《大气污染防治法》《海洋环境保护法》《固体废物污染防治法》等法律及其他有关法规所规定的环境保护部门监管工作职责。实践中严重不负责任的表现多种多样，如对建设项目任务书中的环境影响报告不作认真审查，或者防治污染的设施不进行审查验收即批准投入生产使用；对不符合环境保护条件的企事业单位，发现污染隐患不采取预防措施，不依法责令其整顿，以防止污染事故发生；对造成环境严重污染的企事业单位应当提出限期治理意见而不提出治理意见，或者虽然提出整顿意见但不认真检查监督整顿效果；发现环境受到严重污染应当报告当地政府的，不报告或不及时报

告等。

另外，行为人严重不负责任的行为必须导致重大环境污染事故致使公私财产遭受重大损失或者造成人身伤亡的严重后果。所谓环境污染是指由于有关单位违反法律、法规规定，肆意、擅自向土地、水体、大气排放、倾倒或者处置有放射性的废物、含传染病病原体的废物、有毒物质或其他危险废物，致使土地、水体、大气等环境的物理、化学、生物或者放射性等方面特性的改变，影响环境的有效利用，危害人体健康或者破坏生态环境，造成环境恶化的现象。所谓环境污染事故，则是因为环境污染致使在利用这些环境的过程中造成人身伤亡、公私财产遭受损失后果。

3. 环境监管失职罪的主体

环境监管失职罪的主体是负有环境保护监督管理职责的国家机关工作人员。这里的负有环境保护监督管理职责的国家机关工作人员，是指在国务院环境保护行政主管部门、县级以上地方人民政府环境保护行政主管部门从事环境保护监督管理工作人员，以及在国家海洋行政主管部门、港务监督、渔政渔港监督、军队环境保护部门和各级公安、交通、铁道、民航管理部门中，依照有关法律的规定对环境污染防治实施监督管理的人员。

4. 环境监管失职罪主观方面

环境监管失职罪的主观方面是过失。这里的过失，是指应当预见自己严重不负责任可能导致发生重大污染事故，因为疏忽大意而没有预见，或者已经预见而轻信能够避免，以致这种结果发生的主观心理状态。

（二）环境监管失职罪的处罚

根据《刑法》第408条之规定，负有环境保护监督管理职责的国家机关工作人员严重不负责任，导致发生重大环境污染事故，致使公私财产遭受重大损失或者造成人身伤亡的严重后果的，处3年以下有期徒刑或者拘役。徇私舞弊犯前款罪的，从重处罚。

参照2017年1月1日实施的最高人民法院、最高人民检察院《关于办理环境污染刑事案件适用法律若干问题的解释》，具有以下情形之一，应认定为本罪的“致使公私财产遭受重大损失或者造成人身伤亡的严重后果”：（1）实施《刑法》第408条规定的行为，致使公私财产损失30万元以上；（2）造成生态环境严重损害的；（3）致使乡镇以上集中式饮用水水源取水中断12小时以上的；（4）致使基本农田、防护林地、特种用途林地5亩以上，其他农用地10亩以上，其他土地20亩以上基本功能丧失或者遭受永久性破坏的；（5）致使森林或者其他林木死亡50立方米以上，或者幼树死亡2500株以上的；（6）致使疏散、转移群众5000人以上的；（7）致使30人以上中毒的；（8）致使3人以上轻伤、轻度残疾或者器官组织损伤导致一般功能障碍的；（9）致使1人以上重伤、中度残疾或者器官组织损伤导致严重功能障碍的。

## 六、传染病防治失职罪

### （一）传染病防治失职罪的概念及犯罪构成

传染病防治失职罪是指从事传染病防治的政府卫生行政部门的工作人员严重不负责任，导致传染病传播或者流行，情节严重的行为。

1. 传染病防治失职罪的客体

本罪侵犯的客体是国家对传染病防治的管理制度。传染病，是指由于致病性微生物，如细菌、病毒、立克次体、寄生虫等侵入，发生使人体健康受到某种损害以及危及生命的一种疾病，可以通过不同方式直接或间接地传播，造成人群中传染病的发生或者流行。参照2013年6月29日修订的《中华人民共和国传染病防治法》，根据各种传染病的传染性强弱、传播途径难易、传播速使的快慢、人群易感范围等因素将传染病分为三类：甲类传染病属于传染性强、传播途径容易实现、传播速度快、人群普遍易感的烈性传染病，包括鼠疫、霍乱。这是国际检疫传染病，一经发现，必须立即向世界卫生组织通报；乙类传染病是与甲类传染病比较，其传染性、传播途径、速度、易感人群较次的一类，包括传染性非典型肺炎、艾滋病、病毒性肝炎、脊髓灰质炎、人感染高致病性禽流感、麻疹、流行性出血热、狂犬病、流行性乙型脑炎、登革热、炭疽、细菌性和阿米巴性痢疾、肺结核、伤寒和副伤寒、流行性脑脊髓膜炎、百日咳、白喉、新生儿破伤风、猩红热、布鲁氏菌病、淋病、梅毒、钩端螺旋体病、血吸虫病、疟疾；丙类传染病是根据其可能发生和流行的范围，通过确定疾病监测区和实验室进行监测管理的传染病，包括流行性感冒、流行性腮腺炎、风疹、急性出血性结膜炎、麻风病、流行性和地方性斑疹伤寒、黑热病、包虫病、丝虫病，除霍乱、细菌性和阿米巴性痢疾、伤寒和副伤寒以外的感染性腹泻病。国务院卫生行政部门可以根据情况，增加或者减少乙类、丙类传染病病种并予公布。

传染病是危害严重的流行性疾病。传染病的传播或者流行，不仅严重危害人民的身体健康，而且会严重影响传染病流行区人民的正常生产和生活。从事传染病防治的政府卫生行政部门工作人员，严重不负责任，而导致发生传染病传播或者流行，就直接破坏了传染病防治的管理制度。

2. 传染病防治失职罪的客观方面

传染病防治失职罪的行为是在传染病防治工作中，严重不负责任，未能履行传染病防治职责。传染病防治失职罪的结果是导致传染病传播或者流行，情节严重。这里的传染病传播或者流行，是指传染病防治法中规定的甲类、乙类或者丙类传染病疫情在一定范围内广泛散布或者蔓延。

3. 传染病防治失职罪的主体

传染病防治失职罪的主体是从事传染病防治的政府卫生行政部门的工作人员。这里的从事传染病防治的政府卫生行政部门的工作人员，是指在各级政府卫生行政部门中对传染病的防治工作负有统一监督管理职责的人员。

4. 传染病防治失职罪的主观方面

本罪在主观方面，只能由过失构成，故意不构成本罪。也就是应当知道自己严重不负责任的行为，可能会导致传染病传播或者流行，但是疏忽大意而没有预见，或者是虽然已经预见到可能会发生，但凭借着自己的知识或者经验而轻信可以避免，以致发生了造成严重损失的危害结果。

（二）传染病防治失职罪的认定

认定传染病防治失职罪时，应区分传染病防治失职罪与工作失误的界限。在传染病防治过程中，因工作失误往往也会给国家和人民的利益造成重大损失，在这一点上与传染病防治失职罪存在相同之处。但两者有严格的区别：（1）客观行为特征不同。工作失误，行为人是认真履行自己的职责义务；而传染病防治失职罪则表现为行为人不履行或不正确履行自己的职责义务。（2）导致发生危害结果的原因不同。工作失误，是由于制度不完善，一些具体政策界限不清，管理上存在弊端，以及由于国家工作人员文化水平不高、业务素质较差、缺乏工作经验，因而计划不周、措施不当，以致在积极工作中发生错误，造成国家和人民利益遭受重大损失；而传染病防治失职罪，则是由于违反工作纪律和规章，严重官僚主义，对工作极端不负责任等行为造成严重后果的。

### （三）传染病防治失职罪的处罚

根据《刑法》第409条之规定，从事传染病防治的政府卫生行政部门的工作人员严重不负责任，导致传染病传播或者流行，情节严重的，处3年以下有期徒刑或者拘役。

根据2006年7月26日最高人民检察院《关于渎职侵权犯罪案件立案标准的规定》，传染病防治失职，涉嫌下列情形之一的，应予立案：（1）导致甲类传染病传播的；（2）导致乙类、丙类传染病流行的；（3）因传染病传播或者流行，造成人员重伤或者死亡的；（4）因传染病传播或者流行，严重影响正常的生产、生活秩序的；（5）在国家对突发传染病疫情等灾害采取预防、控制措施后，对发生突发传染病疫情等灾害的地区或者突发传染病病人、病原携带者、疑似突发传染病病人，未按照预防、控制突发传染病疫情等灾害工作规范的要求做好防疫、检疫、隔离、防护、救治等工作，或者采取的预防、控制措施不当，造成传染范围扩大或者疫情、灾情加重的；（6）在国家对突发传染病疫情等灾害采取预防、控制措施后，隐瞒、缓报、谎报或者授意、指使、强令他人隐瞒、缓报、谎报疫情、灾情，造成传染范围扩大或者疫情、灾情加重的；（7）在国家对突发传染病疫情等灾害采取预防、控制措施后，拒不执行突发传染病疫情等灾害应急处理指挥机构的决定、命令，造成传染范围扩大或者疫情、灾情加重的；（8）其他情节严重的情形。

## 七、商检失职罪

### （一）商检失职罪的概念及犯罪构成

商检失职罪是指国家商检部门、商检机构的工作人员严重不负责任，对应当检验的物品不检验，或者延误检验出证、错误出证，致使国家利益遭受重大损失的行为。

#### 1. 商检失职罪的客体

商检失职罪侵犯的客体是国家进出口商品检验部门、机构的正常活动及国家其他有关机关的正常活动。进出口商检验制度既是一种国际惯例，同时对于保证进出口商品的质量，维护对外贸易有关各方的合法权益，促进对外经济贸易关系的顺利发展具有重要作用。从事进出口商品检验工作的人员责任重大，如果商检失职，致使不合格的商品进口或出口，或者合格的商品不能进口或出口，就会损害我国的经济利益，破坏对外经贸关系，甚至影响我国的国际声誉。

2. 商检失职罪的客观方面

商检失职罪的客观方面表现为严重不负责任，对应当检验的物品不检验，或者延误检验出证、错误出证。主要有以下情形：（1）对应当检验的物品不检验，即对国家商检部门根据对外贸易发展的需要，制定调整并公布，列入《商检机构实施检验的进出口商品种类表》的进出口商品和其他法律、行政法律规定须经商检机构检验的进出口商品而不检验。（2）延误检验出证，即在对外贸易合同约定的索赔期限内没有检验完毕。（3）错误出证，即检验结果与事实不相符合的出证。

3. 商检失职罪主体

商检失职罪的主体是国家商检部门、商检机构的工作人员。这里的国家商检部门、商检机构的工作人员，是指在国务院设立的进出口商品检验部门中，从事进出口商品检验工作的人员，以及在国家商检部门设在各地的进出口商品检验机构中管理所辖地区的进出口商品检验工作的人员。

4. 商检失职罪的主观方面

商检失职罪的主观方面是过失。这里的过失，是指应当预见商检失职行为可能造成国家利益重大损失的结果，因疏忽大意而没有预见，或者已经预见而轻信能够避免，以致发生这种结果的主观心理状态。

（二）商检失职罪的处罚

根据《刑法》第 412 条第 1 款之规定，国家商检部门、商检机构的工作人员严重不负责任，对应当检验的物品不检验，或者延误检验出证、错误出证，致使国家利益遭受重大损失的，处 3 年以下有期徒刑或者拘役。

根据 2006 年 7 月 26 日最高人民检察院《关于渎职侵权犯罪案件立案标准的规定》，商检失职涉嫌下列情形之一的，应予立案：（1）致使不合格的食品、药品、医疗器械等商品出入境，严重危害生命健康的；（2）造成个人财产直接经济损失 15 万元以上，或者直接经济损失不满 15 万元，但间接经济损失 75 万元以上的；（3）造成公共财产、法人或者其他组织财产直接经济损失 30 万元以上，或者直接经济损失不满 30 万元，但间接经济损失 150 万元以上的；（4）未经检验，出具合格检验结果，致使国家禁止进口的固体废物、液态废物和气态废物等进入境内的；（5）不检验或者延误检验出证、错误出证，引起国际经济贸易纠纷，严重影响国家对外经贸关系，或者严重损害国家声誉的；（6）其他致使国家利益遭受重大损失的情形。

## 八、动植植物检疫失职罪

### （一）动植物检疫失职罪的概念及犯罪构成

动植物检疫失职罪是指动植物检疫机关的检疫人员严重不负责任，对应当检疫的动植物不检疫，或者延误检疫出证、错误出证，致使国家利益遭受重大损失的行为。

1. 动植物检疫失职罪的客体

动植物检疫失职罪侵犯的客体是国家动植物检疫机关的正常活动。动植物检疫失职行为使国家动植物检疫法律、法规的顺利实施受到严重干扰，损害了国家动植物检疫机关的威信，影响国家动植物检疫机关的正常活动。

2. 动植物检疫失职罪的客观方面

动植物检疫失职罪的客观行为主要包括以下三种情形：（1）对应当检疫的检疫物不检疫，即对国家有关进出境动植物检疫的法律和行政法规规定应当检疫的物品不进行检疫。（2）延误检疫出证，即对报检的动植物、动植物产品或其他检疫物没有在规定的时间内签发检疫单证，耽误了检疫结论的出示。（3）错误出证，即检疫的结果与事实相违背，错误地签发检疫单证。

3. 动植物检疫失职罪的主体

动植物检疫失职罪的主体是动植物检疫机关的检疫人员。这里的动植物检疫机关的检疫人员，是指在国务院设立的动植物检疫机关中，从事进出境动植物检疫工作的人员以及国家动植物检疫机关在对外开放的口岸和进出境动植物检疫业务集中的地点设立的口岸动植物检疫机关中，具体实施进出境动植物检疫工作的人员。

4. 动植物检疫失职罪的主观方面

动植物检疫失职罪的主观方面是过失。这里的过失，是指应当预见到自己的动植物检疫失职可能造成致使国家利益遭到重大损失，由于疏忽大意而没有预见，或者已经预见而轻信能够避免，以致发生这种结果的主观心理状态。

### （二）动植物检疫失职罪的处罚

根据《刑法》第413条第2款之规定，动植物检疫机关的检疫人员严重不负责任，对应当检疫的检疫物不检疫，或者延误检疫出证、错误出证，致使国家利益遭受重大损失的，处3年以下有期徒刑或者拘役。

根据2006年7月26日最高人民检察院《关于渎职侵权犯罪案件立案标准的规定》，动植物检疫失职涉嫌下列情形之一的，应予立案：（1）导致疫情发生，造成人员重伤或者死亡的；（2）导致重大疫情发生、传播或者流行的；（3）造成个人财产直接经济损失15万元以上，或者直接经济损失不满15万元，但间接经济损失75万元以上的；（4）造成公共财产或者法人、其他组织财产直接经济损失30万元以上，或者直接经济损失不满30万元，但间接经济损失150万元以上的；（5）不检疫或者延误检疫出证、错误出证，引起国际经济贸易纠纷，严重影响国家对外经贸关系，或者严重损害国家声誉的；（6）其他致使国家利益遭受重大损失的情形。

## 九、不解救被拐卖、绑架妇女、儿童罪

### （一）不解救被拐卖、绑架妇女、儿童罪的概念及犯罪构成

不解救被拐卖、绑架的妇女、儿童罪是指负有解救职责的国家机关工作人员，接到被拐卖、绑架的妇女、儿童及其家属的解救要求或者接到其他人的举报，而对被拐卖、绑架的妇女、儿童不进行解救，造成严重后果的行为。

1. 不解救被拐卖、绑架妇女、儿童罪的客体

本罪侵犯的客体是国家机关工作人员解救妇女、儿童的职务活动和国家机关的信誉。负有解救职责的国家机关工作人员本应认真负责地履行自己解救被拐卖、绑架的妇女、儿童的职责，如果其拒不履行其职责，不但会使国家工作人员解救妇女、儿童的职务活动不能进行或难以进行，还会使被拐卖、绑架的妇女、儿童及其亲属和群众对国家机关不信任和不满，损害国家机关的信誉。

2. 不解救被拐卖、绑架妇女、儿童罪的客观方面

不解救被拐卖、绑架的妇女、儿童罪的客观行为是接到被拐卖、绑架的妇女、儿童及其家属的解救要求或者接到其他人的举报，而对被拐卖的妇女、儿童不进行解救。本罪的行为方式是不作为，即根据职责要求应当进行解救而不予解救。

3. 不解救被拐卖、绑架妇女、儿童罪的主体

不解救被拐卖、绑架的妇女、儿童罪的主体是对被拐卖、绑架的妇女、儿童负有解救职责的国家机关工作人员。这里的对被拐卖、绑架的妇女、儿

童负有解救职责的国家机关工作人员，是指负有解救被拐卖、绑架的妇女、儿童职责的国家机关工作人员，主要是指公安机关的工作人员。

4. 不解救被拐卖、绑架妇女、儿童罪的主观方面

不解救被拐卖、绑架的妇女、儿童罪的主观方面是故意。这里的故意，是指明知是被拐卖、绑架的妇女、儿童的行为而有意不进行解救的主观心理状态。

（二）不解救被拐卖、绑架妇女、儿童罪的处罚

根据《刑法》第 416 条第 1 款之规定，对被拐卖、绑架的妇女、儿童负有解救职责的国家机关工作人员，接到被拐卖、绑架的妇女、儿童及其家属的解救要求或者接到其他人的举报，而对被拐卖、绑架的妇女、儿童不进行解救，造成严重后果的，处 5 年以下有期徒刑或者拘役。

不解救被拐卖、绑架的妇女、儿童罪的立案标准是造成严重后果，根据 2006 年 7 月 26 日最高人民检察院《关于渎职侵权犯罪案件立案标准的规定》，相关主体不解救被拐卖、绑架的妇女、儿童涉嫌下列情形之一的，应予立案：（1）因不进行解救，导致被拐卖、绑架的妇女、儿童或者其家属重伤、死亡、精神失常的；（2）因不进行解救，导致被拐卖、绑架的妇女、儿童被转移、隐匿、转卖，不能及时进行解救的；（3）对被拐卖、绑架的妇女、儿童不进行解救 3 人次以上的；（4）对被拐卖、绑架的妇女、儿童不进行解救，造成恶劣社会影响的。（5）其他造成严重后果的情形。

## 十、失职造成珍贵文物损毁、流失罪

（一）失职造成珍贵文物损毁、流失罪的概念及犯罪构成

失职造成珍贵文物损毁、流失罪，是指国家机关工作人员严重不负责任，造成珍贵文物损毁或者流失，后果严重的行为。

1. 失职造成珍贵文物损毁、流失罪的客体

失职造成珍贵文物损毁、流失罪侵犯的客体是国家对文物的保护管理制度。

按照 2017 年 11 月 4 日修订的《中华人民共和国文物保护法》第 2 条的规定，“文物”是指：（1）具有历史、艺术、科学价值的古文化遗址、古墓葬、古建筑、石窟寺和石刻、壁画；（2）与重大历史事件、革命运动或者著名人物有关的以及具有重要纪念意义、教育意义或者史料价值的近代现代重

要史记、实物、代表性建筑；（3）历史各时代的珍贵艺术品、工艺美术品；（4）历史上各时代重要的文献资料以及具有历史、艺术和科学价值的手稿和图书资料等；（5）反映历史上各时代、各民族社会制度、社会生产、社会生活的代表性实物。具有科学价值的古脊椎动物化石和古人类化石同文物一样受国家保护。

本罪的犯罪对象为珍贵文物，毁损一般的文物，不构成失职造成珍贵文物损毁、流失罪。所谓珍贵文物，是指具有重要历史、艺术、科学价值的文物，主要包括国家规定的一、二级文物；三级文物要确定为珍贵文物的，应经国家文物鉴定委员会确认。其中，一级文物是指具有特别重要价值的代表性文物；二级文物是指具有重要价值的文物；三级文物为具有一定价值的文物。

2. 失职造成珍贵文物损毁、流失罪的客观方面

失职造成珍贵文物损毁、流失罪在客观方面表现为国家机关工作人员违反工作纪律、规章制度，擅离职守不尽职责义务，或者不正确履行职责义务，造成珍贵文物损毁或者流失，后果严重的行为。

严重不负责任，是指不履行法律规定和其职务要求的文物保护、管理职责，或者在履行职务中敷衍塞责，草率应付，不尽职责。其具体表现形式是多种多样的，例如对馆藏珍贵文物不按《博物馆藏品管理办法》的规定建立固定、专用的库房，设专人管理；库房设备和措施不符合防火、防盗、防潮、防虫、防尘、防光、防震、防空气污染的要求；珍贵文物出库、归库手续不健全；安全检查制度形同虚设；发现不安全因素，不及时采取措施纠正；发生火灾、文物失窃等案件不及时报告当地公安部门、文物行政管理部门和国家文物局等等。具体表现如何，不影响失职造成珍贵文物损毁、流失罪的成立。所谓损毁，即损坏和毁灭，既包括使珍贵文物部分破损，使其丧失部分价值，即造成原有价值的减少，例如，使能作为珍贵文物的手稿大面积污损，致其字迹难以辨认，又包括使珍贵文物完全毁灭，从而丧失其全部价值，如珍贵书画被烧毁，珍贵陶器、瓷器被砸碎等。所谓流失，是指被盗、遗失而下落不明或者流落至国外、境外。

失职造成珍贵文物损毁、流失罪是结果犯，严重不负责任的行为必须后果严重，才构成犯罪。后果严重一般指造成较多的珍贵文物损毁、流失；致使珍贵文物流失国外；由于珍贵文物被毁，给历史、艺术、科学研究造成了

严重的影响，社会影响极坏；流失的文件已无法追回等。

3. 失职造成珍贵文物损毁、流失罪的主体

失职造成珍贵文物损毁、流失罪主体是特殊主体，即国家机关工作人员。本条所称“国家机关工作人员”是指负有管理、保护文物职责的国家机关工作人员，包括博物馆（院）、纪念馆、图书馆的工作人员、文化行政部门中主管文物保护工作的人员等。

4. 失职造成珍贵文物损毁、流失罪的主观方面

失职造成珍贵文物损毁、流失罪的主观方面由过失构成，也就是行为人应当知道自己严重不负责任的行为，可能会造成珍贵文物损毁或者流失，但是由于疏忽大意而没有预见，或者是虽然已经预见到可能会发生，但凭借着自己的知识或者经验而轻信可以避免，以致发生了造成严重损失的危害结果。行为人主观上的过失是针对造成重大损失的结果而言，但并不排斥行为人对违反工作纪律和规章制度或对自己的作为和不作为存在故意的情形。

（二）失职造成珍贵文物损毁、流失罪的处罚

根据《刑法》第419条的规定，国家机关工作人员严重不负责任，造成珍贵文物损毁或者流失，后果严重的，处三年以下有期徒刑或者拘役。

根据2015年12月30日公布的《最高人民法院、最高人民检察院关于办理妨害文物管理等刑事案件适用法律若干问题的解释》第10条的规定，国家机关工作人员严重不负责任，造成珍贵文物损毁或者流失，具有下列情形之一的，应当认定为“后果严重”：（1）导致二级以上文物或者5件以上三级文物损毁或者流失的；（2）导致全国重点文物保护单位、省级文物保护单位的本体严重损毁或者灭失的；（3）其他后果严重的情形。

## 十一、过失泄露国家秘密罪

（一）过失泄露国家秘密罪的概念与犯罪构成

过失泄露国家秘密罪是指违反国家保密法规，泄漏披露国家重要机密、情节严重的行为。

1. 过失泄露国家秘密罪的客体

过失泄露国家秘密罪侵犯的客体是国家的保密制度。

2. 过失泄露国家秘密罪的客观方面

过失泄露国家秘密罪的客观方面表现为违反保守国家秘密法的规定，泄露国家秘密，情节严重。违反保守国家秘密法的规定，是指违反《中华人民共和国保守国家秘密法》及其实施细则的规定。国家秘密，是指关系国家的安全和利益，依照法定程序确定，在一定时间内只限一定范围的人员知悉的事项。国家秘密分为三级："绝密"，是指最重要的国家秘密，泄露会使国家的安全和利益遭受特别严重的损害；"机密"，是指重要的国家秘密，泄露会使国家的安全和利益遭受严重损害；"秘密"，是指一般的国家秘密，泄露会使国家的安全和利益遭受损害。泄露，是指违反保守国家秘密法的规定，使国家秘密被不应当知悉者知悉，以及使国家秘密超出了限定的接触范围，而不能证明未被不应知悉者知悉。泄露的方法没有限制，如采用提供阅读、准许复制等方法泄露，在私人交谈或通信中泄露，在公共场所谈论国家秘密，提供属于国家秘密的设备或产品，在报刊上、网络上披露国家秘密的内容，张贴国家秘密的内容，等等。

3. 过失泄露国家秘密罪的主体

过失泄露国家秘密的主体一般是掌握国家机密的国家工作人员，但非国家工作人员也可构成本罪。

4. 过失泄露国家秘密罪的主观方面

过失泄露国家秘密罪主观方面表现为过失。行为人虽然在认识因素上没有泄密的故意，在意志因素上也并不追求危害结果的发生，但客观上却因为疏忽大意或者是过于自信，违反了对保密管理制度的注意义务，造成国家秘密泄露，或者使国家秘密处于危险状态。主观方面的不同是过失泄露国家秘密罪与故意泄露国家秘密罪的最重要的区别。

（二）过失泄露国家秘密罪的处罚

根据《刑法》第398条的规定，故意或过失、泄露国家秘密，构成犯罪的，处3年以下有期徒刑或者拘役；情节特别严重的，处3年以上7年以下有期徒刑。非国家机关工作人员犯本罪的，依照上述法定刑酌情处罚。

根据2006年7月26日最高人民检察院《关于渎职侵权犯罪案件立案标准的规定》，过失泄露国家秘密具有下列情形之一的，应予立案：（1）泄露绝密级国家秘密1项（件）以上的；（2）泄露机密级国家秘密3项（件）以上的；（3）泄露秘密级国家秘密4项（件）以上的；（4）违反保密规定，将涉及国家秘密的计算机或者计算机信息系统与互联网相连接，泄露国家秘密的；(5) 泄露国家秘密或者遗失国家秘密载体，隐瞒不报、不如实提供有关情况或者不采取补救措施的；(6) 其他情节严重的情形。

## 十二、执行判决、裁定失职罪

### (一) 执行判决、裁定失职罪的概念及犯罪构成

执行判决、裁定失职罪，是指司法工作人员在执行判决、裁定活动中，严重不负责任，不依法采取诉讼保全措施、不履行法定执行职责，或者违法采取诉讼保全措施、强制执行措施，致使当事人或者其他人的利益遭受重大损失的行为。

1. 执行判决、裁定失职罪的客体

执行判决、裁定失职罪侵犯的客体是司法活动的公正性和司法机关的威信。

2. 执行判决、裁定失职罪的客观方面

执行判决、裁定失职罪的客观方面是指在执行判决、裁定活动中，严重不负责任，不依法采取诉讼保全措施，不履行法定执行职责，致使当事人或者其他人的利益遭受重大损失的行为。

执行判决、裁定失职罪中的“判决、裁决”不仅包括民事、行政方面的判决、裁定，还包括部分刑事判决与裁定，如不履行没收财产或罚金判决的，就可能构成本罪。致使当事人或者其他人的利益遭受重大损失里的“当事人”是指民事执行案件、经济执行案件的当事人；“其他人”是指与民事执行案件、经济执行案件存在利益关联性的人员。

3. 执行判决、裁定失职罪的主体

执行判决、裁定失职罪的主体是司法工作人员，一般指审判机关中执行判决、裁定的工作人员。

4. 执行判决、裁定失职罪的主观方面

执行判决、裁定失职罪的主观方面是过失。这里的过失是指应当预见到执行判决、裁定失职行为可能致使当事人或者其他人的利益遭受重大损失，因为疏忽大意而没有预见，或者已经预见而轻信能够避免，以致发生这种结果的主观心理状态。

（二）执行判决、裁定失职罪的处罚

根据《刑法》第399条第3款的规定，司法工作人员犯上述罪的，处5年以下有期徒刑或者拘役；致使当事人或者其他人的利益遭受特别重大损失的，处5年以上10年以下有期徒刑。收受贿赂犯本罪的，依照处罚较重的规定定罪处罚。

根据2006年7月26日最高人民检察院《关于渎职侵权犯罪案件立案标准的规定》，执行判决、裁定失职，具有下列情形之一的，应予立案：（1）致使当事人或者其近亲属自杀、自残造成重伤、死亡，或者精神失常的；（2）造成个人财产直接经济损失15万元以上，或者直接经济损失不满15万元，但间接经济损失75万元以上的；（3）造成法人或者其他组织财产直接经济损失30万元以上，或者直接经济损失不满30万元，但间接经济损失150万元以上的；（4）造成公司、企业等单位停业、停产1年以上，或者破产的；（5）其他致使当事人或者其他人的利益遭受重大损失的情形。

## 十三、失职致使在押人员脱逃罪

（一）失职致使在押人员脱逃罪的概念及犯罪构成

失职致使在押人员脱逃罪，是指司法工作人员由于严重不负责任，致使在押的犯罪嫌疑人、被告人或者罪犯脱逃，造成严重后果的行为。

1. 失职致使在押人员脱逃罪的客体

失职致使在押人员脱逃罪侵犯的客体是国家司法法律、规章、制度和司法机关对在押人员的正常管理和正常工作秩序。

2. 失职致使在押人员脱逃罪的客观方面

失职致使在押人员脱逃罪在犯罪客观方面表现为负有监押在押人员的司法工作人员严重不负责任，导致在押人员脱逃。

所谓“严重不负责任”是指在羁押场所、押解途中未按规定采取有关看守、监管措施；擅离看守、监管岗位；发现犯罪嫌疑人、被告人或者罪犯有脱逃迹象，不及时采取有效的防范措施；在犯罪嫌疑人、被告人或者罪犯脱逃时，不及时组织、进行追捕等。所谓“脱逃”是指在押的犯罪嫌疑人、被告人或者罪犯从羁押场所如看守所、拘役所、监狱、未成年犯管教所等或者押解途中或者审判场所逃走，从而脱离司法机关及其工作人员的监管，虽然在押但不是在押的犯罪嫌疑人、被告人或者罪犯，而是其他人员如被行政、司法拘留的人员、劳动教养人员逃离羁押，不能构成失职致使在押人员脱逃罪，构成犯罪的，亦应以他罪，例如玩忽职守罪论处。

犯罪嫌疑人、被告人或者罪犯脱逃还需要与行为人的行为有因果关系，即在押犯罪嫌疑人、被告人或者罪犯的脱逃是由于行为人的玩忽职守、严重不负责任而造成。另外，失职致使在押人员脱逃罪属于结果犯，只有造成严重后果时才构成犯罪。

3. 失职致使在押人员脱逃罪的主体

失职致使在押人员脱逃罪的犯罪主体只能是负有监押在押人员职责的监狱、看守所、劳教所、少教所的司法工作人员，其他人不构成失职致使在押人员脱逃罪。

4. 失职致使在押人员脱逃罪的主观方面

失职致使在押人员脱逃罪的犯罪主观方面表现为过失，即行为人应当预见因疏忽大意没有预见，或已经预见但因过于自信造成在押人员脱逃。

（二）失职致使在押人员脱逃罪的处罚

根据《刑法》第400条第2款的规定，犯本罪的，处3年以下有期徒刑或者拘役；造成特别严重后果的，处3年以上10年以下有期徒刑。

根据2006年7月26日最高人民检察院《关于渎职侵权犯罪案件立案标准的规定》，失职致使在押人员脱逃，具有下列情形之一的，应认定为“造成特别严重后果”，予以立案：（1）致使依法可能判处或者已经判处10年以上有期徒刑、无期徒刑、死刑的犯罪嫌疑人、被告人、罪犯脱逃的；（2）致使犯罪嫌疑人、被告人、罪犯脱逃3人次以上的；（3）犯罪嫌疑人、被告人、罪犯脱逃以后，打击报复报案人、控告人、举报人、被害人、证人和司法工作人员等，或者继续犯罪的；（4）其他致使在押的犯罪嫌疑人、被告人、罪犯脱逃，造成严重后果的情形。

## 要点小结

玩忽职守犯罪是指国家机关工作人员及国有公司、企业中从事公务的人员，违反工作纪律、规章制度，擅离职守，不尽职责义务，或者不正确履行职责义务，影响国家机关公务的合法、公正、有效执行，损害国民对国家机关公务的客观、公正、有效执行的信赖，致使国家与人民利益遭受重大损失的行为。对于该类职务犯罪的掌握要从各具体罪名的犯罪构成加以深入学习，尤其是“客观要件”及“主观要件”。该类职务犯罪的客观表现为违反工作纪律、规章制度，擅离职守，不尽职责义务，或者不正确履行职责义务。该类犯罪主观方面的过失是针对造成重大损失的结果而言，并不排斥行为人对违反工作纪律和规章制度或对自己的作为和不作为行为存在故意的情形。在认定方面，要注意玩忽职守犯罪与滥用职权罪的区别、玩忽职守犯罪的法条竞合等问题；在定罪量刑方面，要注意最新司法解释对各罪名认定的数量、情节标准的规定。

## 理解、反思与探究

1. 玩忽职守罪的主观要件是什么？
2. 玩忽职守罪与一般玩忽职守、滥用职权罪的区别是什么？
3. 玩忽职守罪的处罚标准什么？
4. 国有公司、企业、事业单位人员失职罪的概念与犯罪构成是什么？
5. 签订、履行合同失职被骗罪的客观要件是什么？
6. 环境监管失职罪的概念与犯罪构成是什么？
7. 传染病防治失职罪的概念与犯罪构成是什么？
8. 不解救被拐卖、绑架妇女、儿童罪的概念与犯罪构成是什么？

## 案例练习

1. 案情简介

1999年7月9日，王某经营的深圳市龙岗区舞王歌舞厅经深圳市工商行政管理部门批准成立，经营地址在龙岗区龙平路。2006年该歌舞厅被依法吊销营业执照。2007年9月8日，王某未经相关部门审批，在龙岗街道龙东社区三和村经营舞王俱乐部，辖区派出所为同乐派出所。杨某自2001年10月开始担任同乐派出所所长。开业前几天，王某为取得同乐派出所对舞王俱乐部的关照，在杨某之妻何某经营的川香酒家宴请了杨某等人。此后，同乐派出所三和责任区民警在对舞王俱乐部采集信息建档和日常检查中，发现王某无法提供消防许可证、娱乐经营许可证等必需证件，提供的营业执照复印件上的名称和地址与实际不符，且已过有效期。杨某得知情况后没有督促责任区民警依法及时取缔舞王俱乐部。责任区民警还发现舞王俱乐部经营过程中存在超时超员、涉黄涉毒、未配备专业保安人员、发生多起治安案件等治安隐患，杨某既没有依法责令舞王俱乐部停业整顿，也没有责令责任区民警跟踪监督舞王俱乐部进行整改。

2008 年 3 月，根据龙岗区“扫雷”行动的安排和部署，同乐派出所成立“扫雷”专项行动小组，杨某担任组长。有关部门将舞王俱乐部存在治安隐患和消防隐患等于 2008 年 3 月 12 日通报同乐派出所，但杨某没有督促责任区民警跟踪落实整改措施，导致舞王俱乐部的安全隐患没有得到及时排除。

2008 年 6 月至 8 月期间，广东省公安厅组织开展“百日信息会战”，杨某没有督促责任区民警如实上报舞王俱乐部无证无照经营，没有对舞王俱乐部采取相应处理措施。舞王俱乐部未依照《消防法》《建筑工程消防监督审核管理规定》等规定要求取得消防验收许可，未通过申报开业前消防安全检查，擅自开业、违法经营，营业期间不落实安全管理制度和措施，导致 2008 年 9 月 20 日晚发生特大火灾，造成 44 人死亡、64 人受伤的严重后果。在这起特大消防事故中，杨某及其他有关单位的人员负有重要责任。

（摘自最高人民检察院第二批指导性案例，检例第 8 号，2012 年 11 月 15 日，有删节。）

2. 问题思考

杨某的行为如何认定？

3. 案例评析

杨某作为同乐派出所的所长，对辖区内的娱乐场所负有监督管理职责，其明知舞王俱乐部未取得合法的营业执照擅自经营，且存在众多消防、治安隐患，但严重不负责任，不认真履行职责，使本应停业整顿或被取缔的舞王俱乐部持续违法经营达 1 年之久，并最终导致发生 44 人死亡、64 人受伤的特大消防事故，造成了人民群众生命财产的重大损失，其行为已构成玩忽职守罪，情节特别严重。

## 拓展性阅读导航

1.《中华人民共和国刑事诉讼法》修订版，2018 年 10 月 26 日。

2. 中央纪律检查委员会、国家监察委员会《国家监察委员会管辖规定（试行）》，2018 年 4 月 16 日。

3. 最高人民法院、最高人民检察院《关于办理渎职刑事案件适用法律若干问题的解释（一）》，2013 年 1 月 9 日。

4. 最高人民法院、最高人民检察院《关于办理国家出资企业中职务犯罪案件具体应用法律若干问题的意见》，2010 年 11 月 26 日。

5. 最高人民检察院、公安部《关于公安机关管辖的刑事案件立案追诉标准的规定（二）》，2010 年 5 月 7 日。

6. 最高人民检察院《关于渎职侵权犯罪案件立案标准的规定》，2006 年 7 月 26 日。

第五章

# 徇私舞弊犯罪

## 内容提要

本章主要介绍“徇私舞弊犯罪”的概念及犯罪构成，讨论该类职务犯罪认定中的相关问题，结合立法规定、司法解释及规范性文件，明确立案、量刑标准。

## 学习目标

1. 明确各种徇私舞弊犯罪的概念及犯罪构成。
2. 掌握各种徇私舞弊犯罪的立案、量刑标准。
3. 了解各种徇私舞弊犯罪认定中的相关问题。

## 关键词

徇私舞弊犯罪　徇私舞弊低价折股、出售国有资产罪　徇私舞弊不移交刑事案件罪　放纵走私罪　招收公务员、学生徇私舞弊罪

## 第一节　徇私舞弊犯罪概述

### 一、徇私舞弊犯罪的概念及犯罪构成

（一）徇私舞弊犯罪的概念

徇私舞弊犯罪是指国家机关工作人员和国有公司、企业、事业单位的工作人员利用职务上的便利徇私舞弊，妨害国家机关公务及相关国有单位制度的合法、公正、有效执行，损害国民对国家机关及相关单位公务的客观、公

正、有效执行的信赖，致使国家与人民利益遭受重大损失的行为。

（二）徇私舞弊犯罪的犯罪构成

1. 徇私舞弊犯罪的客体

徇私舞弊犯罪的客体要件主要是国家机关公务及相关国有单位制度的合法、公正、有效执行及国民对此的信赖。

2. 徇私舞弊犯罪的客观方面

徇私舞弊犯罪的客观方面表现为徇私情、谋私利、行使或玩弄职权。不论徇私情或谋私利，均是能够给行为人或其亲友带来利益或使其对手失去应有利益，且这种利益之增减与行为人之行为有直接的因果关系。根据刑法的规定，徇私情或谋私利的行为通常只有给国家和人民利益造成一定损失时，才成立犯罪，但这种结果不仅指有形的结果，需要进行客观、全面的判断与评价。

3. 徇私舞弊犯罪的主体

徇私舞弊犯罪的行为主体主要是国家机关工作人员（国家各级立法机关、各级行政机关、各级司法机关、各级军事机关中从事公务的人员），部分罪名的主体是国有公司、企业、事业单位中相关的人员。另外，也需要注意本类犯罪不同罪名主体差异的情况；对于军人违反职责的发生可能也构成徇私舞弊犯罪，在刑法有特别规定的情况下，应适用特别规定，不应认定为本章的职务犯罪。

4. 徇私舞弊犯罪的主观方面

徇私舞弊犯罪的主观方面为故意，且须出于徇私的动机，所谓徇私主要包括“谋私利、徇私情”两种情形。“谋私利”可以包括行为人谋取本人的不当利益，行为人维护其他私人的小恩小惠、请客送礼、许诺日后给予好处（包括非物质的好处）等。“徇私情”可以包括顺应照顾亲戚、朋友、同学、同乡、上下级、仇敌、竞争对手等私人关系、感情。

## 二、徇私舞弊犯罪的罪名

参照2018年4月16日《国家监察委员会管辖规定（试行）》，徇私舞弊类职务犯罪包括：（1）徇私舞弊低价折股、出售国有资产罪；（2）非法批准征收、征用、占用土地罪；（3）非法低价出让国有土地使用权罪；（4）非法经营同类营业罪；（5）为亲友非法牟利罪；（6）枉法仲裁罪；（7）徇私舞弊发售发票、抵扣税款、出口退税罪；（8）商检徇私舞弊罪；（9）动植物检疫徇私舞弊罪；（10）放纵走私罪；（11）放纵制售伪劣商品犯罪行为罪；（12）招收公务员、学生徇私舞弊罪；（13）徇私舞弊不移交刑事案件罪；（14）违法提供出口退税凭证罪；（15）徇私舞弊不征、少征税款罪。

另外，参照2018年11月24日最高人民检察院《关于人民检察院立案侦查司法工作人员相关职务犯罪案件若干问题的规定》，人民检察机关管辖的“徇私舞弊犯罪”包括徇私舞弊减刑、假释、暂予监外执行罪。

## 第二节 徇私舞弊犯罪分述

### 一、徇私舞弊低价折股、出售国有资产罪

#### （一）徇私舞弊低价折股、出售国有资产罪的概念及犯罪构成

徇私舞弊低价折股、出售国有资产罪，是指国有公司、企业或者其上级主管部门直接负责的主管人员，徇私舞弊，将国有资产低价折股或者低价出售，致使国家利益遭受重大损失的行为。

1. 徇私舞弊低价折股、出售国有资产罪的客体

徇私舞弊低价折股、出售国有资产罪侵害的客体是国有公司、企业财产的国有所有权和国有资产管理制度。

参照2008年10月28日的《中华人民共和国企业国有资产法》，“企业国有资产（简称国有资产）”，是指国家对企业各种形式的出资所形成的权益。就我国而言，国家对国有资产只享有原始产权，由于国家不可能去经营成千上万的国有公司、企业，所以国家所有权必须分解出国有公司、企业法人财产权。不同的主体只有通过国有公司、企业自己的经营使国有资产在运营中保值增值，为国家带来收益。为防止国有资产流失，保障国有资产保值增值，国家制定了国有资产的管理制度，包括产权登记制度、国有资产统计报告制度、产权收益监缴管理制度、资产评估管理制度以及通过清产核资核实企业资本金的制度等。这些制度对于切实做好国有资产基础管理工作，有效防止和控制国有资产流失现象，有重要的作用。

本罪的客体危害具体表现在使国家丧失了部份原始产权，即丧失了被国有公司、企业或者其上级主管部门直接负责的主管人员低价折股或者低价出售的那部分国有资产其原有价值与现有价值的差价所代表的那部分国有资产

的所有权，致使国家利益遭受重大损失。在侵害国有资产所有权的同时，本罪也破坏了国有资产管理制度，因为低价折股或低价出售国有资产，是建立在对国有资产评估中粗评、漏评、低评的基础上的，直接侵害了国有资产评估管理工作，以致造成国有资产的严重流失。

2. 徇私舞弊低价折股、出售国有资产罪的客观方面

本罪在客观上表现为违反国家规定，徇私舞弊，将国有资产低价折股或低价出售的行为。

首先，违反国家规定。所谓违反国家规定，是指违反公司法以及其他国有资产保护法规的规定，如《中华人民共和国公司法》《中华人民共和国企业国有资产法》等法律规范。

其次，发生了徇私舞弊，是指本罪行为人为了私情、私利在国有资产折股或出售时弄虚作假，违反公司法及国有资产保护法规，损害国家利益。参照2003年11月13日，最高人民法院《全国法院审理经济犯罪案件工作座谈会纪要》，徇私舞弊型渎职犯罪的“徇私”应理解为徇个人私情、私利。国家机关工作人员如果为了本单位的利益，实施滥用职权、玩忽职守行为，构成犯罪的，依照刑法第397条第1款的规定，以“滥用职权罪”定罪处罚。

再次，行为人实施了低价折股或者低价出售国有资产的行为。这里的国有资产，是指国有公司、企业的国有资产，即国家以各种形式对国有公司、企业投资和投资收益形成的财产以及依据法律、行政法规认定为国有公司、企业的其他国有财产，具体表现为国家所有的资金、机器、设备、厂房、土地等有形或者无形的财产。这里的低价折股，是指将国有公司、企业的实物财产、工业产权、非专利技术或者土地使用权，故意低估作价，折合为股份作为出资。这里的低价出售，是指将上述国有资产以低于其实际价值的价格出卖给他人。将国有资产低价折股或者低价出售行为的表现形式多样，有的是在合资、合营、股份制改造过程中对国有资产不进行资产评估；或进行了资产评估，但低于所评估资产的实际应有的价值低价折股；有的国有资产未按重置价格折股，未计算其增值部分，而是按帐面原值折股；有的对国有公司、企业的商标、商誉、专利等无形资产未计入国家股；有的不经主管部门批准，不经评估机构评估作价，擅自将属于国有公司、企业的土地、厂房低价卖给小集体或私营业主，从中收取回扣等。

最后，构成本罪需要出现严重的危害结果。行为人徇私舞弊，将国有资

产低价折股或低价出售的行为只有在造成国家利益的重大损失结果时，才能构成本罪，否则只能使其承担行政责任。这里的重大损失，是指因低价折股或低价出售而使国有资产大量流失无法挽回，国家利益受到重大损失的情况。

3. 徇私舞弊低价折股、出售国有资产罪的主体

本罪的主体为特殊主体，即国有公司、企业或者其上级主管部门直接负责的主管人员。另外，参照2010年11月26日最高人民法院、最高人民检察院《关于办理国家出资企业中职务犯罪案件具体应用法律若干问题的意见》的第4条第2款的规定，“国家出资企业中的国家工作人员在公司、企业改制或者国有资产处置过程中徇私舞弊，将国有资产低价折股或者低价出售给其本人未持有股份的公司、企业或者其他个人，致使国家利益遭受重大损失的，依照刑法第169条的规定，以徇私舞弊低价折股、出售国有资产罪定罪处罚”。

4. 徇私舞弊低价折股、出售国有资产罪的主观方面

本罪在主观方面，必须由故意构成，并有明确的徇私动机。如果不是出于故意，不具有徇私舞弊的动机，而行为人是由于思想知识水平低、专业知识不足、业务工作能力低，以致在国有资产折股和出售时发生错误，则不能构成本罪。

（二）徇私舞弊低价折股、出售国有资产罪的认定

1. 国家出资企业工作人员在折股、出售国有资产过程中发生贪污贿赂行为的处理

根据2010年11月26日，最高人民法院、最高人民检察院《关于办理国家出资企业中职务犯罪案件具体应用法律若干问题的意见》的规定，国家工作人员或者受国家机关、国有公司、企业、事业单位、人民团体委托管理、经营国有财产的人员利用职务上的便利，在国家出资企业改制过程中故意通过低估资产、隐瞒债权、虚设债务、虚构产权交易等方式隐匿公司、企业财产，转为本人持有股份的改制后公司、企业所有，应当依法追究刑事责任的，依照刑法第382条、第383条的规定，以贪污罪定罪处罚。贪污数额一般应当以所隐匿财产全额计算；改制后公司、企业仍有国有股份的，按股份比例扣除归于国有的部分。前款规定以外的人员实施该款行为的，依照刑法第271条的规定，以职务侵占罪定罪处罚；前款规定以外的人员与前款规定的人员共同实施该款行为的，以贪污罪的共犯论处。

国家出资企业中的国家工作人员在公司、企业改制或者国有资产处置过程中徇私舞弊，将国有资产低价折股或者低价出售给特定关系人持有股份或者本人实际控制的公司、企业，致使国家利益遭受重大损失的，依照刑法第382条、第383条的规定，以贪污罪定罪处罚。贪污数额以国有资产的损失数额计算。国家出资企业中的国家工作人员因实施了以上行为的时收受贿赂，同时又构成刑法第385条规定之罪的，依照处罚较重的规定定罪处罚。

2. 国家工作人员在折股、出售国有资产过程中渎职行为的处理

国家出资企业中的国家工作人员在公司、企业改制或者国有资产处置过程中徇私舞弊，将国有资产低价折股或者低价出售给其本人未持有股份的公司、企业或者其他个人，致使国家利益遭受重大损失的，依照刑法第169条的规定，以徇私舞弊低价折股、出售国有资产罪定罪处罚。

国家出资企业中的国家工作人员在企业改制过程中未采取低估资产、隐瞒债权、虚设债务、虚构产权交易等方式故意隐匿公司、企业财产的，一般不应当认定为贪污；造成国家资产重大损失，依法构成刑法第168条或者第169条规定的犯罪的，依照该规定以国有公司、企业、事业单位人员失职罪，国有公司、企业、事业单位人员滥用职权罪或徇私舞弊低价折股、出售国有资产罪定罪处罚。

（三）徇私舞弊低价折股、出售国有资产罪的处罚

《刑法》第169条规定，国有公司、企业或者其上级主管部门直接负责的主管人员，徇私舞弊，将国有资产低价折股或者低价出售，致使国家利益遭受重大损失的，处3年以下有期徒刑或者拘役；致使国家利益遭受特别重大损失的，处3年以上7年以下有期徒刑。

参照2010年5月7日，最高人民检察院、公安部《关于公安机关管辖的刑事案件立案追诉标准的规定（二）》第17条："徇私舞弊低价折股、出售国有资产案涉嫌下列情形之一的，应予立案追诉：（1）造成国家直接经济损失数额在30万元以上的；（2）造成有关单位破产，停业、停产6个月以上，或者被吊销许可证和营业执照、责令关闭、撤销、解散的；（3）其他致使国家利益遭受重大损失的情形。"

## 二、非法批准征收、征用、占用土地罪

### （一）非法批准征收、征用、占用土地罪的概念及犯罪构成

非法批准征收、征用、占用土地罪是指国家机关工作人员徇私舞弊，违反土地管理法、森林法、草原法等法律以及有关行政法规中关于土地管理的规定，滥用职权，非法批准征用、占用耕地、林地等农用地以及其他土地，情节严重的行为。

1. 非法批准征收、征用、占用土地罪的客体

非法批准征收、征用、占用土地罪侵犯的客体是国家的土地管理的相关法规与制度及国有土地使用权。

2. 非法批准征收、征用、占用土地罪的客观方面

非法批准征收、征用、占用土地罪的行为是违反土地管理法规，滥用职权，非法批准征用、占用土地。这里的非法批准征用、占用土地，是指对不符合法定条件的征用、占用土地的申请予以批准。

所谓征收土地（或土地征收）是指国家为了公共利益需要，依照法律规定的程序和权限将农民集体所有的土地转化为国有土地，并依法给予被征地的农村集体经济组织和被征地农民合理补偿和妥善安置的法律行为。所谓征用土地，是指国家为了进行经济、文化、国防建设以及兴办社会公共事业的需要，依照有关法律规定的条件及程序，将属于集体所有的土地收归国有的一种措施。所谓占用土地，是指对土地事实上的控制、管理与使用。为了有效正确地利用有限的土地资源，国家通过法律对土地征用、占用等作了一系列的规定。征用土地是国家为了社会公共利益的需要，将集体所有土地转变为国有土地的强制手段。

要实行征用土地，一般须具备以下几个条件。首先，征地是一种政府行为，是政府的专有权力，其他任何单位和个人都没有征地权；第二，必须依法取得批准；第三，必须依法对被征地单位进行补偿，造成劳动力剩余的必须予以安置；第四，被征地单位必须服从，不得阻挠征地；第五，征地行为必须向社会公开，接受社会的公开监督。

3. 非法批准征收、征用、占用土地罪的主体

非法批准征收、征用、占用土地罪的主体是相关国家机关工作人员，主要是指在各级政府中的主管人员和土地管理、城市规划等部门的工作人员。

另外，根据2008年11月6日最高人民检察院《关于加强查办危害土地资源渎职犯罪工作的指导意见》第3条，在查办土地资源渎职案件中，要严格区分责任。要分清渎职行为对危害后果所起的作用大小，正确区分主要责任人与次要责任人、直接责任人与间接责任人。对多因一果的有关责任人员，要分清主次，分别根据他们在造成危害土地资源损失结果发生过程中所起的作用，确定其罪责。

要正确区分决策者与实施人员、监管人员的责任。对于决策者滥用职权、玩忽职守、徇私舞弊违法决策，严重破坏土地资源的，或者强令、胁迫其他国家机关工作人员实施破坏土地资源行为的，或者阻挠监管人员执法，导致国家土地资源被严重破坏的，应当区分决策者和实施人员、监管人员的责任大小，重点查处决策者的渎职犯罪；实施人员、监管人员贪赃枉法、徇私舞弊，隐瞒事实真相，提供虚假信息，影响决策者的正确决策，造成危害后果发生的，要严肃追究实施人员和监管人员的责任；实施人员和监管人员明知决策者决策错误，而不提出反对意见，或者不进行纠正、制止、查处，造成国家土地资源被严重破坏的，应当视其情节追究渎职犯罪责任；对于决策者与具体实施人员、监管人员相互勾结，共同实施危害土地资源渎职犯罪的，要依法一并查处。

要严格区分集体行为和个人行为的责任。对集体研究做出的决定违反法律法规的，要具体案件具体分析。对于采取集体研究决策形式，实为个人滥用职权、玩忽职守、贪赃枉法、徇私舞弊等，构成危害土地资源渎职犯罪的，应当依法追究决策者的刑事责任。

4. 非法批准征收、征用、占用土地罪的主观方面

非法批准征收、征用、占用土地罪的责任形式是故意。这里的故意，是指明知是非法批准征用、占用土地的行为而有意实施的主观心理状态。本罪须出于徇私的动机而有意实施的主观心理状态。

（二）非法批准征收、征用、占用土地罪的处罚

根据《刑法》第410条之规定，犯本罪的，处3年以下有期徒刑或者拘役；致使国家或者集体利益遭受特别重大损失的，处3年以上7年以下有期徒刑。犯非法批准征收、征用、占用土地罪而致使国家或者集体利益遭受特别重大损失的，是本罪的加重处罚事由。

根据2006年7月26日最高人民检察院《关于渎职侵权犯罪案件立案标

准的规定》，非法批准征收、征用、占用土地涉嫌下列情形之一的，应予立案：（1）非法批准征用、占用基本农田10亩以上的；（2）非法批准征用、占用基本农田以外的耕地30亩以上的；（3）非法批准征用、占用其他土地50亩以上的；（4）虽未达到上述数量标准，但造成有关单位、个人直接经济损失30万元以上，或者造成耕地大量毁坏或者植被遭到严重破坏的；（5）非法批准征用、占用土地，影响群众生产、生活，引起纠纷，造成恶劣影响或者其他严重后果的；（6）非法批准征用、占用防护林地、特种用途林地分别或者合计10亩以上的；（7）非法批准征用、占用其他林地20亩以上的；（8）非法批准征用、占用林地造成直接经济损失30万元以上，或者造成防护林地、特种用途林地分别或者合计5亩以上或者其他林地10亩以上毁坏的；（9）其他情节严重的情形。

## 三、非法低价出让国有土地使用权罪

### （一）非法低价出让国有土地使用权罪的概念及犯罪构成

非法低价出让国有土地使用权罪是指国家机关工作人员徇私舞弊，违反土地管理法、森林法、草原法等法律以及有关行政法规中关于土地管理的规定，滥用职权，非法低价出让国有土地使用权，情节严重的行为。

#### 1. 非法低价出让国有土地使用权罪的客体

非法低价出让国有土地使用权罪侵犯的客体是国家的土地管理的相关法规与制度及国有土地使用权。我国的《中华人民共和国土地管理法》（以下简称《土地管理法》）《中华人民共和国土地管理法实施条例》《中华人民共和国城镇国有土地使用权出让和转让暂行条例》《中华人民共和国森林法》《中华人民共和国草原法》等法律、法规，对出让国有土地使用权的批准权限、程序和要求等都作了明确具体的规定。这些法律、法规对合理开发、利用、经营土地，加强土地管理，促进城市建设和经济发展有着十分重要的作用。国家机关工作人员徇私舞弊，违反土地管理法规，滥用职权，非法低价出让国有土地使用权，就直接侵犯了国家对国有土地的使用管理制度，破坏了国有土地使用管理的正常活动。

#### 2. 非法低价出让国有土地使用权罪的客观方面

非法低价出让国有土地使用权罪的客观行为是违反土地管理法规，滥用职权，非法低价出让国有土地使用权。这里的非法低价出让国有土地使用权，是指违反《土地管理法》，将属于国有的土地使用权以低于其本身的价值非法转让给他人使用。

低价出让，是指以低于国有土地使用权最低价的价格出让国有土地使用权。1995年6月28日国家土地管理局出台的《协议出让国有土地使用权最低价确定办法》第4条明确规定："协议出让最低价由省、自治区、直辖市人民政府土地管理部门会同有关部门拟定，报同级人民政府批准后下达市、县人民政府土地管理部门执行。"第5条规定："协议出让最低价应当根据商业、住宅、工业等不同土地用途和土地级别的基准地价的一定比例确定，具体适用比例由省、自治区、直辖市确定。但直辖市、计划单列市及省、自治区人民政府所在地的城市的具体适用比例，须报国家土地管理局核准。基准地价按《城镇土地估价规程》确定。基准地价调整时，协议出让最低价应当作相应调整。"第6条规定："国家支持或者重点扶持发展的产业及国家鼓励建设的项目用地，可以按行业或项目分类确定不同的协议出让最低价。"第7条规定："确定协议出让最低价应当综合考虑征地拆迁费用、土地开发费用、银行利息及土地纯收益等基本因素。"第9条规定："以协议方式出让国有土地使用权的出让金不得低于协议出让最低价。"

3. 非法低价出让国有土地使用权罪的主体

非法低价出让国有土地使用权罪的主体是相关国家机关工作人员，主要是指在各级政府中的主管人员和土地管理、城市规划等部门的工作人员。

4. 非法低价出让国有土地使用权罪的主观方面

非法低价出让国有土地使用权罪的主观方面是故意，即明知是非法低价出让国有土地使用权的行为而有意实施的主观心理状态。本罪须出于徇私的动机而有意实施的主观心理状态。

（二）非法低价出让国有土地使用权的处罚

根据《刑法》第410条之规定，非法低价出让国有土地使用权，情节严重的，处3年以下有期徒刑或者拘役；致使国家或者集体利益遭受特别重大损失的，处3年以上7年以下有期徒刑。犯非法批准征收、征用、占用土地罪而致使国家或者集体利益遭受特别重大损失是本罪的加重处罚事由。

根据2006年7月26日最高人民检察院《关于渎职侵权犯罪案件立案标准的规定》，非法低价出让国有土地使用权，涉嫌下列情形之一的，应予立案：（1）非法低价出让国有土地30亩以上，并且出让价额低于国家规定的最低价额标准的60%的；（2）造成国有土地资产流失价额30万元以上的；（3）非法低价出让国有土地使用权，影响群众生产、生活，引起纠纷，造成恶劣影响或者其他严重后果的；（4）非法低价出让林地合计30亩以上，并且出让价额低于国家规定的最低价额标准的60%的；（5）造成国有资产流失30万元以上的；（6）其他情节严重的情形。

## 四、非法经营同类营业罪

### （一）非法经营同类营业罪的概念及犯罪构成

非法经营同类营业罪，是指国有公司、企业的董事、经理利用职务便利，自己经营或者为他人经营与其所任职公司、企业同类的营业，谋取非法利益、数额巨大的行为。

1. 非法经营同类营业罪的客体

本罪的客体要件为国有公司、企业的财产权益以及国家对公司的管理制度。

2. 非法经营同类营业罪的客观方面

利用职务便利，自己经营或者为他人经营与其所任职公司、企业同类的营业，谋取非法利益、数额巨大的行为。

首先，行为人要利用了职务便利，如果没有利用职务之便，即使有为自己经营或为他人经营同类营业的行为，亦不能构成本罪。所谓利用职务便利。是指利用自己经营管理的职权或者职务有关的便利条件。既包括利用自己直接掌管的经营材料、物质、市场、计划、销售等职权而为自己经营或为他人经营的公司、企业谋取非法利益，也包括利用自己职务及有关的便利条件如人事权力、地位等指挥、控制他人利用职权而为自己经营或为他人经营的公司、企业谋取非法利益。

其次，行为人自己经营或为他人经营业务。既可以是为自己经营，又可以是为他人经营，还可以是既为自己经营又为他人经营，具备其中之一的，即可构成本罪。自己经营，有的是以私人名义另行注册公司经营，有的是以亲人名义但实际是公司、企业董事、经理自行经营，还有的是在他人经办的公司、企业中入股进行经营等。凡是向自己独资或者参与了出资的公司、企业、不论是否以本人名义，都属于为自己经营。为他人经营包括为其他公司、企业进行经营，是指暗中担任他人独资、出资的公司、企业的管理人员，为其业务进行策划、指挥等。

再次，行为人自己经营或为他人经营的营业与自己所任职的公司、企业的营业属于同一种类。否则，即使自己经营或为他人经营了某项营业，但这项营业与自己所任职公司、企业的营业不属同一类营业，亦不能构成本罪。如果经营的营业为两类以上，只要其中的一类与自己所任职公司、企业属同类营业，即可认定为经营了与自己所任职公司、企业的同一类营业。这是为了防止损害自己所任职公司、企业利益的不正当竞争的违法行为发生。非法经营同类营业行为的表现多样，如公司、企业的董事、经理利用自己所任职公司、企业的人力、物力、资金、信息来源、客户渠道为自己经营或者为他人经营的公司、企业抢占市场、垄断供货渠道；或者巧立名目，将自己所任职公司、企业的“正品、等内品”按照“次品、等外品”的低价销售给个人或为他人经营的公司、企业；或者高价收购自己经营或为他人经营的公司、企业的滞销、残损、应降低的商品、次品、等外品等；或者套购所任职公司、企业的畅销、紧缺商品、转手倒卖等等。

最后，自己经营或者为他人经营与其所任职公司、企业同类的营业，获取了非法利益，并且达到了数额巨大，才可构成本罪。否则，虽有经营行为，但没有获取非法的利益，或者虽然获取了非法利益，但没有达到数额巨大的最低标准，亦不能构成本罪。

3. 非法经营同类营业罪的主体

本罪的主体是特殊主体，即国有公司、企业的董事、经理。所谓国有公司、企业是指国有资本占主体的公司、企业。所谓董事，是由股东选举产生的，对内执行公司业务，对外代表公司的常设性执行机构的成员。所谓经理，是公司董事会聘任的主持日常管理工作的高级职员。

4. 非法经营同类营业罪的主观方面

本罪在主观方面必须出于故意，并且具有获取非法利益的目的。即明知自己或为他人所经营的业务与自己所任职公司、企业经营的业务属于同类，出于非法谋取利益，仍决意进行经营。过失不能构成本罪。

（二）非法经营同类营业罪的认定

1. 非法经营同类营业罪与公司、企业人员受贿罪的界限

本罪与公司、企业人员受贿在犯罪的主观方面均为直接故意，都有获取非法利益，财物的目的，但两罪在本质上有明显的区别，表现在以下方面：

（1）犯罪主体有所不同。公司、企业人员受贿罪的主体是在公司、企业中工作的不具有国家工作人员身份的公司、企业工作人员。这里的公司、企业，包括不同种类或性质的公司、企业，这里的公司、企业工作人员包括在公司、企业中工作的所有工作人员。而本罪的主体只限于国有公司、企业的董事和经理，范围较前者要狭窄得多。（2）犯罪的客观方面不同。两罪在客观方面虽都有利用职务之便的特征，但获取非法利益所采取的客观手段有所不同。本罪是行为人利用职务便利，自己经营或者为他人经营与其所任职公司、企业同类的营业，主要是通过“竞业经营”来获取非法利益；而公司、企业人员受贿罪则是行为人利用职务之便，通过直接“索取”或者“非法收受”他人财物的方式，为他人谋取利益而获取非法利益。

2. 非法经营同类营业罪与贪污罪的区别

非法经营同类营业罪与贪污罪在犯罪构成要素方面有较多相同或相似之处，如犯罪主体均属国家工作人员，所侵犯的均是复杂客体且均涉及国家工作人员职务的廉洁性要求，犯罪的客观方面均有利用职务上的便利并获取一定数额的非法利益，犯罪的主观方面均属故意犯罪等。但是，两罪有本质的区别，主要为两罪获取非法利益的手段和所获非法利益的性质明显不同。贪污罪的表现手段为侵吞、窃取、骗取等其他手段，获取的是已经属于公有的财物，侵犯的是公有财物的所有权。非法经营同类营业罪的表现手段为自己经营或为他人经营与其所任职公司、企业的同类营业，获取的是该经营行为中产生的巨额营利，也即该非法利益是通过经营产生，而非现存的已经属于公有的财物，并且该罪还扰乱了市场经济公平竞争的秩序。

（三）非法经营同类营业罪的处罚

根据《刑法》第165条的规定，国有公司、企业的董事、经理利用职务便利，自己经营或者为他人经营与其所任职公司、企业同类的营业，获取非法利益，数额巨大的，处3年以下有期徒刑或者拘役，并处或者单处罚金；数额特别巨大的，处3年以上7年以下有期徒刑，并处罚金。

根据2010年5月7日最高人民检察院、公安部《关于公安机关管辖的刑事案件立案追诉标准的规定（二）》第12条，国有公司、企业的董事、经理利用职务便利，自己经营或者为他人经营与其所任职公司、企业同类的营业，获取非法利益，数额在10万元以上的，应予立案追诉。

## 五、为亲友非法牟利罪

### （一）为亲友非法牟利罪的概念及犯罪构成

为亲友非法牟利罪，是指国有公司、企业、事业单位的工作人员，利用职务便利，为亲友非法牟利，使国家利益遭受重大损失的行为。

1. 为亲友非法牟利罪的客体

本罪侵犯的是国有公司、企业、事业单位的财产权益。国有公司、企业以获取财产上的最大利益为其目标，以国家授予其经营管理的财产从事民事活动，向投资者（即国家）承担资产保值增值的责任。国有事业单位虽不以营利为其最终目的，但以国家拨给的经费为财产基础在国家法律允许的范围内从事民事活动，并承担民事责任。国有公司、企业、事业单位工作人员利用职务上的便利，将本单位的盈利业务交由自己的亲友进行经营，或者以明显高于市场的价格向自己的亲友经营管理的单位采购商品，或者以明显低于市场的价格向自己的亲友经营管理的单位销售商品或者向自己的亲友经营管理的单位采购不合格商品，必然损害国有公司、企业、事业单位的利益，从而使国有财产的保值增值成为泡影。鉴于国有公司、企业、事业单位的财产权益在国民经济中的重要地位，刑法通过立法加以保护。

2. 为亲友非法牟利罪的客观方面

为亲友非法牟利罪在客观方面表现为利用职务便利，为自己的亲友进行经营活动，非法提供便利，致使国家利益遭受重大损害的行为。所谓亲友，泛指亲戚与朋友，宜作广义理解，只要行为人为他人进行的经营活动非法提供了便利，即可认定属于为亲友进行经营活动非法提供便利。

首先，为自己的亲友进行经营活动非法提供便利的行为，必须是利用了自己的职务便利。没有利用自己的职务便利的，亦不能构成本罪。所谓利用职务便利，在这里主要是指利用在国有公司、企业、事业单位工作，尤其是担任领导工作，主管生产、经营活动的便利条件。既可以是利用自己的职务直接去为自己的亲友经营提供非法便利，又可以是利用自己掌握的职权、地位去控制、指挥、要挟、左右他人去为自己的亲友经营提供非法的便利等。

其次，为亲友进行经营活动非法提供便利。主要包括以下 3 种情况：第一，将本单位的盈利业务交由自己的亲友进行经营。其通常是行为人利用决定、参与经贸项目、购销往来掌握的经贸信息市场行情的职务便利，把明知是可以盈利本应为本单位经营的业务交由自己的亲友去经营。但如果这项业务不属其所在单位经营的业务，即使是其利用职务便利了解到的，并交由自己的亲友进行经营，亦不能构成本罪。第二，以明显高于市场的价格向自己的亲友经营管理的单位采购商品或者以明显低于市场的价格向自己的亲友经营管理的单位销售商品，简言之，就是从亲友经营管理的单位高进低出，从而损害本公司、企业的利益。第三，向自己的亲友经营管理的单位采购不合格商品。其要求行为人明知自己亲友经营管理单位的商品属于不合格商品而仍决意购买。明知，既包括行为人确实知道是不合格商品，又包括行为人可能知道是不合格商品。如果确实不知道是不合格商品而采购的，除非可以认定属于以明显高于市场的价格向自己的亲友经营管理的单位采购商品的情况，否则，亦不可能构成本罪。还应指出，向自己亲友经营管理的单位收购不合格商品，不论其价格如何，是否属于高价收购，都对本罪成立没有影响。只要其行为严重损害了国家利益，致使国家利益遭受了重大损失，都可以本罪论处。

再次，行为人的行为必须造成了国家利益的重大损失才能构成本罪。行为人虽然利用职务便利实施了为自己的亲友经营非法提供便利的行为，但如果没有给国家利益造成实际损失或者虽有实际损失但不属于重大损失，则都不能以本罪论处。所谓使国家利益遭受重大损失，在这里应是指因将本单位的盈利业务交由亲友进行经营而使本单位丧失了可能得到的利润，即将单位本应得到的利润转移给了自己的亲友，数额巨大的；以及向自己亲友经营管理的单位采取高价采购或低价销售商品甚至采购自己亲友经营管理单位的不合格商品，从而将亲友经营的损失转嫁给单位，造成的损失数额巨大的。

3. 为亲友非法牟利罪的主体

本罪的主体为特殊主体，即国有公司、企业、事业单位的工作人员。这里的工作人员，不仅仅只是指国有公司、企业、事业单位的国家工作人员，而泛指国有公司、企业、事业单位的所有工作人员。

4. 为亲友非法牟利罪的主观方面

本罪在主观上只能由故意构成，并具有非法牟利的目的。即行为人明知自己利用职务便利为亲友进行经营活动提供便利条件是一种背信经营的行为，但为获取非法利益仍故意实施这种行为。过失不构成犯罪。

（二）为亲友非法牟利罪的认定

1. 为亲友非法牟利罪与非法经营同类营业罪的区别

为亲友非法牟利罪与非法经营同类营业罪在客观方面都利用了职务便利，主观方面都出于故意，但这两个罪是两种不同性质的犯罪，它们的区别表现在：(1) 犯罪主体不同。本罪的主体是国有公司、企业、事业单位的工作人员，而非法经营同类营业罪的主体是国有公司、企业的董事和经理。(2) 犯罪的客观方面不同。本罪在客观方面，所实施的行为表现为利用职务便利，将本单位的盈利业务交由自己的亲友经营，或者以明显高于市场的价格向自己的亲友进行经营管理的单位采购商品或者明显低于市场的价格向自己的亲友经营管理的单位销售商品，或者向自己的亲友经营管理的单位采购不合格商品，而使国家利益遭受重大损失或特别重大损失。而非法经营同类营业罪在客观方面则表现为行为人利用职务便利，为自己经营或者为他人经营与其所任职公司、企业同类的营业，获取非法利益，数额巨大的行为。(3) 两罪虽同为结果犯，但犯罪结果有所不同。本罪的犯罪结果为使国家利益遭受重大损失，而非法经营同类营业罪为行为人获取非法利益数额巨大。

2. 为亲友非法牟利罪与贪污罪的区别

从犯罪构成特征看，为亲友非法牟利罪与贪污罪具有相同或相似的一面，即两罪均属于国家工作人员利用职务便利实施的化公为私、损公肥私型犯罪；但透过两罪在表现上的相似性，还需准确界定区别所在，为亲友非法牟利罪与贪污罪的区别主要有两个方面：

一方面，应当考察非法获利者（即亲友）是否实施了一定的经营行为。对于在国有单位的购销活动中通过实施一定的经营行为牟取非法利润的行为，一般可以认定“为亲友非法牟利罪”；反之，对于借从事经营活动之名，行侵占公共财物之实的行为，则可以考虑认定贪污罪。另一方面，还应当考察非法获利者（即亲友）所取得的是否属于实施经营行为的“利润”。在司法实践中，有些非法获利者也实施了一定的经营行为，如在国有单位的购销活动中参与实施了介绍货源或商品买家等行为，但其从国有单位所获取的也绝非从事经营行为之“利润”或从事中介活动之“报酬”，其非法所得与行为时的相应市价或报酬水平显著背离，以致达到了社会一般观念普遍不能认同为“利润”或“报酬”的程度。

总之，为亲友非法牟利罪以上述国有单位人员利用职务便利让亲友实施一定的经营行为赚取非法利润为特点，而贪污罪则以国有单位人员利用职务便利直接让亲友非法占有公共财物为特征。

（三）为亲友非法牟利罪的处罚

依照《刑法》第166条的规定，国有公司、企业、事业单位的工作人员，利用职务便利，为亲友非法牟利，使国家利益遭受重大损失的，处3年以下有期徒刑或者拘役，并处或者单处罚金；致使国家利益遭受特别重大损失的，处3年以上7年以下有期徒刑，并处罚金。

根据2010年5月7日最高人民检察院、公安部《关于公安机关管辖的刑事案件立案追诉标准的规定（二）》第13条，为亲友非法牟利，涉嫌下列情形之一的，应予立案追诉：（1）造成国家直接经济损失数额在10万元以上的；（2）使其亲友非法获利数额在20万元以上的；（3）造成有关单位破产，停业、停产6个月以上，或者被吊销许可证和营业执照、责令关闭、撤销、解散的；（4）其他致使国家利益遭受重大损失的情形。

## 六、枉法仲裁罪

（一）枉法仲裁罪的概念

枉法仲裁罪，是指依法承担仲裁职责的人员，在仲裁活动中故意违背事实和法律作枉法裁决，情节严重的行为。

（二）枉法仲裁罪的处罚

依照《刑法》第399条之一的规定，依法承担仲裁职责的人员，在仲裁活动中故意违背事实和法律作枉法裁决，情节严重的，处3年以下有期徒刑或者拘役；情节特别严重的，处3年以上7年以下有期徒刑。

在司法实践中，枉法仲裁“情节特别严重”的认定，可以参照目前司法解释中对于民事、行政枉法裁判罪以及滥用职权罪情节严重的判断标准予以掌握。一般来说，应当理解为包括枉法仲裁致使公民、法人或者其他组织重大财产损失，枉法仲裁引起当事人及其家属自杀、伤残、精神失常，伪造有关材料、证据以及造成企业倒闭、群众上访等影响社会稳定的严重后果等情形。同时，应当注意把握刑法的谦抑原则，对于情节并不严重的枉法仲裁行为，如枉法仲裁未造成当事人严重损失，行为人并没有从枉法仲裁中牟取私利等情形，应当不作为犯罪处理，避免情节严重这一定罪情节的虚置。

## 七、徇私舞弊发售发票、抵扣税款、出口退税罪

### （一）徇私舞弊发售发票、抵扣税款、出口退税罪的概念及犯罪构成

徇私舞弊发售发票、抵扣税款、出口退税罪是指税务机关的工作人员违反法律、行政法规的规定，在办理发售发票、抵扣税款、出口退税工作中，徇私舞弊，致使国家利益遭受重大损失的行为。

1. 徇私舞弊发售发票、抵扣税款、出口退税罪的客体

徇私舞弊发售发票、抵扣税款、出口退税罪所侵犯的客体是税务机关的正常工作秩序。徇私舞弊行为使国家税收法律、法规的顺利实施受到严重干扰，损害了国家税务机关的威信。

2. 徇私舞弊发售发票、抵扣税款、出口退税罪的客观方面

本罪的客观方面是指违反法律、行政法规的规定，在办理发售发票、抵扣税款、出口退税工作中，徇私舞弊。发票，是指在购销商品、提供或者接受服务以及从事其他经营活动中，开具、收取的收付款凭证。发售发票，是指主管税务机关根据已依法办理税务登记的单位或个人提出的领购发票申请向其出售发票的活动。抵扣税款，是指凭发票抵扣税款制度，发票上所注明的税款是唯一可以抵扣的税款。出口退税，是指税务机关依法向出口商品的生产或经营单位退还该商品在生产、流通环节已征收的增值税和消费税。国家制定这一税收政策的目的，是为了鼓励出口贸易，增强我国出口产品在国际市场上的竞争力。

在上述工作中徇私舞弊，是指对不应发售发票的，予以发售；对不应抵扣或者应少抵扣税款的，擅自抵扣或者多抵扣，对不应出口退税或者应少出口退税的，违法予以退税或者多退税。

3. 徇私舞弊发售发票、抵扣税款、出口退税罪的主体

徇私舞弊发售发票、抵扣税款、出口退税罪的主体是税务机关的工作人员。

4. 徇私舞弊发售发票、抵扣税款、出口退税罪的主观方面

本罪的主观要件是故意，指明知是徇私舞弊发售发票、抵扣税款、出口退税的行为而有意实施的主观心理状态。本罪须出于徇私的动机。

### （二）徇私舞弊发售发票、抵扣税款、出口退税罪的处罚

根据《刑法》第405条第1款之规定，犯本罪的，处5年以下有期徒刑

或者拘役；致使国家利益遭受特别重大损失的，处5年以上有期徒刑。

根据2006年7月26日最高人民检察院《关于渎职侵权犯罪案件立案标准的规定》，徇私舞弊发售发票、抵扣税款、出口退税，涉嫌下列情形之一的，应予立案：（1）徇私舞弊，致使国家税收损失累计达10万元以上的；（2）徇私舞弊，致使国家税收损失累计不满10万元，但发售增值税专用发票25份以上或者其他发票50份以上或者增值税专用发票与其他发票合计50份以上，或者具有索取、收受贿赂或者其他恶劣情节的；（3）其他致使国家利益遭受重大损失的情形。

## 八、商检徇私舞弊罪

### （一）商检徇私舞弊罪的概念及犯罪构成

商检徇私舞弊罪是指国家商检部门、商检机构的工作人员徇私舞弊，伪造检验结果的行为。

1. 商检徇私舞弊罪的客体

商检徇私舞弊罪的客体要件是国家进出口商品检验部门、机构的正常活动及监督管理秩序。

2. 商检徇私舞弊罪的客观方面

商检徇私舞弊罪的客观方面是徇私舞弊，伪造检验结果。这里的伪造检验结果是指对商品检验的单证、印章、标志、封识、质量认证标志和商品的质量、数量、规格、重量、包装以及安全、卫生指标等内容作不真实的记载。本罪是行为犯，只要行为人实施了伪造检验结果的行为，就已经侵犯了国家的进出口商检制度，构成犯罪既遂。造成严重后果，只是加重法定刑的问题。

3. 商检徇私舞弊罪的主体

商检徇私舞弊罪的主体为特殊主体，即国家商检部门、商检机构的工作人员。所谓国家商检部门，是指国务院商品检验部门，即国家进出口商品检验局。所谓商检机构，是指国家商检部门设在各地的进出口商品检验机构，即各省、市、自治区进出口商品检验局。应当注意的是，在国家商检部门或商检机构指定的检验机构中工作的人员，如果有徇私舞弊，伪造检验结果的行为，也应以本罪论处。所谓国家商检部门或商检机构指定的检验机构，是指国家商检局指定的关于专门从事进出口商品检验的法人机构，如中国进出口商品检验总公司及其分公司，以及由于某些商品具有特殊性，一般检验机构很难从事这项检验工作，国家指定的专门负责对特殊进出口商品进行检验的有关机构，如进出口药品的检验由卫生部指定的药品检验部门办理；进出口食品的卫生检验和检疫由食品卫生检验机构办理；计量器具的检验由计量部门办理；进出口锅炉及压力容器的检验由劳动和社会保障部锅炉压力容器安全监察部门办理；船舶、主要船用设备及材料、集装箱的船舶规范检验由交通部船舶规范检验机构办理等等。

4. 商检徇私舞弊罪的主观方面

商检徇私舞弊罪的主观方面是故意，是指明知是商检徇私舞弊的行为而有意实施的主观心理状态。本罪须出于徇私的动机。

（二）商检徇私舞弊罪的处罚

根据《刑法》第412条第1款之规定，犯商检徇私舞弊罪的，处5年以下有期徒刑或者拘役；造成严重后果的，处5年以上10年以下有期徒刑。这里的造成严重后果，是指致使不合格的商品进口或者出口，给国家利益造成严重损失，例如进口的商品因不合格给国家造成严重经济损失；或者因出口的商品不合格，外方向我方索赔，致使赔偿数额巨大等。

根据2006年7月26日最高人民检察院《关于渎职侵权犯罪案件立案标准的规定》，商检徇私舞弊，涉嫌下列情形之一的，应予立案：（1）采取伪造、变造的手段对报检的商品的单证、印章、标志、封识、质量认证标志等作虚假的证明或者出具不真实的证明结论的；（2）将送检的合格商品检验为不合格，或者将不合格商品检验为合格的；（3）对明知是不合格的商品，不检验而出具合格检验结果的；（4）其他伪造检验结果应予追究刑事责任的情形。

## 九、动植物检疫徇私舞弊罪

（一）动植物检疫徇私舞弊罪的概念及犯罪构成

动植物检疫徇私舞弊罪是指动植物检疫机关的检疫人员徇私舞弊，伪造检疫结果的行为。

1. 动植物检疫徇私舞弊罪的客体

动植物检疫徇私舞弊罪的客体要件是国家进出口商品检验部门、机构的正常活动及监督管理秩序。

2. 动植物检疫徇私舞弊罪的客观方面

动植物检疫徇私舞弊罪的客观行为是指在动植物检疫工作中徇私舞弊，伪造检疫结果。这里的伪造检疫结果是指采取伪造、变造的手段对检疫的单证、印章、标志、封识等作虚假的证明或者出示不真实的结论。

3. 动植物检疫徇私舞弊罪的主体

动植物检疫徇私舞弊罪的主体是动植物检疫机关的检疫人员。这里的动植物检疫机关的检疫人员，是指国务院设立的动植物检疫机关中，从事进出境动植物检疫工作的人员以及国家动植物检疫机关在对外开放的口岸和进出境动植物检疫业务集中的地点设立的口岸动植物检疫机关中，具体实施进出境动植物检疫工作的人员。

4. 动植物检疫徇私舞弊罪的主观方面

动植物检疫徇私舞弊罪的主观方面是故意，是指在动植物检疫过程中，明知是徇私舞弊、伪造检疫结果的行为而有意实施的主观心理状态。本罪须出于徇私的动机。

（二）动植物检疫徇私舞弊罪的处罚

根据《刑法》第413条第1款之规定，犯动植物检疫徇私舞弊罪的，处5年以下有期徒刑或者拘役；造成严重后果的，处5年以上10年以下有期徒刑。造成严重后果的，是本罪的加重处罚事由。这里的造成严重后果，是指致使带有传染病、寄生虫病和植物危险性病、虫、杂草传入或者传出国境，引起重大疫情或者使国家蒙受重大损失等。

根据2006年7月26日最高人民检察院《关于渎职侵权犯罪案件立案标准的规定》，动植物检疫徇私舞弊，涉嫌下列情形之一的，应予立案：(1) 采取伪造、变造的手段对检疫的单证、印章、标志、封识等作虚假的证明或者出具不真实的结论的；(2) 将送检的合格动植物检疫为不合格，或者将不合格动植物检疫为合格的；(3) 对明知是不合格的动植物，不检疫而出具合格检疫结果的；(4) 其他伪造检疫结果应予追究刑事责任的情形。

## 十、放纵走私罪

（一）放纵走私罪的概念及犯罪构成

放纵走私罪是指海关工作人员徇私舞弊，违反法律规定，明知是走私行为而予以放纵，使之不受查究，情节严重的行为。

1. 放纵走私罪的客体

放纵走私罪侵犯的客体是国家的海关监管制度。海关是国家的进出境监督管理机关。它依照《中华人民共和国海关法》（以下简称《海关法》）和其他法律、法规，主要从事监管进出境的运输工具、货物、行李物品、邮递物品和其他物品，征收关税和其他税、费，查缉走私等海关业务。加强海关的管理，对维护国家的主权和利益，促进对外经济贸易和科技文化交往，保障社会主义现代化建设，具有重要作用。海关工作人员徇私舞弊，放纵走私，不仅纵容走私违法犯罪行为，破坏了海关监督秩序，使国家海关法律、法规的顺利实施受到严重干扰，还损害了国家机关特别是海关的威信。

2. 放纵走私罪的客观方面

放纵走私罪的客观方面表现为徇私舞弊，放纵走私。主要表现为海关工作人员，出于徇私情、图私利的动机，有法不依，有章不循，利用职权，对具有走私行为和走私犯罪的人故意包庇、放纵，对应该查处的不予查处、应该处罚的不予处罚、应该依法移交司法机关追究刑事责任的不移交的行为。徇私舞弊的方法，通常表现为搜集、制造提供假证据材料，篡改、毁灭证实真相的证据材料，歪曲事实，或者通风报信、私放、窝藏走私分子或者私放走私货物进出国（边）境等方法，纵容走私违法犯罪活动。需要注意的是，海关工作人员徇私舞弊，放纵走私的行为，一般只能发生在侦查或者查处阶段。

3. 放纵走私罪的主体

放纵走私罪的主体是海关工作人员。这里的海关工作人员，是指在海关机构中从事业务的人员。

4. 放纵走私罪的主观方面

放纵走私罪的客观方面表现为故意。这里的故意，是指明知是放纵走私的行为而有意实施的。本罪须出于徇私的动机，有的是为了贪图钱财等不法利益，有的是因碍于亲朋好友情面而徇私舞弊，有的是出于报复或嫉妒心理而徇私舞弊等。

（二）放纵走私罪的认定

1. 放纵走私罪中的走私、受贿问题

最高人民法院、最高人民检察院、海关总署 2002 年 7 月 8 日《关于办理走私刑事案件适用法律若干问题的意见》第 16 条指出，“负有特定监管义务的海关工作人员徇私舞弊，利用职权，放任、纵容走私犯罪行为，情节严重的，构成放纵走私罪。放纵走私行为，一般是消极的不作为。如果海关工作人员与走私分子通谋，在放纵走私过程中以积极的行为配合走私分子逃避海关监管或者在放纵走私之后分得赃款的，应以共同走私犯罪追究刑事责任”。其实，海关工作人员的这种行为是走私罪的共犯与放纵走私罪的想象竞合，应当从一重罪论处。海关工作人员收受贿赂又放纵走私的，应以受贿罪和放纵走私罪数罪并罚。

2. 放纵走私罪与徇私舞弊不移交刑事案件罪、徇私枉法罪的关系

放纵走私罪与徇私舞弊不移交刑事案件罪的关系在于当海关工作人员在履行海关监管职能时，发现有关走私行为可能构成走私罪，但徇私舞弊，既不将案件移交司法机关追究刑事责任，也不按海关法做出处理的，应认定为放纵走私罪；如果徇私舞弊不将案件移交司法机关追究刑事责任，但按海关法做出处理的，则应认定为徇私舞弊不移交刑事案件罪。前一种行为的客体侵害程度严重，而且确实放纵了走私，故按照法定刑较重的放纵走私罪处理；后一种行为的客体侵害程度相对轻微，而且依《海关法》做出了一定处理，不宜认定为放纵走私，故按照法定刑较轻的徇私舞弊不移交刑事案件罪处理。

作为司法工作人员的海关工作人员（负责走私犯罪侦查的人员），发现他人行为构成走私罪，但故意使其不受刑事追诉的，应认定为徇私枉法罪。实施本罪行为同时触犯走私罪的（构成走私罪的共犯），属于想象竞合犯，从一重罪论处。

（三）放纵走私罪的处罚

根据《刑法》第411条之规定，海关工作人员徇私舞弊，放纵走私，处5年以下有期徒刑或者拘役；情节特别严重的，处5年以上有期徒刑。犯放纵走私罪而情节特别严重是本罪的加重处罚事由。这里的情节特别严重，是指放纵重大走私犯的；放纵走私人数、次数特别多的；因放纵走私致使国家应收税额损失特别重大的；造成特别严重后果的等。

根据2006年7月26日最高人民检察院《关于渎职侵权犯罪案件立案标准的规定》，放纵走私，涉嫌下列情形之一的，应予立案：（1）放纵走私犯罪的；（2）因放纵走私致使国家应收税额损失累计达10万元以上的；（3）放纵走私行为3起次以上的；（4）放纵走私行为，具有索取或者收受贿赂情节的；（5）其他情节严重的情形。

## 十一、放纵制售伪劣商品犯罪行为罪

### （一）放纵制售伪劣商品犯罪行为罪的概念及犯罪构成

放纵制售伪劣商品犯罪行为罪是指对生产、销售伪劣商品犯罪行为负有追究责任的国家机关工作人员，徇私舞弊，不履行法律规定的追究职责，情节严重的行为。

1. 放纵制售伪劣商品犯罪行为罪的客体

本罪侵犯的客体是国家对产品质量的监督管理制度。

2. 放纵制售伪劣商品犯罪行为罪的客观方面

放纵制售伪劣商品犯罪行为罪的客观行为是徇私舞弊，不履行法律规定的追究职责，对法律赋予的应当对有生产、销售伪劣商品犯罪行为的公司、企业、事业单位或者个人进行追究处罚的职责不予履行。不履行法律规定的追究职责包括两种情况：一是不履行刑法规定的追究刑事责任的职责，主要表现为不将该犯罪提交司法机关处理；二是不履行法律规定的追究其他法律责任的职责。

3. 放纵制售伪劣商品犯罪行为罪的主体

放纵制售伪劣商品犯罪行为罪的主体是对生产、销售伪劣商品犯罪行为负有追究责任的国家机关工作人员，主要是指工商行政管理人员、司法工作人员等。

4. 放纵制售伪劣商品犯罪行为罪的主观方面

放纵制售伪劣商品犯罪行为罪的罪责形式是故意，这里的故意，是指明知相关主体有制售伪劣商品的犯罪行为而有意放纵的主观心理状态，且具有徇私的动机。

### （二）放纵制售伪劣商品犯罪行为罪的处罚

根据《刑法》第414条之规定，对生产、销售伪劣商品犯罪行为负有追究责任的国家机关工作人员，徇私舞弊，不履行法律规定的追究职责，情节严重的，处5年以下有期徒刑或者拘役。

根据2006年7月26日最高人民检察院《关于渎职侵权犯罪案件立案标准的规定》，放纵制售伪劣商品犯罪行为，涉嫌下列情形之一的，应予立案：（1）放纵生产、销售假药或者有毒、有害食品犯罪行为的；（2）放纵生产、销售伪劣农药、兽药、化肥、种子犯罪行为的；（3）放纵依法可能判处3年有期徒刑以上刑罚的生产、销售伪劣商品犯罪行为的；（4）对生产、销售伪劣商品犯罪行为不履行追究职责，致使生产、销售伪劣商品犯罪行为得以继续的；（5）3 次以上不履行追究职责，或者对 3 个以上有生产、销售伪劣商品犯罪行为的单位或者个人不履行追究职责的；（6）其他情节严重的情形。

## 十二、招收公务员、学生徇私舞弊罪

### （一）招收公务员、学生徇私舞弊罪的概念及犯罪构成

招收公务员、学生徇私舞弊罪，是指国家机关工作人员在招收公务员、学生工作中徇私舞弊，情节严重的行为。

#### 1. 招收公务员、学生徇私舞弊罪的客体

招收公务员、学生徇私舞弊罪侵犯的客体是国家机关的正常活动和招收工作制度。招收工作关系到招收对象的前途和命运，是一项政策性很强的工作。在招考工作中的徇私舞弊，严重破坏了国家对招收公务员、学生招考制度，妨害了国家对人才的选拔、培养，危害了国家机关的管理活动。

#### 2. 招收公务员、学生徇私舞弊罪的客观方面

招收公务员、学生徇私舞弊罪的客观方面表现为利用职务之便或者不依法履行职责，在招收公务员、学生工作中徇私舞弊，情节严重的行为。

所谓公务员，广义上是指各级行政机关中除工勤人员以外的依法从事公务的人员，包括党的机关、权力机关、行政机关、检察机关、审判机关、政治协商会议机关等各种国家机关中除工勤人员以外的依法从事公务的人员。所谓学生，包括大、中、小各类学校的学生，如研究生、大学生、中学生、小学生等，既包括普通高等、中等院校的学生，又包括成人高等、中等院校的学生；既包括脱产进修的成人学生，又包括不脱产而在职自修为主的学生如函授生。无论是哪类学生，都必须是经过考试和按规定条件录取的学生。所谓招收，是指通过考试按照国家规定的条件予以录用、录取，既包括向社会公开招考，亦包括在某一范围内进行招收，但不包括某一单位的内部考试已录用人员。

所谓徇私舞弊，是指出于个人目的，将不符合招收条件的人员予以录用或录取。本罪的徇私舞弊方式可能多种多样，有的是篡改年龄，如加大年龄或者降低年龄；有的篡改考试成绩；有的是隐瞒不良表现如违法犯罪行为；有的是伪造体检表、个人履历表及立功受奖记录；有的是篡改档案材料；有的

是故意排挤符合条件的候选人以便让不符合条件的人补缺；如此等等，但无论其方式如何，其目的都是为将不符合条件的情况隐瞒或者伪装为符合条件，以违反规定予以录用、录取。徇私舞弊情节是否严重，是划分本罪与非罪的显著特征。

3. 招收公务员、学生徇私舞弊罪的主体

本罪的主体是特殊主体，即是负有招收公务员、学生职责的国家机关工作人员。负有特定招收公务员、学生职责的国家机关工作人员主要指各级人民政府中的人事部门、教育行政管理部门的工作人员。当然，其他国家机关如果向社会公开招考公务人员，其工作人员如果徇私舞弊，情节严重的，亦可构成本罪的主体。

4. 招收公务员、学生徇私舞弊罪的主观方面

本罪在主观方面必须是出于故意，即行为人明知自己的徇私舞弊行为是违反有关法律规定的，而对这种后果的发生持希望或者放任的态度。

（二）招收公务员、学生徇私舞弊罪的认定与处罚

根据《刑法》第418条的规定，国家机关工作人员在招收公务员、学生工作中徇私舞弊，情节严重的，处3年以下有期徒刑或者拘役。

根据2006年7月26日最高人民检察院《关于渎职侵权犯罪案件立案标准的规定》，招收公务员、学生徇私舞弊，具有下列情形之一的，属于“情节严重”，应予立案：（1）徇私舞弊，利用职务便利，伪造、变造人事、户口档案、考试成绩或者其他影响招收工作的有关资料，或者明知是伪造、变造的上述材料而予以认可的；（2）徇私舞弊，利用职务便利，帮助5名以上考生作弊的；（3）徇私舞弊招收不合格的公务员、学生3人次以上的；（4）因徇私舞弊招收不合格的公务员、学生，导致被排挤的合格人员或者其近亲属自杀、自残造成重伤、死亡，或者精神失常的；（5）因徇私舞弊招收公务员、学生，导致该项招收工作重新进行的；（6）其他情节严重的情形。

## 十三、徇私舞弊不移交刑事案件罪

（一）徇私舞弊不移交刑事案件罪的概念与犯罪构成

徇私舞弊不移交刑事案件罪，是指行政执法人员徇私舞弊，对依法应当移交司法机关追究刑事责任的不移交，情节严重的行为。

1. 徇私舞弊不移交刑事案件罪的客体

本罪侵犯的客体是行政执法机关的正常执法活动。行政执法机关如公安、工商、税务、海关、劳动、交通、环境保护、卫生、检疫、质量监督、计量等等部门。这些机关担负着执行法律法规，管理国家、维护公共安全、社会秩序、经济秩序的职责，享有法律授予的行政处罚权、行政裁决权。若行政执法机关工作人员违背职责，徇私舞弊，对依法应当移交司法机关追究刑事责任的案件不移交，既破坏国家机关的管理权威性，又可能给国家和人民利益造成重大损失。因此，必须对严重徇私舞弊的行政执法人员依法予以刑事制裁。

2. 徇私舞弊不移交刑事案件罪的客观方面

本罪的客观行为内容为，对应当移交司法机关追究刑事责任的不移交。这是指行政执法人员在查处违法案件的过程中，发现相关违法人员的行为可能构成犯罪应当进行刑事追诉，但不将案件移送司法机关处理。至于行为人是将案件作为一般违法行为处理，还是不作任何处理，一般不影响本罪的成立。本条中的“舞弊”是指对依法应当移交司法机关追究刑事责任的不移交。

3. 徇私舞弊不移交刑事案件罪的主体

行为主体必须是行政执法人员，即依法具有执行行政法职权的行政机关的工作人员。从司法实践上看，主要是工商行政管理、税务、监察等行政执法人员。

4. 徇私舞弊不移交刑事案件罪的主观方面

本罪的主管方面表现为故意，且出于徇私动机。一方面，行为人必须明知案件应当移交司法机关追究刑事责任而故意不移交；另一方面，必须出于徇私动机。但是，只要排除了因法律水平不高、事实掌握不全而过失不移交，便可认定为“徇私”。

（二）徇私舞弊不移交刑事案件罪的认定

徇私舞弊不移交刑事案件罪与徇私枉法罪的关系

本罪与徇私枉法罪中“明知是有罪的人而故意包庇不使他受追诉”的行为有相似之处，构成要件的明显区别在于行为主体不同。本罪主体是行政执法人员；而徇私枉法罪的主体是司法工作人员。需要注意的是公安机关工作人员的性质：如果他们是对犯罪负有侦查职责的人，则是司法工作人员；如果他们是负责行政法实施的人，则是行政执法人员。例如，公安人员在执行

《中华人民共和国治安管理处罚法》的过程中，明知行为已构成犯罪，应当移交公安机关的侦查部门进行侦查，但徇私舞弊不移交，仅给予治安处罚的，就构成本罪。反之，刑事犯罪的侦查人员遇到犯罪嫌疑人是自己的亲友，而故意包庇不使其受追诉，擅自不作为刑事案件处理的，成立徇私枉法罪。概言之，行政机关中具有侦查权限的人，在负责承办（包括指示、指挥）具体案件时，将明知是犯罪的案件作为行政违法处理的，应认定为徇私枉法罪。对于负有行政执法与刑事侦查双重职责的人员，应视其在履行何种职责的过程中不将案件作为犯罪处理而得出不同结论。此外，本罪只限于将应当移交司法机关追究刑事责任的不移交。所以，司法工作人员采取其他手段使有罪的人不受追诉的，不可能成立本罪，但可能成立徇私枉法罪。此外，在海关履行走私犯罪侦查职责的人，属于司法工作人员。明知是走私犯罪人而故意包庇不使其受追诉的，成立徇私枉法罪。

（三）徇私舞弊不移交刑事案件罪的处罚

根据《刑法》第402条的规定，行政执法人员徇私舞弊，对依法应当移交司法机关追究刑事责任的不移交，情节严重的，处3年以下有期徒刑或者拘役；造成严重后果的，处3年以上7年以下有期徒刑。

根据2006年7月26日最高人民检察院《关于渎职侵权犯罪案件立案标准的规定》，徇私舞弊不移交刑事案件，具有下列情形之一的，属于“情节严重”，予以立案：（1）对依法可能判处3年以上有期徒刑、无期徒刑、死刑的犯罪案件不移交的；（2）不移交刑事案件涉及3人次以上的；（3）司法机关提出意见后，无正当理由仍然不予移交的；（4）以罚代刑，放纵犯罪嫌疑人，致使犯罪嫌疑人继续进行违法犯罪活动的；（5）行政执法部门主管领导阻止移交的；（6）隐瞒、毁灭证据，伪造材料，改变刑事案件性质的；（7）直接负责的主管人员和其他直接责任人员为牟取本单位私利而不移交刑事案件，情节严重的；（8）其他情节严重的情形。

另外，行政执法人员索取、收受贿赂，不移交刑事案件，分别构成受贿罪与本罪的，应当实行数罪并罚。

## 十四、违法提供出口退税凭证罪

（一）违法提供出口退税凭证罪的概念及犯罪构成

违法提供出口退税凭证罪，是指税务机关工作人员以外的其他国家机关工作人员，违反国家规定，在提供出口货物报关单、出口收汇核销单等出口退税凭证的工作中，徇私舞弊，致使国家利益遭受重大损失的行为。

1. 违法提供出口退税凭证罪的客体

违法提供出口退税凭证罪侵犯的客体是国家的税收管理制度和国家机关的正常管理活动。

2. 违法提供出口退税凭证罪的客观方面

违法提供出口退税凭证罪的客观方面表现为行为人违反国家规定，在提供出口货物报关单、出口收汇核销单等出口退税凭证的工作中，徇私舞弊，致使国家利益遭受重大损失的行为。

根据我国海关总署 1991 年颁布的《海关对出口退税报关单管理办法》的规定，"出口退税报关单"系海关总署统一印制并注明"出口退税专用"字样，由出口企业按规定办理申领手续，认真填写，海关凭单受理报关，经严格审核后盖章将报关单封入关封，交出口企业送交退税地税务机关的一种出口退税凭证。对出口企业报关时采取以少报多，以次（废）充好，以低税率产品冒充高税率产品等企图骗取出口退税行为的，在现场发现部分由海关按《中华人民共和国海关法》及有关规定处理；对出口企业向税务机关申报退税后，发现骗取退税行为的由税务机关按"关于加强出口产品退税管理的联合通知"的有关规定处理。

根据中国人民银行、国家外汇管理局、对外经济贸易部、海关总署 1990 年联合发布的《出口收汇核销管理办法》的规定，"出口收汇核销单"指由国家外汇管理局制发，出口单位和受托行及解付行填写，海关凭以受理报关，外汇管理部门凭以核销收汇的有顺序编号的凭证。出口企业办理出口退税应提交这一核销单。

相关国家机关工作人员在办理上述出口退税凭证工作中，违反国家的上述规定，图私利、徇私情，采取欺骗手段，弄虚作假，提供虚假的出门退税凭证，致使国家利益遭受重大损失的，即构成本罪的客观行为条件。

3. 违法提供出口退税凭证罪的主体

违法提供出口退税凭证罪的主体是特殊主体，即税务机关的工作人员以外的其他国家机关工作人员，主要是指承担着提供出口货物报关单和出口收汇核算单等出口退税凭证职责的海关工作人员等国家机关工作人员。

4. 违法提供出口退税凭证罪的主观方面

违法提供出口退税凭证罪的主观要件是故意，指明知提供出口退税凭证是用于抵扣税款、出口退税的行为而有意实施的主观心理状态，且须出于徇私的动机。

（二）违法提供出口退税凭证罪的认定

1. 违法提供出口退税凭证罪与徇私舞弊发售发票、抵扣税款、出口退税罪的区别

违法提供出口退税凭证罪与徇私舞弊发售发票、抵扣税款、出口退税罪的区别主要有以下方面：（1）主体不同。违法提供出口退税凭证罪的主体是税务机关以外的其他国家机关工作人员，主要是海关等国家机关的工作人员。徇私舞弊发售发票、抵扣税款、出口退税罪的主体仅限于税务机关工作人员。（2）客观方面不同，违法提供出口退税凭证罪的客观方面主要表现为行为人为徇私情私利，违反国家规定，非法提供出口货物报关单、出口收汇核销单等出口退税凭证，致使国家利益遭受重大损失的行为。徇私舞弊发售发票、抵扣税款、出口退税罪的客观方面包括三种形式，即徇私办理发售发票、徇私办理抵扣税款、徇私办理出口退税。违法提供出口退税凭证罪的客观方面与徇私舞弊发售发票、抵扣税款罪相比，比较容易区分，在此不再赘述。违法提供出口退税凭证罪与徇私舞弊出口退税罪相比，其区别主要表现为：一是行为发生的阶段不同，违法提供出口退税凭证的行为一般发生在办理出口退税前；徇私舞弊办理出口退税的行为往往发生在办理出口退税过程中，并以伪造或非法提供的出口退税凭证为前提。二是行为发生的部门不同，违法提供出口退税凭证罪发生在税务机关以外的其他国家机关；徇私舞弊出口退税则发生在税务机关之中。

2. 违法提供出口退税凭证罪与骗取出口退税罪的区别

骗取出口退税罪是指以假报出口或者其他欺骗手段，骗取国家出口退税款，数额较大的行为。它与违法提供出口退税凭证罪主要有以下区别：（1）犯罪主体不同。骗取出口退税罪的主体是一般主体。违法提供出门退税凭证罪的主体则为税务机关以外的其他国家机关工作人员。（2）客观方面不同。骗取出口退税罪的客观方面表现为假报出口或者以少报多、以劣报优或以其他欺骗手段，骗取国家出口退税款。违法提供出口退税凭证罪的客观方面表现为行为人徇私舞弊，非法提供出口货物报关单、出口收汇核销单等出

口退税凭证。

（三）违法提供出口退税凭证罪的处罚

根据《刑法》第405条第1款之规定，其他国家机关工作人员违反国家规定，在提供出口货物报关单、出口收汇核销单等出口退税凭证的工作中，徇私舞弊，致使国家利益遭受重大损失的，处5年以下有期徒刑或者拘役；致使国家利益遭受特别重大损失的，处5年以上有期徒刑。致使国家利益遭受特别重大损失，是本罪的加重处罚事由。这里的造成特别重大损失，是指使国家税收遭受特别重大损失。

根据2006年7月26日最高人民检察院《关于渎职侵权犯罪案件立案标准的规定》，违法提供出口退税凭证，涉嫌下列情形之一的，应予立案：（1）徇私舞弊，致使国家税收损失累计达10万元以上的；（2）徇私舞弊，致使国家税收损失累计不满10万元，但具有索取、收受贿赂或者其他恶劣情节的；（3）其他致使国家利益遭受重大损失的情形。

## 十五、徇私舞弊不征、少征税款罪

（一）徇私舞弊不征、少征税款罪的概念及犯罪构成

徇私舞弊不征、少征税款罪是指税务机关的工作人员徇私舞弊，不征或者少征应征税款，致使国家税收遭受重大损失的行为。

1. 徇私舞弊不征、少征税款罪的客体

徇私舞弊不征、少征税款罪侵害的客体是国家的税收征收管理制度和国家税收机关的正常管理活动。

2. 徇私舞弊不征、少征税款罪的客观方面

本罪的客观方面表现徇私舞弊不征、少征税款。这里的应征税款是指参照国家有关税收的法律法规，根据纳税主体、征税对象、税率等指标而确定的税款。不征，是指对依据税法应当征收的税款不予以征收。少征，是指对依据税法应当征收的税款虽然征收，但未达到或者少于法定或者税收机关确定的征收数额。

3. 徇私舞弊不征、少征税款罪的主体

徇私舞弊不征、少征税款罪的主体是税务机关的工作人员。这里的税务机关的工作人员，是指在税务机关从事税收征收管理工作的国家机关工作人员。

4. 徇私舞弊不征、少征税款罪的主观方面

徇私舞弊不征、少征税款罪的主观方面是故意。这里的故意是指明知是徇私舞弊不征、少征税款的行为而有意实施的主观心理状态，且须出于徇私的动机。

（二）徇私舞弊不征、少征税款罪的处罚

根据《刑法》第 404 条之规定，税务机关的工作人员徇私舞弊，不征或者少征应征税款，致使国家税收遭受重大损失的，处 5 年以下有期徒刑或者拘役；造成特别重大损失的，处 5 年以上有期徒刑。这里的造成特别重大损失，是指给国家税收造成的直接经济损失特别重大。

根据 2006 年 7 月 26 日最高人民检察院《关于渎职侵权犯罪案件立案标准的规定》，徇私舞弊不征、少征税款，涉嫌下列情形之一的，应予立案：（1）徇私舞弊不征、少征应征税款，致使国家税收损失累计达 10 万元以上的；（2）上级主管部门工作人员指使税务机关工作人员徇私舞弊不征、少征应征税款，致使国家税收损失累计达 10 万元以上的；（3）徇私舞弊不征、少征应征税款不满 10 万元，但具有索取或者收受贿赂或者其他恶劣情节的；（4）其他致使国家税收遭受重大损失的情形。

## 十六、徇私舞弊减刑、假释、暂予监外执行

（一）徇私舞弊减刑、假释、暂予监外执行罪的概念及犯罪构成

徇私舞弊减刑、假释、暂予监外执行罪，是指司法工作人员徇私舞弊，对不符合减刑、假释、暂予监外执行条件的罪犯，予以减刑假释、暂予监外执行。

1. 徇私舞弊减刑、假释、暂予监外执行罪的客体

徇私舞弊减刑、假释、暂予监外执行罪侵犯的客体是国家司法机关的正常活动。司法工作人员徇私舞弊的行为使国家法律、法令的顺利实施受到严重干扰，损害了国家司法机关的威信，也会严重损害国家和人民利益或者侵犯公民人身权利、民主权利和其他合法权益，在群众中造成恶劣影响，影响国家机关的正常活动。

2. 徇私舞弊减刑、假释、暂予监外执行罪的客观方面

本罪的客观行为表现为四种类型：一是对在执行期间，没有认真遵守监规，接受教育改造，不具有悔改、立功表现的罪犯予以减刑（违反刑法第 78

条第 1 款)；超过减刑的限度予以减刑，如将被判处 4 年有期徒刑的罪犯，减去 3 年刑期（违反刑法第 78 条第 2 款)。二是对没有认真遵守监规，接受教育改造，不具有悔改表现，具有再犯罪危险的罪犯予以假释；对没有达到执行期限的罪犯予以假释；对累犯予以假释；对因故意杀人、强奸、抢劫、绑架、放火、爆炸、投放危险物质或者有组织的暴力性犯罪被判处 10 年以上有期徒刑、无期徒刑的犯罪分子予以假释。三是对不符合《刑事诉讼法》规定的暂予监外执行条件的罪犯暂予监外执行。此外，由于《刑法》规定基层人民法院无权裁定减刑与假释，因此，基层人民法院工作人员裁定减刑、假释的，应以本罪论处。

3. 徇私舞弊减刑、假释、暂予监外执行罪的主体

本罪主体要件是特殊主体，即必须具有司法职权的国家司法工作人员。在司法实践中，构成本罪的主体多为那些具有报请或者决定减刑、假释、暂予监外执行职权的司法工作人员。非上述人员，包括非司法工作人员以及虽为司法工作人员但没有报请或决定减刑、假释、暂予监外执行的职权，都不能单独构成本罪；与司法工作人员伙同进行本罪行为的，以共犯追究刑事责任。

4. 徇私舞弊减刑、假释、暂予监外执行罪的主观方面

本罪的主观要件为故意，且出于徇私动机。但是，只要排除了因法律水平不高、事实掌握不全而过失造成本罪结果，便可认定为“徇私”。

（二）徇私舞弊减刑、假释、暂予监外执行罪的处罚

根据《刑法》第 401 条的规定，司法工作人员徇私舞弊，对不符合减刑、假释、暂予监外执行条件的罪犯，予以减刑、假释或者暂予监外执行的，处 3 年以下有期徒刑或者拘役；情节严重的，处 3 年以上 7 年以下有期徒刑。

根据 2006 年 7 月 26 日最高人民检察院《关于渎职侵权犯罪案件立案标准的规定》，徇私舞弊减刑、假释、暂予监外执行具有下列情形之一的，应当立案：(1) 刑罚执行机关的工作人员对不符合减刑、假释、暂予监外执行条件的罪犯，捏造事实，伪造材料，违法报请减刑、假释、暂予监外执行的；(2) 审判人员对不符合减刑、假释、暂予监外执行条件的罪犯，徇私舞弊，违法裁定减刑、假释或者违法决定暂予监外执行的；(3) 监狱管理机关、公安机关的工作人员对不符合暂予监外执行条件的罪犯，徇私舞弊，违法批准暂予监外执行的；(4) 不具有报请、裁定、决定或者批准减刑、假释、暂予

监外执行权的司法工作人员利用职务上的便利，伪造有关材料，导致不符合减刑、假释、暂予监外执行条件的罪犯被减刑、假释、暂予监外执行的；(5) 其他徇私舞弊减刑、假释、暂予监外执行应予追诉的情形。

## 要点小结

徇私舞弊犯罪是指国家机关工作人员及国有公司、企业、事业单位的工作人员利用职务上的便利徇私舞弊，妨害国家机关公务及相关国有单位制度的合法、公正、有效执行，损害国民对国家机关及相关单位公务的客观、公正、有效执行的信赖，致使国家与人民利益遭受重大损失的行为。对于该类职务犯罪的认定需要从各具体罪名的犯罪构成加以深入学习，尤其是“主观要件”及“客观要件”。该类职务犯罪的主观方面为徇私主要包括“谋私利、徇私情”两种情形，对应的客观行为大多是能够给行为人或其亲友带来利益或使其对手失去应有利益，且这种利益之增减与行为人之行为有直接的因果关系。在认定方面，要注意不同徇私舞弊犯罪之间的差异，及徇私舞弊行为同时构成贪污贿赂犯罪的处理。在定罪量刑方面，要注意最新司法解释规定的各罪的数量及情节标准。

## 理解、反思与探究

1. 徇私舞弊犯罪中的“徇私舞弊”如何认识？
2. 徇私舞弊低价折股、出售国有资产罪的概念与犯罪构成是什么？
3. 非法批准征收、征用、占用土地罪的客观要件是什么？
4. 为亲友非法牟利罪与非法经营同类营业罪的区别是什么？
5. 徇私舞弊发售发票、抵扣税款、出口退税罪的概念与犯罪构成是什么？
6. 商检徇私舞弊罪的概念与犯罪构成是什么？
7. 放纵走私罪的认定需要注意哪些问题？
8. 招收公务员、学生徇私舞弊罪的概念与犯罪构成是什么？
9. 徇私舞弊不移交刑事案件罪的概念与犯罪构成是什么？
10. 徇私舞弊减刑、假释、暂予监外执行罪的概念与犯罪构成是什么？

## 案例练习

1. 案情简介

胡某在担任天津市工商行政管理局河西分局（以下简称工商河西分局）公平交易科科长期间，于2006年1月11日上午，带领下属郑某等该科工作人员对群众举报的天津华夏神龙科贸发展有限公司（以下简称“神龙公司”）涉嫌非法传销问题进行现场检查，当场扣押财务报表及宣传资料若干，并于当日询问该公司法定代表人李某，李某承认其公司营业额为114万余元（与所扣押财务报表上数额一致），后由郑某具体负责办理该案。2006年3月16日，胡某、郑某在案件调查终结报告及处罚决定书中，认定神龙公司的行为属于非法传销行为，却隐瞒该案涉及经营数额巨大的事实，为牟取小集体罚款提成的利益，提出行政罚款的处罚意见。胡某在局长办公会上汇报该案时亦隐瞒涉及经营数额巨大的事实。2006年4月11日，工商河西分局同意胡某、郑某的处理意见，对当事人作出“责令停止违法行为，罚款50万元”的行政处罚，后李某分数次将50万元罚款交给工商河西分局。胡某、郑某所在的公平交易科因此案得到2.5万元罚款提成。

李某在分期缴纳工商罚款期间，又成立河西、和平、南开分公司，由王某担任河西分公司负责人，继续进行变相传销活动，并造成被害人华某某等人经济损失共计40万余元人民币。公安机关接被害人举报后，查明李某进行传销活动非法经营数额共计2277万余元人民币（工商查处时为1600多万元）。天津市河西区人民检察院在审查起诉被告人李某、王某非法经营案过程中，办案人员发现胡某、郑某涉嫌犯罪的行为。

（摘自最高人民检察院第二批指导性案例，检例第7号，2012年11月15日，有删节。）

2. 问题思考

胡某、郑某的行为如何认定？

3. 案例评析

胡某、郑某身为工商行政执法人员，在明知查处的非法传销行为涉及经营数额巨大，依法应当移交公安机关追究刑事责任的情况下，为牟取小集体利益，隐瞒不报违法事实涉及的金额，以罚代刑，不移交公安机关处理，致使犯罪嫌疑人在行政处罚期间，继续进行违法犯罪活动，情节严重，二人负有不可推卸的责任，其行为均已构成徇私舞弊不移交刑事案件罪，且系共同犯罪。

**拓展性阅读导航**

1.《中华人民共和国刑事诉讼法》修订版，2018 年 10 月 26 日。

2. 中央纪律检查委员会、国家监察委员会《国家监察委员会管辖规定（试行）》，2018 年 4 月 16 日。

3. 最高人民法院、最高人民检察院《关于办理渎职刑事案件适用法律若干问题的解释（一）》，2013 年 1 月 9 日。

4. 最高人民法院、最高人民检察院《关于办理国家出资企业中职务犯罪案件具体应用法律若干问题的意见》，2010 年 11 月 26 日。

5. 最高人民检察院、公安部《关于公安机关管辖的刑事案件立案追诉标准的规定（二）》，2010 年 5 月 7 日。

6. 最高人民检察院《关于渎职侵权犯罪案件立案标准的规定》，2006 年 7 月 26 日。

第六章

# 公职人员在行使公权力过程中发生的重大责任事故犯罪

## 内容提要

本章主要介绍“公职人员在行使公权力过程中发生的重大责任事故犯罪”的概念及犯罪构成，讨论该类职务犯罪认定中的相关问题，结合立法规定、司法解释及规范性文件，明确立案、量刑标准。

## 学习目标

1. 明确公职人员在行使公权力过程中发生的重大责任事故犯罪的概念及犯罪构成。

2. 掌握公职人员在行使公权力过程中发生的重大责任事故犯罪的立案、量刑标准。

3. 了解公职人员在行使公权力过程中发生的重大责任事故犯罪认定中的相关问题。

## 关键词

公职人员在行使公权力过程中发生的重大责任事故犯罪　重大责任事故罪　教育设施重大安全事故罪　重大劳动安全事故罪　不报、谎报安全事故罪

## 第一节 公职人员在行使公权力过程中发生的重大责任事故犯罪概述

### 一、公职人员在行使公权力过程中发生的重大责任事故犯罪的概念及犯罪构成

（一）公职人员在行使公权力过程中发生的重大责任事故犯罪的概念

公职人员在行使公权力过程中发生的重大责任事故犯罪是指相关公职人员在生产、作业中违反有关安全管理的规定，不尽职责义务或者不正确履行职责义务，因而发生重大伤亡事故或者造成其他严重后果的行为。

（二）公职人员在行使公权力过程中发生的重大责任事故犯罪的犯罪构成

1. 公职人员在行使公权力过程中发生的重大责任事故犯罪的客体

公职人员在行使公权力过程中发生的重大责任事故犯罪的客体要件主要是国家相关的生产、作业管理制度以及国民对此的信赖。当然，除了危害国家生产作业的相关管理制度，本类职务犯罪还会危害不特定多数群体的生命、健康、财产安全。

2. 公职人员在行使公权力过程中发生的重大责任事故罪的客观方面

公职人员在行使公权力过程中发生的重大责任事故犯罪的客观方面表现为违反工作纪律、规章制度，擅离职守，不尽职责义务，或者不正确履行职责义务，给国家和人民利益造成重大损失。

3. 公职人员在行使公权力过程中发生的重大责任事故犯罪的主体

公职人员在行使公权力过程中发生的重大责任事故犯罪的行为主体主要是对生产、作业负有组织、指挥、管理监管职责的负责人、管理人员、实际控制人、投资人等人员，以及直接从事生产、作业的人员。

另外，也需要注意本章犯罪的一些罪名可以由非公职人员构成（即非真正身份犯），如重大责任事故罪、重大劳动安全事故罪、强令违章冒险作业罪等，因此，具体的犯罪是否属于“职务犯罪”，还要根据实行犯罪的具体主体来判断。

4. 公职人员在行使公权力过程中发生的重大责任事故犯罪的主观方面

本类犯罪的主观方面为过失，但过失是针对造成重大损失的结果而言，

并不排斥行为人对违反工作纪律和规章制度或对自己的作为和不作为行为则可能是故意的情形。

## 二、公职人员在行使公权力过程中发生的重大责任事故犯罪的罪名

参照2018年4月16日《国家监察委员会管辖规定（试行）》，公职人员在行使公权力过程中发生的重大责任事故罪名包括：（1）重大责任事故罪；（2）教育设施重大安全事故罪；（3）消防责任事故罪；（4）重大劳动安全事故罪；（5）强令违章冒险作业罪；（6）不报、谎报安全事故罪；（7）铁路运营安全事故罪；（8）重大飞行事故罪；（9）大型群众性活动重大安全事故罪；（10）危险物品肇事罪；（11）工程重大安全事故罪。

# 第二节　公职人员在行使公权力过程中发生的重大责任事故犯罪分述

## 一、重大责任事故罪

### （一）重大责任事故罪的概念及犯罪构成

重大责任事故罪，是指在生产、作业中违反有关安全管理的规定，因而发生重大伤亡事故或者造成其他严重后果的行为。

1. 重大责任事故罪的客体

作为重大责任事故罪所侵犯的客体的生产安全，是公共安全的重要组成部分。危害生产安全，主要表现为在生产过程中使不特定的多数人的生命、健康或者公私财产遭受重大损害。

2. 重大责任事故罪的客观方面

重大责任事故罪的客观方面为在生产、作业中实施违反有关安全管理规定的行为，因而发生重大伤亡事故或者造成其他严重后果。重大事故必须发生在生产、作业活动中，并同有关职工、从业人员的生产、作业活动有直接联系。本罪客观的行为应当同时具备三个方面的要素：一是必须具有违反有关安全管理的规定的行为；二是违规的行为必须发生在“业务”过程中；三是行为必须造成法定的后果。

违反规定主要是指违反安全管理规定，是以管理制度的客观存在为前提

的。一般而言这种管理规定应当包括三种情况：一是国家颁布的各类有关安全生产的法律、法规；二是企业、事业单位及其上级管理机关制定的反映安全生产客观规律并涉及工艺技术、生产操作、技术监督、劳动保护、安全管理等方面的规程、规章、章程、条例、办法和制度及不同的单位按照各自的特点所作的有关规定；三是该类生产、作业过程中虽无明文规定但却反映了生产、科研、设计、施工中安全操作的客观规律，已为人所公认的操作习惯和惯例等。违反规定的具体行为很多，如擅自移动有关安全生产方面的标志、开关、信号，在禁火区生产时使用明火作业，又如值班时外出游玩、睡觉打盹、精神不集中等，从企业操作的总体流程评判，凡是不遵守有关要求的行为都无疑是一种违规的行为。

3. 重大责任事故罪的主体

重大责任事故罪的行为主体为自然人，包括对生产、作业负有组织、指挥或者管理职责的负责人、管理人员、实际控制人、投资人等人员，以及直接从事生产、作业的人员。至于企业的性质，则不影响本罪的成立。例如，在押罪犯是劳改企业中直接从事生产的人员，可以成为本罪的行为主体；无照施工经营者以及群众合作经营组织或个体经营户的从业人员，无证开采的小煤矿从业人员，均可成为本罪的行为主体。

从我国《刑法》对重大责任事故罪的规定看，《刑法修正案（六）》将《刑法》第134条的重大责任事故罪的主体从特殊主体修改为一般主体，但这并不意味着本罪对于主体上的要求就完全消失了。事实上，要构成重大责任事故罪，其主体必须是从事某项“业务”的人，主体特征仍然是客观存在的。《刑法修正案（六）》中“在生产、作业中”的界定性表述，正是对主体身份的明确要求。从刑法的意义上讲，“在生产、作业中”本身就是指从事一种“业务”过程中，这种“业务”一般包括三层含义：第一，必须是基于社会生活上的地位的事务，即是社会分工的结果，而不是自然的日常行动；第二，必须具有反复性、持续性；第三，具有一定的危险性，即可能存在对人的生命、身体造成侵害的危险。

4. 重大责任事故罪的主观方面

本罪的主观要件为过失，既可以是疏忽大意的过失，也可以是过于自信的过失。由于不能预见或者不能抗拒的自然现象引起的事故，以及因为技术条件或设备条件的限制而无法避免的事故，由于行为人主观上没有过失，不能认定为本罪。

（二）重大责任事故罪的认定

1. 重大责任事故罪与自然事故的区分

自然事故是指自然原因而引起的事故，这种自然原因不依人们的意志为转移，非人力所能控制，因而行为人对于由于自然原因所造成的损害结果，客观上没有因果关系，主观上没有罪过，不应对其承担刑事责任。自然事故有两种情形：一是意外事件引起的自然事故，行为人对于危害结果没有预见，在当时情况下也不可能预见；二是不可抗力引起的自然事故，行为人对于危害结果已经预见，在当时情况下不可避免。在区分重大责任事故与自然事故的时候，应当从以下两个方面考察：（1）是否存在违章行为，自然事故的引起往往与违章行为无关。在没有违章行为的情况下可以排除重大责任事故。（2）是否存在着主观过失，自然事故的引起是超出人们的主观意志的，属于意外事件与不可抗力。在司法实践上，造成了重大损害结果，并非都属于重大责任事故，只有在排除自然事故的情况下，根据行为人的主观与客观情况，才能认定其行为是否构成重大责任事故罪。因此，重大责任事故与自然事故之区分乃是罪与非罪之区分。

2. 重大责任事故罪与技术事故的区分

技术事故是指因技术设备条件不良而发生的事故。技术事故由于是技术设备条件造成的，因而具有不可避免性，但并非所有由于设备原因引起的事故都是技术事故。因为设备是由人操作规程的，同样也是由人护理的。如果设备出现障碍，操作者或者护理者应当发现而未能发现，造成重大事故的，仍然应以重大责任事故罪论处。只有在事故是由设备原因引起并且是在人所不能预见或者不能避免的情况下发生，才能定为技术事故。

3. 重大责任事故罪与交通肇事罪的区分

重大责任事故罪与交通肇事罪由于其所构成的范围不同，因此，在某些情况下，例如，在厂矿、学校或者其他单位内发生汽车肇事的，到底是定重大责任事故罪还是定交通肇事罪存在一定争议。对此，1992 年 3 月 23 日最高人民检察院《关于在厂（矿）区内机动车造成伤亡事故的犯罪案件如何定性处理问题的批复》指出，在厂（矿）区内机动车作业期间发生的伤亡事故案件，应当根据不同情况区别对待。在公共交通管理范围内，因违反交通运输规章制度，发生重大事故，应按交通肇事罪处理；违反安全生产规章制度，发生重大伤亡事故，造成严重后果的，应按重大责任事故罪处理；在公共交通管理范围外发生的，应当定重大责任事故罪。这一司法解释强调公共交通管理范围，在此范围外均定重大责任事故罪；在此范围内根据业务活动的性质，分别定重大责任事故罪与交通肇事罪。据此可以正确地区分重大责任事故罪与交通肇事罪。

4. 重大责任事故罪与失火罪的区分

失火罪与由于失火而引起的重大责任事故罪在客观上与主观上都有相通之处，在我国刑法中，重大责任事故罪与失火罪都属于危害公共安全罪，并且在重大责任事故罪中包含了在生产、作业中违反规章制度，引起火灾，造成重大人员伤亡或者财产损失的情形，且主观都是由过失构成。

虽然重大责任事故罪与失火罪有一些相同之处，但重大责任事故罪是属业务过失犯罪，失火罪属于普通过失犯罪，在司法实践中，两者的主要区别在于火灾发生的场合、原因不同。重大责任事故罪发生在生产、作业过程中，多是由于违反有关安全管理的规定而引起火灾；失火罪是由日常生活或活动中用火不慎、粗心大意而引起火灾。从刑法理论上分析，在重大责任事故罪和失火罪之间可能存在法条竞合关系；如果出现法条竞合的情况，应当以重大责任事故罪论处。

（三）重大责任事故罪的处罚

1. 重大责任事故罪的定罪量刑标准

根据《刑法》第134条的规定，在生产、作业中违反有关安全管理的规定，因而发生重大伤亡事故或者造成其他严重后果的，处3年以下有期徒刑或者拘役；情节特别恶劣的，处3年以上7年以下有期徒刑。

根据2015年12月14日最高人民法院、最高人民检察院《关于办理危害生产安全刑事案件适用法律若干问题的解释》，犯本罪的，“造成严重后果”或者“发生重大伤亡事故或者造成其他严重后果”，对相关责任人员处3年以下有期徒刑或者拘役。“造成严重后果”或者“发生重大伤亡事故或者造成其他严重后果”是指：（1）造成死亡1人以上，或者重伤3人以上的；（2）造成直接经济损失100万元以上的；（3）其他造成严重后果或者重大安全事故的情形。

参照以上规定，发生安全事故具有下列情形之一的，对相关责任人员，处3年以上7年以下有期徒刑：（1）造成死亡3人以上或者重伤10人以上，负事故主要责任的；（2）造成直接经济损失500万元以上，负事故主要责任的；（3）其他造成特别严重后果、情节特别恶劣或者后果特别严重的情形。

参照以上规定，具有下列情形之一的，从重处罚：（1）未依法取得安全许可证件或者安全许可证件过期、被暂扣、吊销、注销后从事生产经营活动的；（2）关闭、破坏必要的安全监控和报警设备的；（3）已经发现事故隐患，经有关部门或者个人提出后，仍不采取措施的；（4）一年内曾因危害生产安全违法犯罪活动受过行政处罚或者刑事处罚的；（5）采取弄虚作假、行贿等手段，故意逃避、阻挠负有安全监督管理职责的部门实施监督检查的；（6）安全事故发生后转移财产意图逃避承担责任的；（7）其他从重处罚的情形。

参照以上规定，已经实施的犯罪行为，在安全事故发生后积极组织、参与事故抢救，或者积极配合调查、主动赔偿损失的，可以酌情从轻处罚。

2. 重大责任事故罪相关的罪数问题

参照2015年12月14日最高人民法院、最高人民检察院《关于办理危害生产安全刑事案件适用法律若干问题的解释》，犯本罪同时构成刑法第389条规定的犯罪（行贿罪）的，依照数罪并罚的规定处罚。依据该解释第14条，国家工作人员违反规定投资入股生产经营，构成本解释规定的有关犯罪的，或者国家工作人员的贪污、受贿犯罪行为与安全事故发生存在关联性的，从重处罚；同时构成贪污、受贿犯罪和危害生产安全犯罪的，依照数罪并罚的规定处罚。

依据该解释第15条，国家机关工作人员在履行安全监督管理职责时滥用职权、玩忽职守，致使公共财产、国家和人民利益遭受重大损失的，或者徇私舞弊，对发现的刑事案件依法应当移交司法机关追究刑事责任而不移交，情节严重的，分别依照刑法第397条、第402条的规定，以滥用职权罪、玩忽职守罪或者徇私舞弊不移交刑事案件罪定罪处罚。公司、企业、事业单位的工作人员在依法或者受委托行使安全监督管理职责时滥用职权或者玩忽职守，构成犯罪的，应当依照2002年12月28日全国人民代表大会常务委员会《关于〈中华人民共和国刑法〉第九章渎职罪主体适用问题的解释》的规定，适用渎职罪的规定追究刑事责任。

依据该解释第16条，对于实施危害生产安全犯罪适用缓刑的犯罪分子，可以根据犯罪情况，禁止其在缓刑考验期限内从事与安全生产相关联的特定活动；对于被判处刑罚的犯罪分子，可以根据犯罪情况和预防再犯罪的需要，禁止其自刑罚执行完毕之日或者假释之日起3年至5年内从事与安全生产相关的职业。

## 二、教育设施重大安全事故罪

### （一）教育设施重大安全事故罪的概念及犯罪构成

教育设施重大安全事故罪，是指明知校舍或者其他教育设施有危险，而不采取措施或者不及时报告，致发生重大伤亡安全事故的行为。

#### 1. 教育设施重大安全事故罪的客体

本罪侵犯的客体是学校及其他教育机构的正常活动和师生员工的人身安全。教育是社会主义现代化建设基础，而校舍和教育教学设施则是进行教育的最基本条件。校舍教育教学设施必须符合一定的安全标准，这样才能保障正常的教学秩序和广大师生员工的人身安全。如果校舍、教育教学设施不符合安全标准，一旦发生教育教学设施重大安全事故，不仅会造成不特定师生员工的重伤、死亡和国家财产的重大损失，而且还会扰乱正常的教学秩序，造成恶劣的社会影响。因此，对校舍、教育教学设施负有采取安全措施的主管人员和直接责任人员必须正确履行职责，维护教学活动的正常进行和师生员工的人身安全。

#### 2. 教育设施重大安全事故罪的客观方面

教育设施重大安全事故罪在客观方面表现为明知校舍或者教育教学设施具有危险而仍不采取措施或者不及时报告，致使发生重大事故的行为。

（1）校舍或教育教学设施有危险。校舍，是指各类学校及其他教育机构的教室、教学楼、行政办公室、宿舍、图书阅览室等。教育教学设施，是指用于教育教学的各类设施、设备，如实验室及实验设备、体育活动场地及器械等。所谓“明知校舍或者教育教学设施有危险”是指知道校舍或者教育教学设施有倒塌或者发生人身伤害事故的危险、隐患。校舍或者教育教学设施虽然出现了危险但并不明知，则不能构成本罪。

（2）不采取措施，既包括根本没有采取任何措施，也包括虽采取措施，但是敷衍了事，做做样子，措施不得力。不及时报告，是指根本没有报告或者虽然作了报告但不及时。“及时”在这里应当理解为一发现险情，就应当立即报告。明知存在危险，及时采取了措施；或在无力采取措施的情况下，及时作了报告，即使发生了重大伤亡事故，亦不能构成本罪。能够采取有效措施而不采取有效措施而向有关人员报告的，亦应以本罪行为论处，而不能以及时报告为由推卸责任。至于“不采取措施”的具体方式则多种多样，如各级人民政府中分管教育的领导和教育行政部门的领导对学校的危房情况漠不关心，应当投入危房改造维修资金但不及时投入；或者虽然知道危房情况，不及时组织、协调各方面的力量进行维修、改造。学校校长和分管教育教学设施的副校长对校舍或教育教学设施的情况从不过问，不经常进行检查，发现了问题也不及时采取防范措施，对已经确定为危房的校舍仍然使用，对有严重隐患的，不安排人员进行加固处理，对学校解决不了的，不及时报告当地政府和教育行政部门。学校教师对出现的险情不及时报告，对有危险的教学设备、仪器、器械不及时更换，发生危险时，不及时组织学生撤离。有关维修人员不按自己职责对校舍等进行正常检查、维修或者对应该立即维修的危房拖延时间不立即采取维修措施等等。

（3）导致重大伤亡事故的发生。所谓重大伤亡事故，主要是指死亡1人以上，重伤3人以上。虽有不采取措施或不及时报告行为，但未发生安全事故，或者虽然发生了事故但不属于重大伤亡事故，以及虽为重大伤亡事故，但不是由于不采取措施或不及时报告的行为即不是校舍或者教育教学设施本身的危险所致，则都不能构成本罪。

3. 教育设施重大安全事故罪的主体

本罪的主体为特殊主体，即对校舍或者教育教学设施负有维护、管理责任的人员。主要是学校领导、负责学校后勤维修工作的职工及相关上级机关、房屋管理部门的人员。例如，校舍有危险，校长或后勤相关人员不采取措施或不及时报告，因而发生重大伤亡事故的，成立本罪。如果校长向上级相关部门及领导报告后，该领导不采取措施，以致发生重大伤亡事故的，则该领导构成本罪。

4. 教育设施重大安全事故罪的主观方面

本罪在主观方面表现为过失。可以是疏忽大意的过失，也可以是过于自信的过失。这里所说的过失，是指行为人对其所造成的危害结果的心理状态而言。但是，对行为人不采取措施或者不及时报告的行为来说，有时却是明知故犯的。

(二) 教育设施重大安全事故罪的认定

本罪与工程重大安全事故罪都是过失犯罪，都以发生严重后果，作为构成犯罪的必要条件。但两者存在区别：(1) 犯罪主体不同。教育设施重大安全罪主体只能是对校舍或者教育教学设施负有采取安全负责的主管人员和其他直接责任人员；工程重大安全事故罪是单位犯罪，其犯罪主体是建设单位、设计单位、施工工程监理单位。(2) 造成严重事故的原因不同。教育设施重大安全事故罪中重大伤亡事故的发生是由于行为人对自己明知的或教育教学设施存在的危险，不采取措施或者不及时报告，以致贻误时机，致使发生严重事故；工程重大安全事故罪中的重大安全事故发生的原因是建设单位、设计单位、施工单位、工程监理单位，降低工程质量标准造成的。

(三) 教育设施重大安全事故罪的处罚

根据《刑法》第 138 条的规定，明知校舍或者教育教学设施有危险，而不采取措施或者不及时报告，致使发生重大伤亡事故的，对直接责任人员，处 3 年以下有期徒刑或者拘役；后果特别严重的，处 3 年以上 7 年以下有期徒刑。

根据 2015 年 12 月 14 日最高人民法院、最高人民检察院《关于办理危害生产安全刑事案件适用法律若干问题的解释》的规定，犯本罪造成死亡 1 人以上，或者重伤 3 人应认定为“发生重大伤亡事故”，对直接责任人员，处 3 年以下有期徒刑或者拘役。具有下列情形之一的，对直接责任人员处 3 年以上 7 年以下有期徒刑：(1) 造成死亡 3 人以上或者重伤 10 人以上，负事故主要责任的；(2) 具有本解释第 6 条第 1 款第 1 项规定情形，同时造成直接经济损失 500 万元以上并负事故主要责任的，或者同时造成恶劣社会影响的。

## 三、消防责任事故罪

(一) 消防责任事故罪的概念及犯罪构成

消防责任事故罪，是指违反消防管理法规，经消防监督机构通知采取改正措施而拒绝执行，造成严重后果的行为。

1. 消防责任事故罪的客体

本罪侵犯的客体是国家的消防监督制度和公共安全。消防工作是全民同火灾作斗争的事业，关系到国计民生和社会的安定，涉及到各行各业、千家万户。我国对消防工作实行严格的监督管制，专门制定了《中华人民共和国消防法》《仓库防火安全管理规则》《高层建筑消防管理规则》等消防法规。参照其中规定，我国消防工作由各级公安机关实施监督，县级以上公安机关设置消防监督机构，消防监督机构发现有重大火灾隐患的，应及时向被检查的单位或居民以及上级主管部门发出《火险隐患整改通知书》，被通知单位的防火负责或公民，应当采取有效措施，消除火灾隐患，并将整改的情况及时告诉消防监督机构。每个单位和公民都必须严格遵守消防法规，认真搞好消防工作，及时消除火灾隐患。而有些单位和公民片面追求经济效益，违反消防管理法规，经消防监督机构通知采取改正措施而拒绝执行，因而发生火灾，造成严重后果。严重破坏消防监督管理秩序，危害公共安全，给国家、集体和人民群众带来巨大损失。

2. 消防责任事故罪的客观方面

本罪在客观方面表现为违反消防管理法规且经消防监督机构通知采取改正措施而拒绝执行的行为。违反消防管理法规而造成严重后果，是这种犯罪行为的本质特征。

（1）所谓违反消防管理法规，是指违反了我国《中华人民共和国消防法》《仓库防火安全管理规则》《高层建筑消防管理规则》等。

（2）经消防监督管理机构通知采取改正措施而拒绝执行。“消防监督机构”是指根据有关法律、法规建立的专门负责消防监督检查工作的机构。“消防监督机构通知”既包括书面通知，也包括口头通知；既包括直接通知，也包括经由第三者的间接通知。“拒绝执行”包括完全不执行和不按照消防监督机构的要求执行。

（3）违反消防管理法规与严重后果之间存在因果关系。严重后果，通常是指造成了人身伤亡、死亡或公私财产的重大损失。后果特别严重，一般是指造成多人重伤、死亡、或者公私财产的巨大损失。此外，造成的严重后果还是由于违反消防管理法规的行为引起的。如果违反消防管理法规的行为与严重后果之间没有因果联系，则不构成本罪。

3. 消防责任事故罪的主体

本罪的主体一般是对本单位消防工作有直接责任的人员。

4. 消防责任事故罪的主观方面

本罪在主观方面表现为过失。可以是疏忽大意的过失，也可以是过于自信的过失。这里所说的过失，是指行为人对其所造成的危害结果的心理状态而言。行为人主观上并不希望火灾事故发生，但就其违反消防管理法规，经消防机构通知采取改正措施而拒绝执行而言，则却是明知故犯的。行为人明知是违反了消防管理法规，但却未想到会因此立即产生严重后果，或者轻信能够避免，以致发生了严重后果。

（二）消防责任事故罪的认定

1. 消防责任事故罪与一般消防事故的界限

区分两者的关键在于造成后果的严重程度不同。构成消防责任事故罪，必须造成严重后果。而一般消防事故，虽然发生了事故，造成了一定危害后果，但未达到严重程度，故不构成犯罪。

2. 消防责任事故罪与失火罪的界限

消防责任事故罪是行为人在存在火险隐患的情况下拒不执行消防监督机构关于采取改正措施的通知，致使引起火灾，造成严重后果的。失火罪是行为人在日常生活与生产活动中用火不慎，引起火灾，造成严重后果的。

3. 消防责任事故罪与玩忽职守罪的界限

玩忽职守罪的犯罪主体是国家机关工作人员，消防责任事故罪的主体可以超过这一范围。如果单位的负责人或有关人员是国家机关工作人员，违反消防管理法规，经消防监督机构通知采取改正措施而拒绝执行，致使发生火灾事故，造成严重后果的，则属于法条竞合。参照《刑法》第397条第1款“本法另有规定的，依照规定”的规定，应以特别法条即本条的规定定罪处罚。也就是说，对犯罪行为人应以消防责任事故罪论处，而不应以玩忽职守罪论处。

（三）消防责任事故罪的处罚

根据《刑法》第139条的规定，违反消防管理法规，经消防监督机构通知采取改正措施而拒绝执行，造成严重后果的，对直接责任人员，处3年以下有期徒刑或者拘役；后果特别严重的，处3年以上7年以下有期徒刑。

根据2015年12月14日最高人民法院、最高人民检察院《关于办理危害生产安全刑事案件适用法律若干问题的解释》第6条的规定，“造成严重后果”是指：（1）造成死亡1人以上，或者重伤3人以上的；（2）造成直接经济损失100万元以上的；（3）其他造成严重后果或者重大安全事故的情形；应处3年以下有期徒刑或者拘役。具有下列情形之一的，对直接责任人员，处3年以上7年以下有期徒刑：（1）造成死亡3人以上或者重伤10人以上，负事故主要责任的；（2）造成直接经济损失500万元以上，负事故主要责任的；（3）其他造成特别严重后果、情节特别恶劣或者后果特别严重的情形。

参照《关于办理危害生产安全刑事案件适用法律若干问题的解释》第12条，具有下列情形之一的，从重处罚：（1）未依法取得安全许可证件或者安全许可证件过期、被暂扣、吊销、注销后从事生产经营活动的；（2）关闭、破坏必要的安全监控和报警设备的；（3）已经发现事故隐患，经有关部门或者个人提出后，仍不采取措施的；（4）1年内曾因危害生产安全违法犯罪活动受过行政处罚或者刑事处罚的；（5）采取弄虚作假、行贿等手段，故意逃避、阻挠负有安全监督管理职责的部门实施监督检查的；（6）安全事故发生后转移财产意图逃避承担责任的；（7）其他从重处罚的情形。实施前款第5项规定的行为，同时构成刑法第389条规定的犯罪的，依照数罪并罚的规定处罚。在安全事故发生后积极组织、参与事故抢救，或者积极配合调查、主动赔偿损失的，可以酌情从轻处罚。

## 四、重大劳动安全事故罪

### （一）重大劳动安全事故罪的概念及犯罪构成

重大劳动安全事故罪，是指安全生产设施或者安全生产条件不符合国家规定，因而发生重大伤亡事故或者造成其他严重后果的行为。

#### 1. 重大劳动安全事故罪的客体

本罪侵犯的客体是生产安全或劳动者的劳动安全，即不特定多数劳动者的生命、健康和重大公私财产的安全。在社会主义现代化建设中，劳动者作为生产力中的决定性因素，对经济、社会的发展起着非常重要的作用。因此，必须注重对劳动者安全和健康的保护。党和政府历来坚持“安全第一”的生产方针，重视生产安全和安全生产。尽管国家三令五申要求厂矿等企业、事业单位严把安全关，把安全施工、安全生产、安全作业作为劳动中的头等大事来抓。但是仍有不少用人单位，只顾埋头挣钱，置劳动者的健康、安全于不顾，对事故隐患不及时排除，在劳动安全设施不符合国家规定的情况下，强行生产作业，以致频频发生劳动安全事故，严重侵犯劳动者的人身权利，给国家造成了巨大的经济损失。特别是一些新兴行业的兴起，高空、高压、易燃易爆、高速公路等事故的发生率一直居高不下。因此，针对这些情况，必须运用刑法武器与侵犯劳动安全的行为作坚决的斗争，以保护劳动者的生命、健康和重大公私财产的安全。

2. 重大劳动安全事故罪的客观方面

本罪在客观方面表现为相关单位的生产、劳动安全设施不符合国家规定，因而发生重大伤亡事故或者造成其他严重后果的行为。构成本罪的在客观方面必须具备以下相互关联的要件：

（1）相关单位的劳动安全设施不符合国家规定，存在事故隐患。所谓劳动安全设施，是指为了防止和消除在生产过程中的伤亡事故，防止生产设备遭到破坏，用以保障劳动者安全的技术设备、设施和各种用品。主要有：防护装置，即用屏护方法使人体与生产中危险部分相隔离的装置；保险装置，即能自动消除生产中由于设备事故和部件损害而引起的人身事故危害的装置，如安全阀、自动跳闸、卷扬限制器等；信号装置，即应用信号警告、预防危险的装置，如信号灯、电器指示灯等；危险警示牌示和识别标志，即危险告示标志和借助醒目颜色或图形判断是否安全的标志。劳动安全设施必须符合国家规定，即符合国家立法机关、生产主管部门制定、颁布的一系列保障安全生产、保护劳动者人身安全和合法权益的法律、法规和规章制度中规定的标准。

事故隐患是指由于劳动安全设施不符合国家规定，潜藏着的发生事故的苗头与祸患。如未给在有危害健康的气体、蒸气或者粉尘的场所操作的工人发口罩、防护眼镜和防毒面具的；未给在有噪音、强光辐射热和飞溅火花碎片、刨屑的场所操作的工人发护耳器、防护眼镜、面具或帽盔的；未给从事电器操作的人发绝缘革化、绝缘手套的；未给在高空作业的工人配备安全带的；机器设备的危险部分未安装防护装置的；压力机械的施压部分未安装安全装置的；电气设备和线路的绝缘性能不佳，电器设备未设必要的可熔保险器或自动开关的。相关单位的劳动安全设施不符合国家规定，存在事故隐患是发生重大劳动安全事故的直接原因，也是构成本罪的前提条件；如果重大事故的发生并不是由于劳动安全设施不符合国家规定，而是由于其他原因如有人故意破坏、放火等引起的，则不构成重大劳动安全事故罪。

（2）发生了重大伤亡事故或者造成了其他严重后果。其他严重后果，是指造成了重大经济损失；或者造成了重大政治影响；或者引起单位职工强烈不满，导致罢工、停产的等。本罪的客观行为发生严重危害结果主要有两种情形：一是负责生产设施或安全生产条件的人员，没有设置合格的安全生产设施与安全生产条件，因而发生重大伤亡事故或者造成其他严重后果；二是在安全生产设施或者安全生产条件不符合国家规定的情况下，直接负责的主管人员或者其他直接责任人员，不改善安全生产设施与安全生产条件，因而发生重大伤亡事故或者造成其他严重后果。

3. 重大劳动安全事故罪的主体

本罪行为主体是直接负责的主管人员和其他直接责任人员。具体包括对安全生产设施或者安全生产条件不符合国家规定负有直接责任的生产经营单位负责人、管理人员、实际控制人、投资人，以及其他对安全生产设施或者安全生产条件负有管理、维护职责的人员，如电工、瓦斯检查工等。

4. 重大劳动安全事故罪的主观方面

本罪在主观方面表现为过失。有关直接责任人对于单位存在事故隐患则是明知或者应该知道的，但是由于疏忽大意或过于自信造成了危害结果。造成这种情况的原因有的是片面追求经济效益，不肯在劳动安全和劳动卫生方面进行投入；有的是工作不负责任，疏忽怠惰；有的是心存侥幸心理；无论属于哪种情况，都不影响构成本罪，但在具体量刑时可以作为酌定情节予以考虑。

（二）重大劳动安全事故罪的认定

重大劳动安全事故罪与强令违章冒险作业罪的区别：如果“安全生产设施或者安全生产条件的主管或管理人员”不采取措施消除事故隐患，同时“在生产、作业中直接从事领导、指挥的人员”强令他人违章冒险作业，因而发生重大伤亡事故或者造成其他严重后果，对于前者应以重大劳动安全事故罪论处，对于后者应以强令违章冒险作业罪论处。需要研究的是，如果行为人既对安全生产设施或安全生产条件负有管理责任，又强令他人违章冒险作业时，应如何处理？在这种情况下，造成结果的原因有两个行为：一个是行为人的不作为，另一个是作为。似乎实行数罪并罚较为合理。但是，只有一个结果，将一个结果作为两个过失犯罪的构成要件事实，并不合适，故应从一重罪论处。由于强令违章冒险作业罪的法定刑高于重大劳动安全事故罪的法定刑，故应按强令违章冒险作业罪论处。

（三）重大劳动安全事故罪的处罚

依照《刑法》第 135 条的规定，犯本罪的，对直接负责的主管人员和其他直接责任人员，处 3 年以下有期徒刑或者拘役；情节特别恶劣的，处 3 年以上7年以下有期徒刑。根据2015年12月14日最高人民法院、最高人民检察院《关于办理危害生产安全刑事案件适用法律若干问题的解释》的规定，具有下列情形之一，应予立案：（1）造成死亡1人以上，或者重伤3人以上的；（2）造成直接经济损失100万元以上的；（3）其他造成严重后果或者重大安全事故的情形；应处3年以下有期徒刑或者拘役。具有下列情形之一的，对直接责任人员，处3年以上7年以下有期徒刑：（1）造成死亡3人以上或者重伤10人以上，负事故主要责任的；（2）造成直接经济损失500万元以上，负事故主要责任的；（3）其他造成特别严重后果、情节特别恶劣或者后果特别严重的情形。

## 五、强令违章冒险作业罪

### （一）强令违章冒险作业罪的概念及犯罪构成

强令违章冒险作业罪，是指强令他人违章冒险作业，因而发生重大伤亡事故或者造成其他严重后果的行为。

1. 强令违章冒险作业罪的客体

本罪的客体是生产作业安全，及不特定多数人的生命、健康、财产。

2. 强令违章冒险作业罪的客观方面

本罪的客观各方面表现为，强令他人违章冒险作业，因而发生重大伤亡事故或者其他严重后果。“强令”既包括利用职权、地位命令指使他人，也包括采取威胁等方式逼迫他人。“违章”是指违反生产、作业中有关安全管理规定。“冒险”是指客观存在的对人的生命、身体的危险。如果行为人强令他人违章作业，但所违反的规章与安全生产无关，因而并不存在对人的生命、身体的危险，则不成立本罪。

根据2015年12月14日最高人民法院、最高人民检察院《关于办理危害生产安全刑事案件适用法律若干问题的解释》的规定，明知存在事故隐患、继续作业存在危险，仍然违反有关安全管理的规定，实施下列行为之一的，应当认定为刑法第134条第2款规定的“强令他人违章冒险作业”：（1）利用组织、指挥、管理职权，强制他人违章作业的；（2）采取威逼、胁迫、恐吓等手段，强制他人违章作业的；（3）故意掩盖事故隐患，组织他人违章作业的；（4）其他强令他人违章作业的行为。

3. 强令违章冒险作业罪的主体

本罪的主体为自然人，包括对生产、作业负有组织、指挥或者管理职责的负责人、管理人员、实际控制人、投资人等人员。

4. 强令违章冒险作业罪的主观方面

本罪的主观方面是过失。所谓过失是指行为人对所发生的后果而言，而对于既违章又冒险则是明知的。

（二）强令违章冒险作业罪的处罚

根据《刑法》第 134 条第 2 款的规定，犯本罪的，处 5 年以下有期徒刑或者拘役；情节特别恶劣的，处 5 年以上有期徒刑。根据 2015 年 12 月 14 日最高人民法院、最高人民检察院《关于办理危害生产安全刑事案件适用法律若干问题的解释》的规定，出现（1）造成死亡 1 人以上，或者重伤 3 人以上的；（2）造成直接经济损失 100 万元以上的；（3）其他造成严重后果或者重大安全事故的情形；应处 5 年以下有期徒刑或者拘役。

具有下列情形之一的，对相关责任人员，处 5 年以上有期徒刑：（1）造成死亡 3 人以上或者重伤 10 人以上，负事故主要责任的；（2）造成直接经济损失 500 万元以上，负事故主要责任的；（3）其他造成特别严重后果、情节特别恶劣或者后果特别严重的情形。

本罪是重大责任事故罪的特别规定，行为不符合本罪的犯罪构成，但符合重大责任事故罪的犯罪构成的，应认定为重大责任事故罪。

## 六、不报、谎报安全事故罪

（一）不报、谎报安全事故罪的概念及犯罪构成

不报、谎报安全事故罪，是指在安全事故发生后，负有报告职责的人员不报或者谎报事故情况，贻误事故抢救，情节严重的行为。

1. 不报、谎报安全事故罪的客体

本罪侵犯的客体是国家的安全生产管理制度，具体而言是安全事故报告制度。例如，2014 年 8 月 31 日发布的《中华人民共和国安全生产法》第 80 条规定："生产经营单位发生生产安全事故后，事故现场有关人员应当立即报告本单位负责人。单位负责人接到事故报告后，应当迅速采取有效措施，组织抢救，防止事故扩大，减少人员伤亡和财产损失，并按照国家有关规定立即如实报告当地负有安全生产监督管理职责的部门，不得隐瞒不报、谎报或

者迟报，不得故意破坏事故现场、毁灭有关证据。”第 81 条规定：“负有安全生产监督管理职责的部门接到事故报告后，应当立即按照国家有关规定上报事故情况。负有安全生产监督管理职责的部门和有关地方人民政府对事故情况不得隐瞒不报、谎报或者迟报。”本罪主要是针对近年来一些事故单位的负责人和对安全事故负有监管职责的人员在事故发生后弄虚作假，结果延误事故抢救，造成人员伤亡和财产损失进一步扩大的行为而设置的。

2. 不报、谎报安全事故罪的客观方面

不报、谎报安全事故罪的客观方面表现为在安全事故发生后，负有报告职责的人员不报或者谎报事故情况，贻误事故抢救，情节严重的行为。不报或者谎报行为，必须发生在安全事故之后，但不要求发生在安全事故完全结束之后。“安全事故”包括刑法第 131 条至第 138 条规定的安全事故。不报或者谎报事故情况的行为，造成贻误事故抢救的后果，并且情节严重的，才成立犯罪。显然，如果发生了没有必要抢救的安全事故（结果不可能加重或扩大），因为缺乏本罪的结果要素，而不可能成立本罪。换言之，只有在结果可能加重或者扩大的情况下，不报或者谎报事故情况的行为，才可能成立本罪。例如，在安全事故已经导致 4 人死亡，此外并不存在需要救助的被害人时，不报事故的行为不成立犯罪。在这种情况下，行为人谎称只造成 1 人死亡的，也不属于本罪的谎报行为。基于同样的理由，在安全事故发生后，虽然负有报告职责的人员没有报告，但是他人已经及时报告的，负有报告职责的人员的不报告行为，不成立本罪（也不成立本罪的未遂犯）。因为负有报告职责的人员的不报告行为，不可能贻误事故抢救。

3. 不报、谎报安全事故罪的主体

本罪的主体是负有报告职责的人员，根据 2015 年 12 月 14 日最高人民法院、最高人民检察院《关于办理危害生产安全刑事案件适用法律若干问题的解释》第 4 条的规定，本罪的主体是指生产经营单位的负责人、实际控制人、负责生产经营管理的投资人以及其他负有报告职责的人员。在生产经营单位负责或者直接从事安全管理事务的人员，属于负有报告职责的人员，对安全事故本身负有责任的人员是指其行为已经构成相关安全事故犯罪的人员。生产经营单位的普通员工、过路人、参观者等，不属于负有报告职责的人员，不是本罪的主体。

4. 不报、谎报安全事故罪的主观方面

本罪的主观方面本罪为故意，即明知不报或者谎报事故情况的行为，会发生贻误事故抢救的结果，并且希望或者放任这种结果发生。因此，在安全事故发生后，教唆或者帮助负有报告职责的人员不报或者谎报情况，贻误事故抢救，情节严重的，构成本罪的共犯。

（二）不报、谎报安全事故罪的认定

1. 不报、谎报安全事故罪与玩忽职守罪的界限

不报、谎报安全事故罪与玩忽职守罪的区分：（1）主体不同。前者既可以是生产经营单位的负责人，也可以是安全生产负有直接责任的国家机关工作人员；后者是只能是国家机关工作人员。（2）客体侧重不同。前者侵害的客体主要是公共安全，也就是不特定或是多数人的生命健康或是重大公私财产的安全；后者侵害的主要是国家机关正常的管理活动。（3）客观表现不同。前者是安全事故发生以后，负有报告职责的人员不报或者谎报事故情况，贻误事故抢救情节严重的行为；后者表现为严重的不负责任，不履行或正确履行工作职责，致使公共财产、国家和人民利益遭受到重大损失的行为。

2. 不报、谎报安全事故罪与故意杀人罪的界限

在司法实践中，应注意本罪与不作为的故意杀人等罪的竞合。本罪的行为表现为不报或者谎报事故情况，在发生安全事故后，负有救助他人生命、身体职责的人员，故意不报或者谎报事故情况，也不履行救助义务，导致他人死亡、伤害的，应按照想象竞合犯，以不作为的故意杀人罪、故意伤害罪论处。根据 2015 年 12 月 14 日《最高人民法院、最高人民检察院关于办理危害生产安全刑事案件适用法律若干问题的解释》第 10 条的规定，在安全事故发生后，直接负责的主管人员和其他直接责任人员故意阻挠开展抢救，导致人员死亡或者重伤，或者为了逃避法律追究，对被害人进行隐藏、遗弃，致使被害人因无法得到救助而死亡或者重度残疾的，分别依照刑法第 232 条、第 234 条的规定，以故意杀人罪或者故意伤害罪定罪处罚。

（三）不报、谎报安全事故罪的处罚

根据《刑法》第 139 条的规定，犯本罪的，处 3 年以下有期徒刑或者拘役；情节特别严重的，处 3 年以上 7 年以下有期徒刑。根据 2015 年 12 月 14 日最高人民法院、最高人民检察院《关于办理危害生产安全刑事案件适用法律若干问题的解释》第 8 条的规定，在安全事故发生后，负有报告职责的人

员不报或者谎报事故情况，贻误事故抢救，具有下列情形之一的，应当认定为刑法第139条之一规定的“情节严重”：（1）导致事故后果扩大，增加死亡1人以上，或者增加重伤3人以上，或者增加直接经济损失100万元以上的；（2）实施下列行为之一，致使不能及时有效开展事故抢救的：①决定不报、迟报、谎报事故情况或者指使、串通有关人员不报、迟报、谎报事故情况的；②在事故抢救期间擅离职守或者逃匿的；③伪造、破坏事故现场，或者转移、藏匿、毁灭遇难人员尸体，或者转移、藏匿受伤人员的；④毁灭、伪造、隐匿与事故有关的图纸、记录、计算机数据等资料以及其他证据的；（3）其他情节严重的情形。

根据《关于办理危害生产安全刑事案件适用法律若干问题的解释》第8条的规定，具有下列情形之一的，应当认定为刑法第139条之一规定的“情节特别严重”：（1）导致事故后果扩大，增加死亡3人以上，或者增加重伤10人以上，或者增加直接经济损失500万元以上的；（2）采用暴力、胁迫、命令等方式阻止他人报告事故情况，导致事故后果扩大的；（3）其他情节特别严重的情形。根据《关于办理危害生产安全刑事案件适用法律若干问题的解释》第9条的规定，在安全事故发生后，与负有报告职责的人员串通，不报或者谎报事故情况，贻误事故抢救，情节严重的，依照刑法第139条之一的规定，以共犯论处。

## 七、铁路运营安全事故罪

### （一）铁路运营安全事故罪的概念及犯罪构成

铁路运营安全事故罪，是指铁路职工违反规章制度，致使发生铁路运营安全事故，造成严重后果的行为。

#### 1. 铁路运营安全事故罪的客体

本罪侵犯的客体是铁路运输的正常秩序和铁路运输的安全。铁路是国民经济的大动脉，担负着全国最大比重的旅客和货物运输任务。铁路运输连结各行各业、千家万户。这些交通运输活动一旦发生重大事故，就会危及公共安全，使人民生命财产遭受重大损失。

#### 2. 铁路运营安全事故罪的客观方面

本罪在客观方面表现为行为人不负责任，在铁路运输活动中违反规章制度，因而发生运营事故，情节严重的行为。

（1）行为必须违反同保障铁路运输安全有直接关系的各种规章制度。“违反规章制度”，是构成本罪的前提，同时，由于这种违反规章制度的行为，导致了铁路运营事故的发生。如2015年4月24日修订的《中华人民共和国铁路法》第71条规定，“铁路职工玩忽职守、违反规章制度造成铁路运营事故的，滥用职权、利用办理运输业务之便谋取私利的，给予行政处分，情节严重、构成犯罪的，依照刑法有关规定追究刑事责任”。如果运营事故不是由违反规章制度的行为所引起，则行为人不受处罚。铁路职工违反规章制度的行为可以是作为，如超速行驶、错扳道岔、错发信号等，也可以是不作为，如过道口未鸣笛示警、扳道员不按时扳道岔、岔道口不减速等。

（2）必须造成发生重大事故，致人重伤、死亡或者公私财产遭受重大损失的严重后果。本条所称“严重后果”，一般指造成了人员重伤、死亡、公私财产的重大损失；经常违反规章制度，屡教不改，以致酿成运营事故；明知列车关键部件有失灵危险，仍继续驾驶，以致造成运营事故，等等。“特别严重后果”，一般指造成数人死亡或多人重伤，公私财产遭受巨大损失等。

（3）严重后果必须是违章行为引起的，二者之间存在因果关系。造成重大损失的行为，必须发生在从始发车站准备载人装货至终点车站旅客离去、货物卸完的整个交通运输活动过程中。

3. 铁路运营安全事故罪的主体

本罪的主体为特殊主体。只有铁路职工才能成为本罪主体。这里所称的铁路职工，是指具体从事铁路运营业务与保证列车运营安全有直接关系的人员。包括具体操纵机车的司机；铁路运营设备的其他操纵人员，如扳道员、挂钩员；列车运营活动的直接领导和指挥人员，如调度员；列车安全的管理人员，如信号员，等等。如果是铁路部门的非运营第一线职工，则不能成为本罪主体。

4. 铁路运营安全事故罪的主观方面

本罪在主观方面表现为过失，包括疏忽大意的过失和过于自信的过失。这种过失主要是指行为人对危害后果的态度而言，行为人在违反规章制度上可能出于故意，即他应当预见未预见到可能发生严重后果，或者虽然预见，但轻信可以避免，以致发生了严重的后果。如果对于危害结果出于故意，就不属于铁路运营安全事故罪，而属于其他犯罪了。

（二）铁路运营安全事故罪的认定

1. 铁路运营安全事故罪与交通肇事罪的界限

两罪都是过失犯罪，行为人都实施了违反规章制度的行为，都造成了重大事故，并且都是属于交通方面的重大事故。但是，两者有着明显区别：（1）犯罪主体不同。铁路运营安全事故罪的犯罪主体是特殊主体，仅限于铁路职工；交通肇事罪的犯罪主体是一般主体，包括交通运输人员和非交通运输人员。（2）违反的规章制度不同。铁路运营安全事故罪违反的是铁路及相关部门制定的有关运输管理、维修管理、操作规程、安全管理等方面的法律和规章制度；交通肇事罪违反的是同保证交通运输安全有直接关系的各种法律、法规与制度，其范围较广。（3）犯罪客体稍有不同。铁路运营安全事故罪侵犯的客体是铁路运营的安全；交通肇事罪侵犯的客体主要是陆路和水路交通运输的安全。

2. 铁路运营安全事故罪与重大责任事故罪的界限

两者都是过失犯罪，行为人都有违反规章制度的行为，并且都发生了重大事故，造成了严重后果。两者的区别主要有：（1）犯罪主体不同。两者都是特殊主体，但铁路运营安全事故罪的犯罪主体只能是铁路职工；重大责任事故罪的主体仅限于工厂、矿山、林场、建筑企业或其他企业、事业单位的职工以及群众合作经营组织或个体经营户的从业人员。（2）发生的场合不同。铁路运营安全事故罪发生在列车运营过程中；重大责任事故罪则发生在生产、作业过程中。

（三）铁路运营安全事故罪的处罚

根据《刑法》第132条的规定，铁路职工违反规章制度，致使发生铁路运营安全事故，造成严重后果的，处3年以下有期徒刑或者拘役；造成特别严重后果的，处3年以上7年以下有期徒刑。根据2015年12月14日最高人民法院、最高人民检察院《关于办理危害生产安全刑事案件适用法律若干问题的解释》第6条的规定，造成严重后果的是指：（1）造成死亡1人以上，或者重伤3人以上的；（2）造成直接经济损失100万元以上的；（3）其他造成严重后果或者重大安全事故的情形。根据第7条的规定，造成特别严重后果是指：（1）造成死亡3人以上或者重伤10人以上，负事故主要责任的；（2）造成直接经济损失500万元以上，负事故主要责任的；（3）其他造成特别严重后果、情节特别恶劣或者后果特别严重的情形。

## 八、重大飞行事故罪

### （一）重大飞行事故罪的概念及犯罪构成

重大飞行事故罪，是指航空人员违反规章制度，致使发生重大飞行事故，造成严重后果的行为。

1. 重大飞行事故罪的客体

本罪的客体是空中运输的正常秩序与空中运输安全。飞机等航空器，不同于火车、汽车、轮船等交通工具，其运行速度是其他交通工具所无法比拟的。随着市场经济的发展和人民生活水平的提高，它已被越来越多的人作为重要的远距离交通工具，同时，各种物资的航空运输也日益繁忙。适应这一需要，中国的民航事业在改革开放后有了飞速发展，航班、航线不断增多，航空公司大量出现。航运业务的扩大，需要大批合格的具有高度责任心的航空人员。同时，对于航空人员也应从法律上提出更为严格的要求。鉴于航空器的特殊性，刑法单设了飞行事故罪。

2. 重大飞行事故罪的客观方面

本罪在客观方面表现为在空中运输活动中违反规章制度，因而发生重大事故，致人重伤、死亡或者使公私财产遭受重大损失的行为。具体地说，重大飞行事故罪的客观方面是由以下三个因素组成的。

（1）航空人员必须有违反规章制度，致使发生重大飞行事故，造成严重后果的行为。违反规章制度是指违反与飞行安全有关的规章制度，例如，航空维修人员不认真检查、维修航空器，未及时发现航空器的故障；领航员领航不正确，飞机起飞前，机长不对航空器进行全面检查，飞机遇险时机长未采取必要的挽救措施；机组人员未经机长批准擅自离开航空器；民用航空器不按照空中交通管制单位指定的航路和飞行高度飞行；民用航空器机组人员的飞行时间、执勤时间超过国务院民用航空主管部门规定的时限等。

（2）必须造成发生重大事故，致人重伤、死亡或者公私财产遭受重大损失的严重后果。所谓重大事故，根据中国民航总局 2000 年 1 月 1 日颁布的《中华人民共和国国家标准民用航空器飞行事故等级》规定，凡属下列情况之一者为重大飞行事故：（1）人员死亡，死亡人数在 39 人及其以下者；（2）航空器严重损坏或迫降在无法运出的地方（最大起飞重量 5. 7t 及其以下的航空器除外）；（3）航空器失踪，机上人员在 39 人及其以下者。所谓严重后果，一般指飞机等航空器或者其他航空设施受到严重损坏，航空器上人员遭受重伤，公私财产受到严重损失等。

（3）严重后果必须是违章行为引起的，二者之间存在因果关系。违反规章制度，致人重伤、死亡或者公私财产遭受重大损失的行为，必须发生在从始发机场准备载人装货至终点机场旅客离去，货物卸完的整个交通运输活动过程中。

3. 重大飞行事故罪的主体

本罪的行为主体为特殊主体即航空人员，根据2018年12月29日修正的《中华人民共和国民用航空法》第39条的规定，航空人员，是指下列从事民用航空活动的空勤人员和地面人员：空勤人员，包括驾驶员、飞行机械人员、乘务员；地面人员，包括民用航空器维修人员、空中交通管制员、飞行签派员、航空电台通信员。

4. 重大飞行事故罪的主观方面

本罪的主观方面是过失，包括疏忽大意的过失和过于自信的过失。这种过失主要是指行为人对危害后果的态度而言。行为人在违反规章制度上可能出于故意，但他对于发生飞行事故的严重后果则是过失的，即他应当预见而未预见到可能发生严重后果，或者虽然预见，但轻信可以避免，以致发生了严重的后果；如果出于故意，就不构成本罪，而属于其他犯罪了。

（二）重大飞行事故罪的认定

1. 本罪的罪与非罪问题

认定本罪，一看行为人的行为是否违反规章制度。如果行为人的行为是照章行事的，不违反规章制度，即使发生重大事故，致人重伤、死亡或者使公私财产遭受重大损失，也不构成犯罪。二看是否造成了严重后果。行为人虽然违反了规章制度，但未造成严重后果的，不构成犯罪。三看违章行为与严重后果之间是否有因果关系。即使在行为人的违章行为之后，发生了重大事故，但不是行为人的违章行为引起的，二者之间没有因果关系，不构成犯罪。四看行为人主观上有无过失。如果行为人主观上既无故意，又无过失，严重后果是由于不能预见或者不可抗拒的原因引起的，属于意外事件。

2. 重大飞行事故罪的与暴力危及飞行安全罪的界限

两者都是与飞行安全有关的犯罪，其主要区别在于：（1）犯罪主体不同。重大飞行事故罪的犯罪主体是特殊主体，仅限于航空人员；暴力危及飞行安全罪的犯罪主体是一般主体，而且实践中一般为航空人员以外的人。(2) 犯罪客观方面不同。重大飞行事故罪表现为航空人员违反规章制度，发生重大飞行事故，造成严重后果的行为；暴力危及飞行安全罪则表现为对飞行中的航空器上的人员使用暴力，危及飞行安全的行为。(3) 构成犯罪的要求不同。重大飞行事故罪要求行为人实施违章行为之外，还必须发生特定的重大飞行事故或严重后果，方可构成犯罪；暴力危及飞行安全罪是危险犯，犯罪的成立并不要求出现实际的严重后果，只要对飞行中的航空器上的人员使用暴力危及飞行安全的即可构成犯罪。如果出现了实际的严重后果，则构成结果加重犯，在较重的量刑档次内裁量刑罚。(4) 犯罪主观方面不同。重大飞行事故罪是过失犯罪，在主观方面表现为过失；暴力危及飞行安全罪是故意犯罪。

3. 重大飞行事故罪的与过失损坏交通工具罪的界限

本罪与过失损坏交通工具罪的界限都是过失犯罪，都会造成一定的严重后果并以此作为构成犯罪的必备要件，它们的主要区别：(1) 犯罪主体不同。前者的犯罪主体是特殊主体，仅限于航空人员；后者的犯罪主体是一般主体。(2) 发生严重后果的原因不同。前者发生的原因是由于航空人员违反规章制度，实施了违章行为；后者发生的原因则是由于行为人实施了对交通工具、交通设施的损坏行为。

司法实践中，航空人员在工作中过失损坏航空器的重要部件或机场重要设施，进而发生重大飞行事故，造成严重后果的，应视行为人的过失损坏行为是否违反规章制度而定。如果违反了规章制度，则应是重大飞行事故罪；如果没有违反规章制度，则应定为过失损坏交通工具罪或过失损坏交通设施罪。

4. 重大飞行事故罪的与重大责任事故罪的界限

本罪与重大责任事故罪两者都是过失犯罪，都实施了违反规章制度的行为，并且以发生重大事故，造成严重后果作为构成犯罪的必备条件。两者的主要区别在于：(1) 犯罪主体不同。尽管两者都是特殊主体，重大飞行事故罪的犯罪主体仅限于航空人员；重大责任事故罪的罪主体则只能是工厂、矿山、林场、建筑企业或其他企业、事业单位的职工以及群众合作经营组织或个体经营户的从业人员。(2) 发生的场合不同。重大飞行事故罪发生在航空器的飞行过程中，而重大责任事故罪则发生在生产、作业过程中。

(三) 重大飞行事故罪的处罚

根据《刑法》第 131 条的规定，犯本罪的，处 3 年以下有期徒刑或者拘役；造成飞机坠毁或者人员死亡的，处 3 年以上 7 年以下有期徒刑。参照本条规定，如果造成了飞机坠毁或者人员死亡的，应适用本条给予处罚；如果只有航空人员的违章行为，没有实际发生重大飞行事故，则对行为人予以行政处分，不能追究其处罚。

按照中国民航总局 2000 年 1 月 1 日颁布的《中华人民共和国国家标准民用航空器飞行事故等级》规定的民航飞行事故划分标准，本条基本犯罪构成中的重大飞行事故中已包含致人死亡的情况，而且最多可致 39 人死亡。这就是说，造成 1 至 39 人死亡，属于重大飞行事故，应适用第一档法定刑，处 3 年以下有期徒刑或者拘役。但本条第二档法定刑的适用条件仍然是造成人员死亡，是否应参照《中华人民共和国国家标准民用航空器飞行事故等级》对“特别重大飞行事故”的规定：人员死亡，死亡人数在 40 人及其以上者；航空器失踪，机上人员在 40 人及其以上者。目前没有明文解释。这在司法实践中应如何解决，有待立法机关或司法机关作出进一步解释。

## 九、大型群众性活动重大安全事故罪

(一) 大型群众性活动重大安全事故罪的概念及犯罪构成

大型群众性活动重大安全事故罪，是指举办大型群众性活动违反安全管理规定，因而发生重大伤亡事故或者造成其他严重后果的行为。

1. 大型群众性活动重大安全事故罪的客体

本罪侵犯的客体是公众活动场所的公共安全，即公园、娱乐场，运动场、展览馆或者其他供社会公众活动场所中不特定多数人的生命、健康或重大公私财产的安全。

2. 大型群众性活动重大安全事故罪的客观方面

本罪在客观方面表现为在举办大型的群众性活动中，违反在公共场所的群体性活动中相关的安全管理规定，没有履行相应的注意义务，造成了重大的伤亡事故或其他严重后果。

(1) 违反大型群众性活动相关安全管理规定

参照国务院 2007 年 9 月 14 日发布的《大型群众性活动安全管理条例》的规定，“大型群众性活动”是指法人或者其他组织面向社会公众举办的每场次预计参加人数达到1000人以上的下列活动：（1）体育比赛活动；（2）演唱会、音乐会等文艺演出活动；（3）展览、展销等活动；（4）游园、灯会、庙会、花会、焰火晚会等活动；（5）人才招聘会、现场开奖的彩票销售等活动；（6）影剧院、音乐厅、公园、娱乐场所等在其日常业务范围内举办的活动，不适用本条例的规定。大型群众性活动的安全管理应当遵循安全第一、预防为主的方针，坚持承办者负责、政府监管的原则。

大型群众性活动的安全管理应当遵循各种要求程序。例如国务院2007年9月14日发布的《大型群众性活动安全管理条例》第5条规定，大型群众性活动的承办者对其承办活动的安全负责，承办者的主要负责人为大型群众性活动的安全责任人。第6条规定，举办大型群众性活动，承办者应当制订大型群众性活动安全工作方案。大型群众性活动安全工作方案包括下列内容：活动的时间、地点、内容及组织方式；安全工作人员的数量、任务分配和识别标志；活动场所消防安全措施；活动场所可容纳的人员数量以及活动预计参加人数；治安缓冲区域的设定及其标识；入场人员的票证查验和安全检查措施；车辆停放、疏导措施；现场秩序维护、人员疏导措施；应急救援预案。第7条规定，承办者具体负责下列安全事项：落实大型群众性活动安全工作方案和安全责任制度，明确安全措施、安全工作人员岗位职责，开展大型群众性活动安全宣传教育；保障临时搭建的设施、建筑物的安全，消除安全隐患；按照负责许可的公安机关的要求，配备必要的安全检查设备，对参加大型群众性活动的人员进行安全检查，对拒不接受安全检查的，承办者有权拒绝其进入；按照核准的活动场所容纳人员数量、划定的区域发放或者出售门票；落实医疗救护、灭火、应急疏散等应急救援措施并组织演练；对妨碍大型群众性活动安全的行为及时予以制止，发现违法犯罪行为及时向公安机关报告；配备与大型群众性活动安全工作需要相适应的专业保安人员以及其他安全工作人员；为大型群众性活动的安全工作提供必要的保障。第8条还规定了大型群众性活动的场所管理者具体负责下列安全事项：保障活动场所、设施符合国家安全标准和安全规定；保障疏散通道、安全出口、消防车通道、应急广播、应急照明、疏散指示标志符合法律、法规、技术标准的规定；保障监控设备和消防设施、器材配置齐全、完好有效；提供必要的停车场地，并维护安全秩序。第9条规定了参加大型群众性活动的人员应当遵守下列规定：遵守法律、法规和社会公德，不得妨碍社会治安、影响社会秩序；遵守大型群众性活动场所治安、消防等管理制度，接受安全检查，不得携带爆炸性、易燃性、放射性、毒害性、腐蚀性等危险物质或者非法携带枪支、弹药、管制器具；服从安全管理，不得展示侮辱性标语、条幅等物品，不得围攻裁判员、运动员或者其他工作人员，不得投掷杂物。

(2) 出现了不作为行为

本罪的行为方式是不作为，即依照法律、法规、规章以及其他保障公共场所安全的惯例，行为人负有义务采取行动排除在公众活动场所发生相关危害，且有能力履行该义务，而不履行。

首先，是有作为义务。作为义务主要体现在对大型群众性活动的安全保卫工作做出具体规定的各种规范性文件，除了《大型群众性活动安全管理条例》之外，常见的相关法规主要有：公安部、建设部发布的《关于加强公园、风景区游览安全管理工作的通知》建设部《关于加强建筑系统安全生产工作的紧急通知》《中华人民共和国消防法》《中华人民共和国道路交通安全法》以及《中华人民共和国内河交通安全管理条例》等。这些法规是作为义务的来源，常见义务有以下内容：向公安、消防、交通等主管部门申请，并接受安全检查；制定安全保卫工作方案和应急疏散方案；保证公共场所的设施符合安全标准；配备足够的安全保卫人员；合理控制群众性活动的参加人数等。

其次，是有履行作为义务的可能性。负责安全保卫工作的主管人员或其他责任人员应当有履行作为义务的能力，对于这种能力应综合判断。要考虑到本罪的不作为是发生在业务领域，而非日常生活领域，应当考察“理性的一般人”在行为人情景中的履行义务能力，这里的“一般人”不是日常生活领域中的常人，而是在相同领域里从事安全防卫工作的一般人，即具有平均能力的行为人的同行。如果具有平均能力的同行具有该能力，就能肯定行为人履行作为义务的可能性。

再次，是未履行作为义务。未有效履行作为义务分为以下两种情形：第一种情形是，负有义务的行为人没有履行法定的作为义务。常见表现为：未向主管机关申请或申请未被批准，擅自举办大型群众性活动的；不顾场地容量的限制，超员售票，以致参加活动的人数失去控制，如某大型群众性活动核准为 2 万人，而实际参加的有 4 万人；公共场所的基础设施、游乐设备以及交通工具存在安全隐患，如场地建筑不坚固，有发生倒塌坠毁的可能性；各种电线、线路老化，消防设施不符合法定要求。如灭火器超过使用期限，没有按照规定安装火灾自动报警系统；未制定完善的安全保卫工作方案和突发事故的应急预案，未落实安全承包责任制，分工不明确，责任无法落实等。另一种情形是尽管行为人也实施了预防与消除安全隐患的行为，但是该行为不足以产生实质性影响，不能满足法律对作为义务履行的要求。

（3）存在因果关系

重大伤亡事故或其他严重后果是由于违反安全管理规定不履行法定作为义务所引起的，二者之间具有因果关系。如果重大伤亡事故或其他严重后果是由于不可预测、不可控制的自然灾害或其他意外事件造成的，与义务人的不作为没有直接的因果关系，不应让义务人承担刑事责任。

3. 大型群众性活动重大安全事故罪的主体

本罪的主体是特殊主体，即大型群众性活动的举办者或者举办单位直接负责的主管人员，以及对该活动的安全保卫工作负有直接责任的人员。需要注意的是直接负责的主管人员和其他直接责任人员，既可以是非国家机关工作人员，也可以是国家机关工作人员，因为我国许多大型集会、焰火晚会、灯会等群众性活动是由地方政府或者政府部门协调举办，在此情形下，必须分清群众性活动是由地方政府或政府部门举办还是以地方政府或政府部门名义举办，如果是前者，地方政府及部门中作为主管人员、其他直接责任人员的国家机关工作人员，都可以成为本罪的主体，如果是后者，具体承办单位的主管人员和其他责任人员才是本罪的主体。

4. 大型群众性活动重大安全事故罪的主观方面

本罪的主观方面为过失，即行为人应当预见到自己在大型群众性活动中的违反安全管理规定的行为，可能会造成重大伤亡事故或其他严重后果，因为疏忽大意而没有预见；或虽然已经预见，但轻信能够避免，因而造成重大伤亡事故或其他严重后果。

（二）大型群众性活动重大安全事故罪的认定

1. 本罪与一般群众性活动安全事故的界限

二者的区别在于是否造成了重大伤亡事故或其他严重后果，即致人死亡的，或者致多人重伤的；或者是造成重大经济损失。虽然举办大型群众性活动违反安全管理负有直接责任的主管人员或其他直接责任人员没有采取消除安全隐患的措施，对该活动的参加者造成了一定的危害后果，但是后果并不严重，属于一般群众性活动安全事故，不构成本罪，属于行政违法的，可根据相关规定对其处以行政处罚或行政处分。

2. 大型群众性活动重大安全事故罪与公众活动场所发生的意外事故之间的界限

大型群众性活动重大安全事故罪的行为人主观上具有应当预见危害结果的义务，客观上没有履行该义务，未消除公众活动场所的安全隐患导致发生了重大伤亡事故或者造成了其他严重后果。公众活动场所发生的意外事故是指由于不可预见、不可控制的因素，引发的公众活动场所的人员伤亡或公私财产的重大损失，它与大型群众性活动重大安全事故罪的区别在于，对于危害结果行为人无法预见，或者已经预见但无法控制，因而主观上缺乏过失心理。

3. 大型群众性活动重大安全事故罪与重大责任事故罪的界限

二者之间的主要区别在于：（1）发生的领域不同。本罪发生在对公众活动场所的安全管理过程中，而重大责任事故罪发生在生产作业领域。（2）侵犯的具体客体不同。本罪侵犯的客体是公众活动场所的公共安全；重大责任事故罪侵犯的客体是生产、作业安全。（3）两罪的主体不同。大型群众性活动重大安全事故罪的主体是大型群众性活动的举办者或举办单位直接负责的主管人员，以及对该活动的安全保卫工作负有直接责任的人员。重大责任事故罪的主体是安全设施、安全生产的主管人员或其他直接责任人员。（4）客观方面的行为方式不同。本罪主要表现为负有排除公众活动场所安全隐患义务的行为人，没有履行该义务，因而其行为形式多为不作为；而重大责任事故罪表现为违章生产、作业或者强令他人违章作业，一般是以作为的方式实施的。

4. 大型群众性活动重大安全事故罪与消防责任事故罪的关系

在司法实践中，应注意大型群众性活动重大安全事故罪与消防责任事故罪的联系，大型群众性活动重大安全事故罪的犯罪构成包括了公众活动场所的消防安全措施不符合国家规定，经消防机构提出改正措施仍然拒绝改正，导致了重大伤亡事故或其他严重后果，可以涵盖消防责任事故罪构成要件的内容，两者之间存在法条竞合。所以当举办大型群众性活动时，违反消防管理法规，经消防监督机构通知采取改正措施而拒绝执行，造成重大伤亡事故或其他严重后果的，应以大型群众性活动重大安全事故罪论处。

5. 大型群众性活动重大安全事故罪与玩忽职守罪的界限

所谓玩忽职守罪，是指国家机关工作人员严重不负责任，不履行或不正确履行自己的工作职责，致使公共财产、国家和人民利益遭受重大损失的行为。本罪与玩忽职守罪的区别在于：(1) 犯罪客体不同。本罪的客体是公众活动场所的公共安全，即公园、娱乐场、运动场、展览馆或者其他供社会公众活动场所中不特定多数人的生命、健康或重大公私财产安全；玩忽职守罪的客体主要是国家机关正常的管理活动。(2) 犯罪客观方面不同。本罪在客观方面表现为举办大型群众性活动违反安全管理规定，因而发生重大伤亡事故或者造成其他严重后果；而玩忽职守罪的客观方面表现为严重不负责任，不履行或正确履行自己的工作职责，致使公共财产、国家和人民利益遭受重大损失的行为。

（三）大型群众性活动重大安全事故罪的处罚

按照《刑法》第135条之一的规定，举办大型群众性活动违反安全管理规定，因而发生重大伤亡事故或者造成其他严重后果的，对直接负责的主管人员和其他直接责任人员，处3年以下有期徒刑或者拘役；情节特别恶劣的，处3年以上7年以下有期徒刑。

根据2015年12月14日最高人民法院、最高人民检察院《关于办理危害生产安全刑事案件适用法律若干问题的解释》第6条的规定，具有下列情形之一的，应当认定为“发生重大伤亡事故或者造成其他严重后果”，对相关负责人，处3年以下有期徒刑或者拘役：(1) 造成死亡1人以上，或者重伤3人以上的；(2) 造成直接经济损失100万元以上的；(3) 其他造成严重后果或者重大安全事故的情形。根据第7条的规定，具有下列情形之一的，对相关责任人员，处3年以上7年以下有期徒刑：(1) 造成死亡3人以上或者重伤10人以上，负事故主要责任的；(2) 造成直接经济损失500万元以上，负事故主要责任的；(3) 其他造成特别严重后果、情节特别恶劣或者后果特别严重的情形。

根据该解释第12条的规定，具有下列情形之一的，从重处罚：(1) 未依法取得安全许可证件或者安全许可证件过期、被暂扣、吊销、注销后从事生产经营活动的；(2) 关闭、破坏必要的安全监控和报警设备的；(3) 已经发现事故隐患，经有关部门或者个人提出后，仍不采取措施的；(4) 一年内曾因危害生产安全违法犯罪活动受过行政处罚或者刑事处罚的；(5) 采取弄虚作假、行贿等手段，故意逃避、阻挠负有安全监督管理职责的部门实施监督检查的；(6) 安全事故发生后转移财产意图逃避承担责任的；(7) 其他从重处罚的情形。实施前款第五项规定的行为，同时构成刑法第 389 条规定的犯罪的，依照数罪并罚的规定处罚。根据该解释第 13 条的规定，在安全事故发生后积极组织、参与事故抢救，或者积极配合调查、主动赔偿损失的，可以酌情从轻处罚。

## 十、危险物品肇事罪

### （一）危险物品肇事罪的概念及犯罪构成

危险物品肇事罪，是指违反爆炸性、易燃性、放射性、毒害性、腐蚀性物品的管理规定，在生产、储存、运输、使用中发生重大事故，造成严重后果的行为。

#### 1. 危险物品肇事罪的客体

本罪侵犯的客体是公共安全，即不特定多数人的生命、健康和重大公私财产的安全。本罪的犯罪对象是特定的，即能够引起重大事故的发生，致人重伤、死亡或使公私财产遭受重大损失的危险物品，它包括：(1) 爆炸性物品，是指雷管、导火线、导爆管、非电导爆系统等各种起爆器材，雷汞、雷银、三硝基间苯二酚铅等各种起爆药，硝基化合物类炸药、硝基胺类炸药、硝酸类炸药、高能混合炸药、爆破剂等各类炸药，以及烟火剂、民用信号弹、烟花爆竹等；(2) 易燃性物品，如汽油、酒精、液化气、煤气、氢气、胶片以及其他易燃液体、易燃固体、自燃物品等；(3) 放射性物品，是指通过原子核裂变时放出的射线发生伤害作用的物质，如镭、铀、钴等放射性化学元素；(4) 毒害性物品，如甲胺磷、磷化铝、砒霜、五氯酚、氯化钾、氰化钠、氧化乐果、敌敌畏、敌百虫等；(5) 腐蚀性物品，如硫酸、盐酸、硝酸等。

很多危险物品都具有双重属性。一方面，它们可以造福人类。事实上危险物品中的很大一部分已用于国防建设、经济建设和人民的日常生活，如爆炸性物品广泛用于筑路、采矿、军工事业，易燃性物品多用于交通和能源方面，放射性物品可用于发电和医疗卫生事业，毒害性物品广泛用于农业、林业杀虫，腐蚀性物品是重要的化工原料。但是，另一方面，由于上述危险物品本身所固有的危险属性，如在生产、储存、运输、使用中稍有不当，便极为容易发生重大事故，损害不特定多数人的生命、健康和重大公私财产的安全。因此，对于违反危害物品的管理规定，在生产、储存、运输、使用中发生重大事故，造成严重后果的行为，应依法追究刑事责任。

2. 危险物品肇事罪的客观方面

本罪在客观方面表现为在生产、储存、运输、使用危险物品的过程中，违反危险物品管理规定，发生重大事故，造成严重后果的行为。

（1）行为人必须有违反危险物品管理规定的行为。由于危险物品本身所固有的高度危险性，在生产、储存、运输、使用过程中，一旦使用、管理不当，就可能发生重大事故，造成严重后果，危害公共安全。为了保障安全生产、储存、运输、使用上述危险物品，国家有关部门陆续颁发了一系列有关危险物品的管理规定，如《民用爆炸物品管理条例》《危险化学品安全管理条例》《放射性同位素与射线装置安全和防护条例》《核材料管理条例》《民用核设施安全监督管理条例》《医疗用毒性药品管理办法》《农药安全使用规定》《危险货物道路运输规则》和《关于加强烟花爆竹企业安全生产管理的紧急通知》《烟花爆竹安全管理条例》等。上述危险物品管理规定，就危险物品的范围、种类以及其生产、储存、运输、使用的具体管理办法等都有着明确而具体的规定。在确定行为人是否具有违反危险物品管理规定的行为这一客观特征时，必须严格依照有关危险物品的管理规定认定：违反危险物品管理规定，就有可能构成本罪；没有违反危险物品管理规定，即使发生重大事故造成严重后果，也不构成本罪。

（2）违反危险物品管理规定的行为必须是发生在生产、储存、运输、使用上述危险物品的过程中。生产危险物品，是指从事危险物品的生产，如制造雷管、炸药等；储存危险物品，是指从事危险物品的保管放置工作；运输危险物品，是指从事把危险物品由甲地运往乙地的运输搬送工作；使用危险物品，是指将危险物品用于实际的生产与生活中，如使用敌敌畏杀虫等。虽然违反危险物品管理规定在不同过程中的表现形式是多种多样的，但主要有以下具体情形：在生产方面，表现为不按规定要求设置相应的通风、防火、防爆、防毒、监测、报警、防潮、避雷、防静电、隔离操作等安全设施，如厂房、生产设备不符合防火、防爆规定而擅自生产爆炸易燃物品；在储存方面，表现为不按规定设人管理，不设置相应的防爆、泄压、防火、防雷、灭火、防晒、调温、消除静电、防护围堤等安全设施，如不依性能分类等安全规定存放货物；在运输方面，表现为违反有关规定，将客货混装不按规定分运、分卸、不限速行驶，货物的容器和包装不符合安全规定，不按规定选送押运员或押运员擅离职守；在使用方面，表现为不按规定的剂量、范围、方法使用或者不采取必要的防护措施等。

(3) 必须因违反危险物品管理规定，而发生重大事故，造成严重后果，这是构成本罪的结果条件。如果行为人在生产、储存、运输、使用危险物品过程中，违反危险物品管理规定，未造成任何后果，或者造成的后果不严重的，则不构成本罪。如果符合其他犯罪构成要件的，如非法携带危险物品危及公共安全罪，则以其他犯罪论处。所谓重大事故或严重后果，指造成人员重伤、死亡或使公私财产遭受重大损失的情况。同时，发生重大事故、造成严重后果，必须是由违反危险物品管理规定的行为所引起的，即两者之间存在刑法上的因果关系。

3. 危险物品肇事罪的主体

本罪的主体为一般主体。从司法实践中案件情况看，主要是从事生产、储存、运输、使用爆炸性、易燃性、放射性、毒害性、腐蚀性物品的职工。但不排除其他人也可能构成本罪。

4. 危险物品肇事罪的主观方面

本罪在主观方面表现为过失。即行为人对违反危险品管理规定的行为所造成的危害结果具有疏忽大意或者过于自信的主观心理。至于行为人对违反危险物品管理规定的本身则既可能出于过失，也可能出于故意。实施本罪行为同时触犯过失投放危险物质罪、过失爆炸罪的，以本罪论处。

(二) 危险物品肇事罪的认定

1. 危险物品肇事罪与自然事故、一般违章肇事行为的界限

一方面，在生产、储存、运输、使用危险物品的过程中，没有违反危险物品管理规定的行为，而是由于自然原因意外地引起危险物用爆炸、燃烧、泄漏、污染等重大事故，造成严重后果的，属于自然事故，不构成危险物品肇事罪。另一方面，构成危险物品肇事罪还应达到发生重大事故，造成严重后果的程度。如果虽有违反危险物品管理规定的行为，却只发生了一般性事故，没有造成严重后果的，不构成本罪，按一般违法行为处罚。

2. 危险物品肇事罪的与重大责任事故罪的界限

危险物品肇事罪与重大责任事故罪的主要区别是，前者主要是违反危险物品管理规定，而后者则可能违反安全生产的所有规章制度。因此，两者的

范围有所不同。在生产中违反危险物品管理规定，发生重大事故的，与重大责任事故罪存在法条竞合关系，但是，因为本条专门规定了危险物品肇事罪，所以对生产、储存、运输、使用中违反危险物品管理规定，发生重大事故，造成严重后果的，均适用本条。

3. 危险物品肇事罪的与过失危害公共安全罪的界限

危险物品肇事罪的与过失危害公共安全罪的主要区别是：（1）主体不同。危险物品肇事罪的主体主要是从事生产、储存、运输、使用危险物品的职工，即特殊主体，过失危害公共安全罪的主体是一般主体。（2）前者只限于发生在生产、储存、运输、使用危险物品的活动过程中；后者可发生在上述活动以外的任何场合。（3）前者是由于违反有关管理规定引起严重后果的发生；后者是由于在日常生活中马虎草率、缺乏谨慎等引起危害结果。

（三）危险物品肇事罪的处罚

《刑法》第136条的规定，违反爆炸性、易燃性、放射性、毒害性、腐蚀性物品的管理规定，在生产、储存、运输、使用中发生重大事故，造成严重后果的，处3年以下有期徒刑或者拘役；后果特别严重的，处3年以上7年以下有期徒刑。

根据2015年12月14日最高人民法院、最高人民检察院《关于办理危害生产安全刑事案件适用法律若干问题的解释》第6条的规定，具有下列情形之一的，应当认定为“发生重大伤亡事故或者造成其他严重后果”，对相关负责人，处3年以下有期徒刑或者拘役：（1）造成死亡1人以上，或者重伤3人以上的；（2）造成直接经济损失100万元以上的；（3）其他造成严重后果或者重大安全事故的情形。根据第7条的规定，具有下列情形之一的，对相关责任人员，处3年以上7年以下有期徒刑：（1）造成死亡3人以上或者重伤10人以上，负事故主要责任的；（2）造成直接经济损失500万元以上，负事故主要责任的；（3）其他造成特别严重后果、情节特别恶劣或者后果特别严重的情形。

根据该解释第12条的规定，具有下列情形之一的，从重处罚：（1）未依法取得安全许可证件或者安全许可证件过期、被暂扣、吊销、注销后从事生产经营活动的；（2）关闭、破坏必要的安全监控和报警设备的；（3）已经发现事故隐患，经有关部门或者个人提出后，仍不采取措施的；（4）一年内曾因危害生产安全违法犯罪活动受过行政处罚或者刑事处罚的；（5）采取弄虚作假、行贿等手段，故意逃避、阻挠负有安全监督管理职责的部门实施监督检查的；(6) 安全事故发生后转移财产意图逃避承担责任的；(7) 其他从重处罚的情形。实施前款第五项规定的行为，同时构成刑法第 389 条规定的犯罪的，依照数罪并罚的规定处罚。根据该解释第 13 条的规定，在安全事故发生后积极组织、参与事故抢救，或者积极配合调查、主动赔偿损失的，可以酌情从轻处罚。

## 十一、工程重大安全事故罪

### （一）工程重大安全事故罪的概念及犯罪构成

工程重大安全事故罪，是指建设单位、设计单位、施工单位、工程监理单位违反国家规定，降低工程质量标准，造成重大安全事故的行为。

#### 1. 工程重大安全事故罪的客体

本罪侵犯的客体是人民的财产和生命安全以及国家的建筑管理制度。随着我国建筑市场的发展，在一些地方出现管理混乱，有的单位违反国家规定，降低工程质量标准。一些建设单位在工程发包时故意压低价款，从中索取回扣；一些承包商、中间商也大捞好处，肆意增加工程非生产性成本；一些施工单位一味压缩工期，降低造价，偷工减料，粗制滥造，索贿受贿，贪图私利，置人民群众生命、财产安全于不顾。对此，刑法关于建筑工程事故犯罪的规定，对于依法惩处这类事故的直接责任人员、治理建筑市场的人祸具有重要意义。

#### 2. 工程重大安全事故罪的客观方面

本罪在客观方面表现为违反国家规定，降低工程质量标准，造成重大安全事故的行为。本罪的“国家规定”是指国家有关建筑工程质量监督管理方面的法律、法规。违反国家规定而造成严重后果是本罪行为的本质特征，它包括违反国家规定，降低建设工程质量标准，具有导致严重结果发生危险的一切行为。“造成重大安全事故”，不限于造成对人的生命、身体的安全事故，还应包括造成工程本身的安全事故（以对人的生命、身体安全具有危险为前提），如导致工程本身不合格，无法投入使用等。

不同单位的工程重大安全事故行为表现不同。“建筑设计单位”的违规行为主要是不按质量标准进行设计。“建设单位”的违规行为主要有两种情况：一是要求建筑设计单位或者施工企业压缩工程造价或增加建房的层数，从而降低工程质量；二是提供不合格的建筑材料、构配件和设备，强迫施工单位使用，从而造成工程质量下降。“建筑施工单位”的违规行为主要有三种情况：一是在施工中偷工减料，故意使用不合格的建筑材料、构配件和设备；二是不按设计图纸施工；三是不按施工技术标准施工。上述违规行为，是造成建筑工程重大安全事故的根本原因。这里所说的“重大安全事故”，是指该建筑工程在建设中以及交付使用后，由于达不到质量标准或者存在严重问题，导致楼房倒塌、桥梁断裂、铁路塌陷，造成人员伤亡或者火车、汽车等交通工具倾覆事故等。此外，违反国家规定的行为与严重后果之间必须存在因果关系，即严重后果是由于违反国家规定的行为引起的。

3. 工程重大安全事故罪的主体

从法条的表述来看，工程重大安全事故罪的主体为特殊主体，即为单位犯罪。主体只能是建设单位、设计单位或者是施工单位及工程监理单位中，对建筑工程质量安全负有直接责任的人员。所谓建设单位，是指以营利为目的，从事房地产开发和经营的企业或者是经国家有关部门审批，具有工程建设者的资格，能支付工程价款的其他单位。设计单位，是指专门承担勘察设计任务的勘察设计单位以及其他承担勘察设计任务的勘察设计单位。施工单位，是指从事土木建筑、线路管道、设备安装和建筑装饰装修等工程承建、扩建、改建活动的建筑业企业，其中包括工程施工总承包企业、施工承包企业。工程监理单位是指对建筑工程专门进行监督管理，以保证质量、安全的单位。

4. 工程重大安全事故罪的主观方面

本罪在主观方面表现为过失。可以是出于疏忽大意的过失，也可以是过于自信的过失，即对于违反国家规定、降低工程质量标准的行为，可能发生重大安全事故，具有预见可能性，或者已经预见而轻信能够避免。这里所说的过失，是指行为人对其所造成的危害结果的心理状态而言。但是，对行为人违反国家规定来说，有时却是明知故犯的。如行为人的目的虽然并不希望重大安全事故的发生，但为了投机取巧，从中牟利，其降低工程质量标准的行为是故意的，而且在客观方面实施了违反国家规定，降低工程质量标准的行为，如降低水泥标号，使用不合格的残次建筑材料等。行为人明知是违反了国家规定，应当预见到可能发生严重后果，但因疏忽大意而没有预见，或者已经预见到会发生某种严重后果，但轻信能够避免，以致发生了严重后果。

（二）工程重大安全事故罪的认定

1. 工程重大安全事故罪与一般安全事故的界限

两者都实施了违反国家规定，降低工程质量标准的行为，区分两者的关键就在于是否造成了重大安全事故。设计单位、施工单位、工程监理单位违反国家规定，降低工程质量标准，造成了重大安全事故的，则构成工程重大安全事故罪；如果上述单位虽然违反了国家规定，降低工程质量标准，却没有造成重大安全事故的，则按不构成犯罪处理，或对直接责任人员予以行政处罚，或按有关建筑合同，承担相应的法律责任。

2. 工程重大安全事故罪与重大责任事故罪的界限

两者都是过失犯罪，都以法定的严重后果作为构成犯罪的必备条件，但两者具有明显区别。（1）犯罪主体不同。工程重大安全事故罪的犯罪主体是建设单位、设计单位、施工单位、工程监理单位，属于单位犯罪；重大责任事故罪的主体是工厂、矿山、林场、建筑企业或者其他企业、事业单位的职工，属于自然人犯罪。（2）客观方面的表现不同。工程重大安全事故罪在客观方面表现为违反国家规定，降低工程质量标准，造成重大安全事故的行为；重大责任事故罪则表现为不服从管理、违反规章制度或者强令工人违章冒险作业，因而发生重大伤亡事故或者造成其他严重后果的行为。

（三）工程重大安全事故罪的处罚

根据《刑法》第 137 条的规定，建设单位、设计单位、施工单位、工程监理单位违反国家规定，降低工程质量标准，造成重大安全事故的，对直接责任人员，处 5 年以下有期徒刑或者拘役，并处罚金；后果特别严重的，处 5 年以上 10 年以下有期徒刑，并处罚金。

根据 2015 年 12 月 14 日最高人民法院、最高人民检察院《关于办理危害生产安全刑事案件适用法律若干问题的解释》第 6 条的规定，具有下列情形之一的，应当认定为“造成重大安全事故”，对直接负责人员，处 5 年以下有期徒刑或拘役，并处罚金：（1）造成死亡 1 人以上，或者重伤 3 人以上的；（2）造成直接经济损失 100 万元以上的；（3）其他造成严重后果或者重大安全事故的情形。根据第 7 条规定，具有下列情形之一的，对直接责任人员，处 5 年以上 10 年以下有期徒刑：（1）造成死亡 3 人以上或者重伤 10 人以上，负事故主要责任的；（2）造成直接经济损失 500 万元以上，负事故主要责任的；（3）其他造成特别严重后果、情节特别恶劣或者后果特别严重的情形。

根据该解释第12条的规定，具有下列情形之一的，从重处罚：(1) 未依法取得安全许可证件或者安全许可证件过期、被暂扣、吊销、注销后从事生产经营活动的；(2) 关闭、破坏必要的安全监控和报警设备的；(3) 已经发现事故隐患，经有关部门或者个人提出后，仍不采取措施的；(4) 一年内曾因危害生产安全违法犯罪活动受过行政处罚或者刑事处罚的；(5) 采取弄虚作假、行贿等手段，故意逃避、阻挠负有安全监督管理职责的部门实施监督检查的；(6) 安全事故发生后转移财产意图逃避承担责任的；(7) 其他从重处罚的情形。实施前款第五项规定的行为，同时构成刑法第389条规定的犯罪的，依照数罪并罚的规定处罚。根据该解释第13条，在安全事故发生后积极组织、参与事故抢救，或者积极配合调查、主动赔偿损失的，可以酌情从轻处罚。

从司法实践来看，常常在施工完成之后的相当长时间才会发生重大安全事故。由于本罪是过失犯，结果发生之日才是犯罪之日，故追诉时效应从结果发生之日起开始计算。

## 要点小结

公职人员在行使公权力过程中发生的重大责任事故犯罪是指相关公职人员在生产、作业中违反有关安全管理的规定，不尽职责义务，或者不正确履行职责义务，因而发生重大伤亡事故或者造成其他严重后果的行为。对于该类职务犯罪的掌握要从各具体罪名的犯罪构成加以深入学习，尤其是“客观要件”及“主体要件”。重大责任事故犯罪的行为主体多为自然人（一般主体），但这并不意味着本类犯罪对于主体没有限制。事实上，要构成重大责任事故罪，其主体必须是从事某项“业务”的人，一般包括对生产、作业负有组织、指挥或者管理职责的负责人、管理人员、实际控制人、投资人等人员，以及直接从事生产、作业的人员；还要注意本类犯罪的一些罪名可以由非公职人员构成（即非真正身份犯），此时，不宜认定为职务犯罪。在认定方面，要注意“重大责任事故罪”与各种特殊的重大责任事故犯罪的区别等问题。在定罪量刑方面，要注意最新司法解释对各罪名认定的数量、情节标准的规定。

## 理解、反思与探究

1. 重大责任事故罪的概念与犯罪构成是什么？

2. 重大责任事故罪的认定需要注意哪些问题?
3. 重大责任事故罪的处罚标准是什么?
4. 教育设施重大安全事故罪的概念与犯罪构成是什么?
5. 消防责任事故罪的认定需要注意哪些问题?
6. 重大劳动安全事故罪的概念与犯罪构成是什么?
7. 不报、谎报安全事故罪的概念与犯罪构成是什么?
8. 铁路运营安全事故罪的概念与犯罪构成是什么?
9. 重大飞行事故罪的认定需要注意哪些问题?
10. 大型群众性活动重大安全事故罪的概念与犯罪构成是什么?
11. 危险物品肇事罪的概念与犯罪构成是什么?

## 案例练习

1. 案情简介

1999 年，被告人印某四、印某二、印某保（另案处理）共同投资开办金银煤矿。因金银煤矿位于国家规划的松河矿区内，贵州省政府于 2007 年 4 月 26 日在《贵州日报》上公告关闭该煤矿，并注销了采矿权证。后经有关部门协调，金银煤矿与尖山煤矿、阿六寺煤矿整合为松河新成煤业复采四单元，并与松河公司共同组建新公司。整合完成后，印某四、印某二、印某保各占金银煤矿三分之一的股份，印某四担任主要负责人，负责复采四单元的全面管理工作，印某二负责后勤管理，印某保不负责具体管理工作。为解决全省电煤供应紧张问题，并考虑到复采改造单元长期停产可能诱发安全隐患，2007 年 10 月 22 日，贵州盘县政府县长办公会议研究决定，同意金银煤矿作为松河新成煤业复采四单元的过渡生产系统恢复正常生产。2008 年 6 月 21 日，为加强对复采改造煤矿的安全监管，盘县政府专题会议作出决定，暂时停止松河新成煤业复采单元过渡系统生产活动。2009 年 5 月 6 日，盘县政府决定全面停止松河新成煤业复采单元过渡系统的一切生产活动。2010 年以后，贵州省各级政府又多次出台规定，严禁煤矿边建设边生产，严厉打击擅自启封已关闭系统组织生产行为。

2008 年 7 月 21 日，被告人印某四、印某二明知松河新成煤业复采四单元老系统（即金银煤矿）是禁止开展生产的煤矿，仍将该矿发包给被告人张某某和陆某开采，并安排被告人孔某某和印某春（另案处理）对煤矿进行安全管理，安排被告人封某某担任技术员，负责煤矿的巷道规划和图纸资料设计。张某某和陆某承包煤矿后招聘工人，并在安全管理不到位、不具备相应安全生产条件的情况下组织工人生产。期间，当地煤炭管理部门和安全监管部门多次对金银煤矿进行查处，严禁该煤矿开展生产，但张某某、陆谋拒不执行监管决定。2011 年 3 月 9 日，盘县安监局淤泥安监站发现金银煤矿非法生产，遂依法关闭并砌封了矿井口。当日，张某某、孔某某、封某某等人擅自组织工人启封矿井恢复生产。由于该矿井通风设施不符合规定，且未安装瓦斯抽放系统，安全监测监控系统损坏后一直未重新安装，造成瓦斯不断积聚。同年 3 月 12 日 0 时许，金银煤矿在生产过程中放炮时母线短路产生火花，导致发生重大瓦斯爆炸事故，造成 19 名工人死亡、15 名工人受伤的严重后果。

（摘自最高法院发布 3 起危害生产安全犯罪典型案例，2015 年 12 月 15 日，有删节。）

2. 问题思考

以上不同身份的行为人是否都构成重大责任事故罪主体？

3. 案例评析

被告人印某四、印某二等人将共同投资开办的金银煤矿（松河新成煤业公司复采四单元）承包给被告人张某某和陆某开采，印某四负责煤矿全面管理工作，印某二参与管理，印某四、印某二安排被告人孔某某负责煤矿安全管理，实际上履行安全矿长职责，安排被告人封某某担任金银煤矿技术员，负责煤矿生产技术规划管理，六被告人明知金银煤矿被有关部门公告关闭并被注销采矿权证，又经煤炭管理部门和安监部门多次查处并严禁生产，仍在安全管理不到位、不具备安全生产条件的情况下违反法律、法规和企业规章制度的规定，组织工人生产，导致发生重大责任事故，其行为均已构成重大责任事故罪，且情节特别恶劣。

综上分析，被告人明知金银煤矿已被当地政府作出严禁开展生产的行政决定，且矿井口已被依法查封的情况下，拒不执行停产监管决定，擅自组织生产，对事故隐患未采取任何措施，导致发生特大责任事故，应当从重处罚。被告人印某四、印某二作为金银煤矿投资人，虽然已将煤矿承包给他人，但二人仍负有管理职责，且安排人员担任煤矿安全管理人和技术人员，依法应当认定为重大责任事故罪的犯罪主体。

## 拓展性阅读导航

1. 中央纪律检查委员会、国家监察委员会《国家监察委员会管辖规定（试行）》，2018 年 4 月 16 日。

2. 最高人民法院、最高人民检察院《关于办理危害生产安全刑事案件适用法律若干问题的解释》，2015 年 12 月 14 日。

3. 最高人民法院《关于进一步加强危害生产安全刑事案件审判工作的意见》，2011 年 12 月 30 日。

第七章

# 公职人员在行使公权力过程中发生的其它职务犯罪

## 内容提要

本章主要介绍“公职人员在行使公权力过程中发生的其它职务犯罪”的概念及犯罪构成，讨论该类职务犯罪认定中的相关问题，结合立法规定、司法解释及规范性文件，明确立案、量刑标准。

## 学习目标

1. 明确公职人员在行使公权力过程中发生的其它职务犯罪的概念及犯罪构成。

2. 掌握公职人员在行使公权力过程中发生的其它职务犯罪的立案、量刑标准。

3. 了解公职人员在行使公权力过程中发生的其它职务犯罪的相关问题。

## 关键词

公职人员在行使公权力过程中发生的其它职务犯罪　破坏选举罪　背信损害上市公司利益罪　职务侵占罪　泄露不应公开的案件信息罪

# 第一节 公职人员在行使公权力过程中发生的其它职务犯罪概述

## 一、公职人员在行使公权力过程中发生的其它职务犯罪的概念及犯罪构成

### （一）公职人员在行使公权力过程中发生的其它职务犯罪的概念

公职人员在行使公权力过程中发生的其它职务犯罪是指国家机关工作人员、国有事业单位、企业相关从业人员利用职务上的便利，在行使公权力过程中，妨害国家公务的合法、公正、有效执行，损害公民对国家相关公务活动的客观、公正、有效执行的信赖，致使国家与人民利益遭受重大损失的行为。

### （二）公职人员在行使公权力过程中发生的其它职务犯罪的犯罪构成

1. 公职人员在行使公权力过程中发生的其它职务犯罪的客体

公职人员在行使公权力过程中发生的其它职务犯罪的客体要件主要是国家机关、事业单位、企业相关公务的合法、公正、有效执行以及公民对此的信赖。此外，此类职务犯罪的具体罪名还可能会侵犯到其他客体，例如，破坏选举罪会侵犯到公民的人身民主权利；背信损害上市公司利益罪、利用未公开信息交易罪等会侵犯到社会主义市场经济秩序；职务侵占罪、挪用资金罪会侵犯到相关对象的财产权益。

2. 公职人员在行使公权力过程中发生的其它职务犯罪的客观方面

公职人员在行使公权力过程中发生的其它职务犯罪的客观方面表现为不合法地超越职权或者玩弄职权。根据《刑法》的规定，这些行为通常只有给国家和人民利益造成重大损失时，才成立犯罪，但这种结果不仅指有形的结果，需要进行客观、全面的判断与评价。

3. 公职人员在行使公权力过程中发生的其它职务犯罪的主体

公职人员在行使公权力过程中发生的其它职务犯罪的主体主要是国家机关工作人员、国有公司、企业、国有事业单位中从事公务的人员。另外，需要注意本类犯罪主体非真正身份犯的情况：公职人员在行使公权力过程中发生的其它职务犯罪中的很多具体罪名的主体可以是非国家机关工作人员、国有公司、企业、国有事业单位中从事公务的人员，但此种情况不属于公职人

员职务犯罪。

4. 公职人员在行使公权力过程中发生的其它职务犯罪的主观方面

公职人员在行使公权力过程中发生的其它职务犯罪的主观方面为故意。

### 二、公职人员在行使公权力过程中发生的其它职务犯罪的罪名

参照2018年4月16日《国家监察委员会管辖规定（试行）》，公职人员在行使公权力过程中发生的其它职务犯罪包括：（1）破坏选举罪；（2）背信损害上市公司利益罪；（3）金融工作人员购买假币、以假币换取货币罪；（4）利用未公开信息交易罪；（5）诈骗投资者买卖证券、期货合约罪；（6）背信运用受托财产罪；（7）违法运用资金罪；（8）违法发放贷款罪；（9）吸收客户资金不入账罪；（10）违规出具金融票证罪；（11）对违法票据承兑、付款、保证罪；（12）非法转让、倒卖土地使用权罪；（13）私自开拆、隐匿、毁弃邮件、电报罪；（14）职务侵占罪；（15）挪用资金罪；（16）故意延误投递邮件罪；（17）泄露不应公开的案件信息罪；（18）披露、报道不应公开的案件信息罪；（19）接送不合格兵员罪。

## 第二节　公职人员在行使公权力过程中发生的其它职务犯罪分述

### 一、破坏选举罪

（一）破坏选举罪的概念及犯罪构成

破坏选举罪，是指在选举各级人民代表大会代表和国家机关领导人员时，以暴力、威胁、欺骗、贿赂、伪造选举文件、虚报选举票数等手段，破坏选举或者妨害选民和代表自由行使选举权与被选举权，情节严重的行为。

1. 破坏选举罪的客体

破坏选举罪侵犯的客体是公民的选举权利和国家的选举制度。选举权利包括选举权和被选举权。选举权利是公民基本的政治权利，是我国人民当家作主，行使国家权利的重要标志。选举制度是国家的重要制度，是国家民主政治的基本保护，任何侵犯公民选举权利的自由行使、破坏选举制度的行为，都侵犯了公民民主权利，损害国家的政治生活，必须依法惩处。

2. 破坏选举罪的客观方面

（1）必须具有破坏选举或者妨害选民和代表自由行使选举权和被选举权的行为。所谓破坏选举，是指以各种方法扰乱、妨害整个选举活动包括选民登记、提出候选人、投票选举、补选、罢免等正常的进行。所谓妨害公民选民和代表自由行使选举权和被选举权，是指利用各种手段使得选民和代表不能按自己的意志自由地行使自己的选举和被选举的权利，如不准公民参加选举活动，逼迫、诱使选民或代表不选举某人或选举某人等。其中，选民是指直接参加选举活动，选举产生县级以下包括县、乡、镇人民代表大会代表的所有具有选举权的公民。破坏村民委员会选举、居民委员会选举的，不成立本罪。所谓代表，是指由选民直接选举产生的县级以下包括县、乡、镇等人民代表大会的代表以及由县级以上包括县级人民代表大会的代表间接选举产生的上一级人民代表大会代表。

至于破坏选举或妨害选民和代表自由行使选举权和被选举权的方式则多种多样，既可以表现为积极的作为如以暴力妨害，又可以表现为消极的不作为如故意漏登选民名单。归纳起来，主要是：①暴力手段，即对选民、代表及其工作人员采取殴打、捆绑等人身伤害的手段或者捣乱选举场所，砸毁选举设施进行破坏；②威胁手段，即以暴力伤害、毁坏财产、揭露隐私、破坏名誉等相要挟，对选民、代表及有关工作人员实施精神强制进行破坏；③欺骗手段，即虚构事实，散布、扩散各种谣言或隐瞒事实真相，以混淆视听进行干扰破坏；④贿赂手段，即利用金钱、财物或者其他物质利益甚至女色勾引、收买选民、代表或有关工作人员进行破坏；⑤伪造选举文件，即伪造选民证、选票、候选人的情况资料、对选举文件进行破坏；⑥虚报选举票数，即对选民、代表的投票总数、赞成票数、反对票数、弃权票数等进行以少报多或以多报少的虚假报告进行破坏；⑦其他手段，如撕毁选民名单、候选人情况；在选民名单、候选人名单、选票上涂写侮辱性词句；对与自己不同意见的选民、代表进行打击报复，等等。

（2）破坏选举的行为必须是发生在选举各级人民代表大会和国家机关领导人员的活动中，即破坏的是各级权力机关的选举活动。如果不是发生在其中，而是在选举开始以前或者结束以后以及是在选举权力机关代表和国家机关领导人员以外的选举，如工会、共青团、妇联等社会团体的选举，各级党组织及其他民主党派的选举，企业、事业单位的领导人员的选举等，就不属于破坏选举罪的破坏选举。对之，构成犯罪的，应以他罪定罪，而不能以破坏选举罪论处。至于选举活动，则包括选民登记、提出候选人、投票选举、补选、罢免以及人民代表大会换届选举、补选的一切活动过程。

（3）破坏选举的行为还必须属于情节严重才能构成破坏选举罪。仅有破坏行为，尚未达到情节严重，也不能以破坏选举罪论处。所谓情节严重，主要是指破坏选举手段恶劣、后果严重或者造成恶劣影响的等情况。

3. 破坏选举罪的主体

破坏选举罪的主体是一般主体，可以是普通公民，也可以是国家工作人员。但有些破坏选举的行为，如有意不真实地介绍候选人的情况、变更、伪造、虚报选举结果的，只能由选举工作人员才能实施，此时，不是选举工作人员的难以构成破坏选举罪。

4. 破坏选举罪的主观方面

破坏选举罪在主观方面表现为故意。一般出于破坏选举或妨害选民、代表自由行使选举权利的目的。过失不构成破坏选举罪，如将本无选举权的人列入选民名单、对候选人的介绍失实、误报选票数等，不构成破坏选举罪。

（二）破坏选举罪的认定

1. 破坏选举罪和寻衅滋事罪的界限

破坏选举罪和寻衅滋事罪的主观方面不同。两罪都为故意犯罪，但行为人认知的内容不同。寻衅滋事罪的行为人明知自己的行为会发生破坏社会秩序的危害后果，而希望或者放任这种结果的发生，其目的往往是为了满足要威风、取乐等不正常的心理需要。破坏选举罪则要求行为人明知自己的行为会妨害选举活动及妨害选民和代表自由行使选举权和被选举权，而希望或放任这种结果的发生，其目的往往是出于个人政治上的野心或者是发泄个人的不满等。

破坏选举罪和寻衅滋事罪的客观方面不同。根据《刑法》的规定，寻衅滋事罪的客观方面有四种表现：其一，随意殴打他人，情节恶劣的；其二，追逐、拦截、辱骂他人，情节严重的；其三，强拿硬要或者任意毁损、占用公私财物，情节严重的；其四，在公共场所起哄闹事，造成公共场所秩序严重混乱的。其行为没有明确的时间要求。破坏选举则要求行为人的行为必须发生在选举各级人民代表大会代表和国家机关领导人员时。其客观方面的具体表现为行为人以暴力、威胁、欺骗、贿赂、伪造选举文件、虚报选举票数等手段破坏选举或者妨害选民和代表自由行使选举权和被选举权。可见，寻衅滋事罪的犯罪手段相对而言，较为单一，主要表现为暴力；而破坏选举罪的犯罪手段则较为多样化。从犯罪对象上看，破坏选举罪侵犯的对象主要是选民和代表，寻衅滋事罪的侵犯对象则通常为不特定的人或者财物。

（三）破坏选举罪的处罚

根据《刑法》第256条的规定，在选举各级人民代表大会代表和国家机关领导人员时，以暴力、威胁、欺骗、贿赂、伪造选举文件、虚报选举票数等手段破坏选举或者妨害选民和代表自由行使选举权和被选举权，情节严重的，处3年以下有期徒刑、拘役或者剥夺政治权利。

根据最高人民检察院于2006年7月26日公布的《关于渎职侵权犯罪案件立案标准的规定》的规定，破坏选举的行为情节严重的才构成本罪。根据此规定，具有下列情形之一的，应予立案追诉：（1）以暴力、威胁、欺骗、贿赂等手段，妨害选民、各级人民代表大会代表自由行使选举权和被选举权，致使选举无法正常进行，或者选举无效，或者选举结果不真实的；（2）以暴力破坏选举场所或者选举设备，致使选举无法正常进行的；（3）伪造选民证、选票等选举文件，虚报选举票数，产生不真实的选举结果或者强行宣布合法选举无效、非法选举有效的；（4）聚众冲击选举场所或者故意扰乱选举场所秩序，使选举工作无法进行的；（5）其他情节严重的情形。

实施破坏选举罪的行为，其手段又触犯其他罪名的，通常应从一重罪论处。如以暴力手段破坏选举致人重伤的，应以故意伤害罪论处。

## 二、背信损害上市公司利益罪

（一）背信损害上市公司利益罪的概念及犯罪构成

背信损害上市公司利益罪，是指上市公司的董事、监事、高级管理人员，违背对公司的忠实义务，利用职务便利，操纵上市公司从事损害上市公司利益的活动，致使上市公司利益遭受重大损失的行为，以及上市公司的控股股东或者实际控制人，指使上市公司董事、监事、高级管理人员从事损害上市公司利益的活动，致使上市公司利益遭受重大损失的行为。

1. 背信损害上市公司利益罪的客体

本罪侵犯的客体是上市公司及其股东的合法权益和证券市场的管理秩序。2018年10月26日的《中华人民共和国公司法》第147条明确规定：“董事、监事、高级管理人员应当遵守法律、行政法规和公司章程，对公司负有忠实义务和勤勉义务。”第148条规定，“董事、高级管理人员不得擅自披露公司秘密”。这里的“忠实义务”，是指董事、监事、高级管理人员对公司事务应忠诚尽力，当其自身利益与公司利益相冲突时，应以上市公司的利益为重。

2. 背信损害上市公司利益罪的客观方面

本罪在客观方面表现为上市公司的董事、监事、高级管理人员违背对公司的忠实义务，利用职务便利，通过操纵上市公司从事不正当、不公平的关联交易等非法手段，致使上市公司利益遭受重大损失的行为。

本罪的客观行为主要分为两种类型：第一种是上市公司的董事、监事和高级管理人员，违背对公司的忠实义务，利用职务便利，操纵上市公司从事损害上市公司利益的活动，致使上市公司利益遭受重大损失。其中的损害上市公司利益的活动是指：（1）无偿向其他单位或者个人提供资金、商品、服务或者其他资产；（2）以明显不公平的条件，提供或者接受资金、商品、服务或者其他资产；（3）向明显不具有清偿能力的单位或者个人提供资金、商品、服务或者其他资产；（4）为明显不具有清偿能力的单位或者个人提供担保，或者无正当理由为其他单位或者个人提供担保；（5）无正当理由放弃债权、承担债务；（6）采用其他方式损害上市公司利益。第二种是上市公司的控股股东或者实际控制人，指使上市公司董事、监事、高级管理人员实施上述损害上市公司利益的活动，致使上市公司利益遭受重大损失。

3. 背信损害上市公司利益罪的主体

本罪主体指上市公司的董事、监事、高级管理人员、控股股东或者实际控制人。2018年10月26日的《中华人民共和国公司法》第216条明确规定："高级管理人员"是指公司的经理、副经理、财务负责人，上市公司董事会秘书和公司章程规定的其他人员。"控股股东"是指其出资额占有限责任公司资本总额50%以上或者其持有的股份占股份有限公司股本总额50%以上的股东；出资额或者持有股份的比例虽然不足50%，但依其出资额或者持有的股份所享有的表决权已足以对股东会、股东大会的决议产生重大影响的股东。"实际控制人"是指虽不是公司的股东，但通过投资关系、协议或者其他安排，能够实际支配公司行为的人。

4. 背信损害上市公司利益罪的主观方面

本罪在主观方面表现为故意。即行为人明知自己实施的是背信行为，明知自己的行为会对上市公司造成财产上损害的结果，并且希望或者放任这种结果的发生。

（二）背信损害上市公司利益罪的认定

1. 背信损害上市公司利益罪的罪与非罪的界限

正确认定背信损害上市公司利益罪，必须划清其与一般违法行为的界限，在认定时，应该注意以下三点：第一，由于经济活动中存在一定客观风险，若行为主体所实施的行为是在法规、章程规定的范围之内，且行为人既没有滥用权利，也没有违背忠实义务，造成了一定的财产损失，就不能构成本罪。若上市公司为谋求高利润授权由行为人处理相关事务，而甘冒高风险，则行为人为其处理风险事务，即使已超出一般依法之事务处理范围，亦因本人同意，而可阻却违法。第二，本罪属于结果犯，即只有行为主体实施背信行为致使公司财产遭受重大损失才构成犯罪。如果根据案件事实，确属情节显著轻微危害不大的，应根据《刑法》第13条的规定，不以犯罪论处，而作为一般违法行为处理。

（三）背信损害上市公司利益罪的处罚

依照《刑法》第169条之一第1款的规定，犯本罪的，处3年以下有期徒刑或者拘役，并处或者单处罚金；致使上市公司利益遭受特别重大损失的，处3年以上7年以下有期徒刑，并处罚金。关于上市公司的控股股东或者实际控制人指使上市公司高管实施背信行为处罚的问题。第2款规定："上市公司的控股股东或者实际控制人，指使上市公司董事、监事、高级管理人员实施前款行为的，依照前款的规定处罚。"实施上述第二种类型犯罪的上市公司的控股股东或者实际控制人是单位的，对单位判处罚金，并对其直接负责的主管人员和其他直接责任人员，依照刑法第169条之一第1款的规定处罚。实施本罪行为，同时触犯职务侵占罪或者贪污罪的，应作为想象竞合犯，从一重罪论处。

根据2010年5月7日最高人民检察院、公安部《关于公安机关管辖的刑事案件立案追诉标准的规定（二）》第18条的规定，上市公司的董事、监事、高级管理人员违背对公司的忠实义务，利用职务便利，操纵上市公司从事损害上市公司利益的行为，以及上市公司的控股股东或者实际控制人，指使上市公司董事、监事、高级管理人员实施损害上市公司利益的行为，涉嫌下列情形之一的，应予立案追诉：（1）无偿向其他单位或者个人提供资金、商品、服务或者其他资产，致使上市公司直接经济损失数额在150万元以上的；（2）以明显不公平的条件，提供或者接受资金、商品、服务或者其他资产，致使上市公司直接经济损失数额在150万元以上的；（3）向明显不具有清偿能力的单位或者个人提供资金、商品、服务或者其他资产，致使上市公司直接经济损失数额在150万元以上的；（4）为明显不具有清偿能力的单位或者个人提供担保，或者无正当理由为其他单位或者个人提供担保，致使上市公司直接经济损失数额在150万元以上的；（5）无正当理由放弃债权、承担债务，致使上市公司直接经济损失数额在150万元以上的；（6）致使公司发行的股票、公司债券或者国务院依法认定的其他证券被终止上市交易或者多次被暂停上市交易的；（7）其他致使上市公司利益遭受重大损失的情形。

"其他致使上市公司利益遭受重大损失的情形"主要包括挪用公司资金；将公司资金以某个人名义或者以其他个人名义开立账户存蓄；违反公司章程的规定，未经股东会、股东大会或者董事会同意，将公司资金借贷给他人或者以公司财产为他人提供担保；违反公司章程的规定或者未经股东会、股东大会同意，与本公司订立合同或者进行交易；未经股东会、股东大会同意，利用职务便利为自己或者他人谋取属于公司的商业机会，自营或者他人经营与所任职公司同类的业务；接受他人与公司交易的佣金归为己有；擅自披露公司秘密；违反对公司忠实义务的其他行为。

## 三、金融工作人员购买假币、以假币换取货币罪

### （一）金融工作人员购买假币、以假币换取货币罪的概念及犯罪构成

金融工作人员购买假币、以假币换取货币罪，是指银行或者其他金融机构工作人员，购买伪造的货币，或者利用职务上的便利，以伪造的货币换取货币的行为。

#### 1. 金融工作人员购买假币、以假币换取货币罪的客体

本罪侵犯的客体是国家的货币管理制度。金融机构工作人员利用职务便利换取货币的行为还同时侵犯了金融机构的正常活动，具有一定的渎职性。由于本罪主体的特殊性，因而本罪对国家货币管理制度的危害比一般人实施同样的行为的危害要大，所以《刑法》第171条第2款规定了更重的法定刑。

#### 2. 金融工作人员购买假币、以假币换取货币罪的客观方面

本罪在客观方面上表现为银行或者其他金融机构工作人员购买伪造的货币，或者利用职务上的便利以伪造的货币换取货币的行为。所谓伪造的货币

简称假币，是指依照我国的货币（包括现行流通的纸币和硬币）的形态、格式、图案、色彩、线条等特征，通过印刷、复印、石印、影印、手描等方法制作的以假充真的货币，不包括变造的货币。

所谓购买伪造的货币，是指以一定的价格利用货币或物品买回、换取伪造的货币之行为。所谓以伪造的货币换取货币的行为，是指以伪造的假币换取真币的行为。这种行为方式，必须在利用职务之便的情况下实施，才能构成本罪的客观之方面。所谓利用职务之便，在这里是指利用职务范围内的权力和地位所形成的主管、经管、经手货币的便利条件，既包括利用职权的便利，即在自己职务范围内因职务而产生、享有的处理某种事物的便利，如人事权、物权等，又包括利用本人的职权或地位所形成的便利条件。无论出于哪一种情况，都应当与自己的诸如管理货币的发行、流通与回笼，存款的吸收与提取，贷款的发放与收回，国内外汇兑换的往来等等从事货币流通及相关的业务职责活动相联系。

如果没有利用本身的职务之便，只是因工作关系熟悉作案的环境、方法、条件等实施犯罪，就不是本罪的客观之行为。如某银行某工作人员将假币向其银行某储蓄所与之不相识的人员兑换真币，以及趁无人之际潜入金库将假币换取真币的行为，都因未利用职务之便因而不能构成本罪，应视行为的具体情况认定为盗窃等罪。购买假币与调换假币通常密切联系，但刑法并不要求两种行为同时实施，同时实施这两种行为的，也以一罪论处。

3. 金融工作人员购买假币、以假币换取货币罪的主体

本罪的主体是特殊主体，即只有金融机构的工作人员才能构成，至于金融机构的所有制性质，则在所不问。所谓金融机构，是指专门从事各种金融活动的组织。我国已形成以中央银行即中国人民银行为核心，以商业银行为主体的多种金融机构并存的体系。其中商业银行主要有中国工商银行、中国农业银行、中国银行、中国建设银行、交通银行、光大银行、中信实业银行以及各种地方性商业银行等。其他金融机构是指，银行以外的城乡信用合作社、融资租赁机构、信托投资公司、保险公司、邮政储蓄机构、证券机构等具有货币资金融通职能的机构。

4. 金融工作人员购买假币、以假币换取货币罪的主观方面

本罪的主观方面必须是故意，即明知是伪造的货币而予以购买或者利用职务之便利换取货币。如果行为人在工作中误将假币支付给他人，不能视为

利用职务便利以假币换取真币。

（二）金融工作人员购买假币、以假币换取货币罪的认定

1. 金融工作人员购买假币、以假币换取货币罪和购买假币罪的界限

本罪与购买假币罪的区别在于：（1）行为主体不同。本罪客观行为的主体是银行等金融机构的工作人员；而购买假币罪的主体则为一般主体。（2）客观方面不同。本罪只要具有购买的行为，无论其购买数额的多少都可构成本罪；但后罪的客观方面，不仅要求具有购买假币的行为，而且亦要求购买假币的数量达到数额较大的标准，否则即不可能构成犯罪。

2. 金融工作人员购买假币、以假币换取货币罪和伪造货币罪的界限

如果行为人伪造货币后，再用自己伪造的货币换取真币，则又触犯伪造货币罪。由于后者这种以假币换取真币的行为是前者伪造行为的一种自然的后继行为，加之本法对伪造货币的行为处罚要比本罪重，对此，应从重择取伪造货币罪处罚。对于后面的以假币换取真币的行为，则作为一个从重的情节予以考虑。如果金融工作人员既有伪造货币的行为，又有不是以自己伪造的货币而是以他人伪造的货币换取真币的行为，此时两者之间没有必然联系，因此，应当分别定为伪造货币罪与本罪，然后实行数罪并罚。

3. 金融工作人员购买假币、以假币换取货币罪和走私假币罪的界限

行为人如果出于走私的故意或与走私犯罪分子共谋实施本罪行为的，则又牵连触犯了走私假币罪，此时应择一重罪即走私假币罪从重处罚。根据走私行为的性质，下列行为，即使为金融工作人员所为，亦应按走私假币罪处罚：（1）直接向走私犯罪分子非法购买国家禁止进出口的伪造的货币的；（2）在内海、领海购买国家禁止进出口的伪造的货币的；（3）与走私伪造的货币的犯罪分子共谋，为其将伪造的货币换取真币的；等等。

（三）金融工作人员购买假币、以假币换取货币罪的处罚

根据《刑法》第 171 条第 2 款的规定，犯本罪的，处 3 年以上 10 年以下有期徒刑，并处 2 万元以上 20 万元以下罚金；数额巨大或者有其他严重情节，处 10 年以上有期徒刑或者无期徒刑，并处 2 万元以上 20 万元以下罚金或者没收财产；情节较轻的，处 3 年以下有期徒刑或者拘役，并处或者单处 1 万元以上 10 万元以下罚金。

根据 2000 年 9 月 8 日最高人民法院《关于审理伪造货币等案件具体应用法律若干问题的解释》第 4 条的规定，银行或者其他金融机构的工作人员购

买假币或者利用职务上的便利，以假币换取货币，总面额在4千元以上不满5万元或者币量在4百张（枚）以上不足5千张（枚）的，处3年以上10年以下有期徒刑，并处2万元以上20万元以下罚金；总面额在5万元以上或者币量在5千张（枚）以上或者有其他严重情节的，处10年以上有期徒刑或者无期徒刑，并处2万元以上20万元以下罚金或者没收财产；总面额不满人民币4千元或者币量不足4百张（枚）或者具有其他情节较轻情形的，处3年以下有期徒刑或者拘役，并处或者单处1万元以上10万元以下罚金。第7条规定，本解释所称“货币”是指可在国内市场流通或者兑换的人民币和境外货币。货币面额应当以人民币计算，其他币种以案发时国家外汇管理机关公布的外汇牌价折算成人民币。

根据2010年5月7日最高人民检察院、公安部《关于公安机关管辖的刑事案件立案追诉标准的规定（二）》第21条的规定，银行或者其他金融机构的工作人员购买伪造的货币或者利用职务上的便利，以伪造的货币换取货币，总面额在2千元以上或者币量在2百张（枚）以上的，应予立案追诉。

金融机构工作人员，利用职务上的便利，以少量面额（如100元）的假币换取大量面值（如1万元）真币的，成立贪污罪或者职务侵占罪。以假币换取货币的行为同时触犯本罪与贪污罪、职务侵占罪的，应作为想象竞合犯，从一重罪处罚。

## 四、利用未公开信息交易罪

### （一）利用未公开信息交易罪的概念及犯罪构成

利用未公开信息交易罪，是指证券交易所、期货交易所、证券公司、期货经纪公司、基金管理公司、商业银行、保险公司等金融机构的从业人员以及有关监管部门或者行业协会的工作人员，利用职务便利获取的内幕信息以外的其他未公开的信息，违反规定，从事与该信息相关的证券、期货交易活动，或者明示、暗示他人从事相关交易活动，情节严重的行为。

#### 1. 利用未公开信息交易罪的客体

该罪与内幕交易罪相似，侵犯的客体都是国家对证券交易管理制度和投资者的合法权益。行为人利用未公开信息优势进行信息不对称的交易，不仅是违反信息披露制度的行为，也是违反证券市场的交易公平基本原则的行为。证券市场上的各种信息是投资者进行投资决策的基本依据，投资者对信息了解、掌握和运用的程度，直接关系到自身的利益，利用非公开信息交易虽然在程序上与正常的交易程序相同，也是到市场上公开买卖证券，但由于一部分人利用未公开信息，先行一步对市场做出反应，因此，利用未公开信息交易与内幕交易一样都直接违反了公平、公正、公开原则和诚信原则，严重损害了广大投资者利益。

2. 利用未公开信息交易罪的客观方面

本罪的客观方面表现为利用职务便利获取的内幕信息以外的其他未公开的信息，违反规定，从事与该信息相关的证券、期货交易活动，或者明示、暗示他人从事相关交易活动的行为。

对“未公开信息”可参照相关立法关于“内幕信息及重大事件”的界定大致确定其特征。2019 年 12 月 28 日修订的《中华人民共和国证券法》第 52 条规定，证券交易活动中，涉及发行人的经营、财务或者对该发行人证券的市场价格有重大影响的尚未公开的信息，为内幕信息。参照本法第 80 条的规定，发生可能对上市公司、股票在国务院批准的其他全国性证券交易场所交易的公司的股票交易价格产生较大影响的“重大事件”是指：（1）公司的经营方针和经营范围的重大变化；（2）公司的重大投资行为，公司在一年内购买、出售重大资产超过公司资产总额 30%，或者公司营业用主要资产的抵押、质押、出售或者报废一次超过该资产的 30%；（3）公司订立重要合同、提供重大担保或者从事关联交易可能对公司的资产、负债、权益和经营成果产生重要影响；（4）公司发生重大债务和未能清偿到期重大债务的违约情况；（5）公司发生重大亏损或者重大损失；（6）公司生产经营的外部条件发生的重大变化；（7）公司的董事、三分之一以上监事或者经理发生变动，董事长或者经理无法履行职责；（8）持有公司 5%以上股份的股东或者实际控制人持有股份或者控制公司的情况发生较大变化，公司的实际控制人及其控制的其他企业从事与公司相同或者相似业务的情况发生较大变化；（9）公司分配股利、增资的计划，公司股权结构的重要变化，公司减资、合并、分立、解散及申请破产的决定，或者依法进入破产程序、被责令关闭；（10）涉及公司的重大诉讼、仲裁，股东大会、董事会决议被依法撤销或者宣告无效；（11）公司涉嫌犯罪被依法立案调查，公司的控股股东、实际控制人、董事、监事、高级管理人员涉嫌犯罪被依法采取强制措施；（12）国务院证券监督管理机构规定的其他事项。

参照以上《中华人民共和国证券法》第 81 条的规定，发生可能对上市交易公司债券的交易价格产生较大影响的“重大事件”是指：(1) 公司股权结构或者生产经营状况发生重大变化；(2) 公司债券信用评级发生变化；(3) 公司重大资产抵押、质押、出售、转让、报废；(4) 公司发生未能清偿到期债务的情况；(5) 公司新增借款或者对外提供担保超过上年末净资产的 20%；(6) 公司放弃债权或者财产超过上年末净资产的 10%；(7) 公司发生超过上年末净资产 10% 的重大损失；(8) 公司分配股利，作出减资、合并、分立、解散及申请破产的决定，或者依法进入破产程序、被责令关闭；(9) 涉及公司的重大诉讼、仲裁；(10) 公司涉嫌犯罪被依法立案调查，公司的控股股东、实际控制人、董事、监事、高级管理人员涉嫌犯罪被依法采取强制措施；(11) 国务院证券监督管理机构规定的其他事项。

参照以上规定，“未公开信息”大致有以下特征：首先，是具有类似的市场价值。既然法条在定义中引用了“内幕信息”的概念，说明“未公开信息”对于金融市场具有与“内幕信息”及“重大事件”相似的重要性，其也应该是能够影响相关证券期货特定交易品种价格变动的重大信息。其次，“其他未公开信息”应具有尚未公开、时效性的特征。内幕信息是法律要求以特定方式特定时间公开的信息，披露之前属于保密信息。“其他未公开信息”虽然法律并不要求以特定方式披露，但根据市场交易规则和交易行为性质，该信息只能由特定人员知悉，由交易行为在市场中逐渐释放。未公开前，该类信息应具有保密性。最后，“未公开信息”又不同于内幕信息。《证券法》以列举加概括的方式已经对“内幕信息”作了明确规定。因此，“未公开信息”仅指除此之外的影响证券价格的重大信息，如金融投资机构准备重金持仓某证券品种或期货合约品种的信息等。

3. 利用未公开信息交易罪的主体

根据《刑法修正案（七）》规定，利用未公开信息交易罪的犯罪主体是特殊主体，主要包括两个方面，一是证券交易所、期货交易所、证券公司、期货经纪公司、基金管理公司、商业银行、保险公司等金融机构的从业人员；二是有关监管部门或者行业协会的工作人员，这里“有关监管部门”包括证监会、银监会和保监会等；行业协会包括证券业协会、银行业协会和保险业协会等。

4. 利用未公开信息交易罪的主观方面

利用未公开信息交易的主观方面应当表现为故意，即明知是未公开信息，而积极利用此信息进行证券交易或者明示、暗示他人进行相关交易。过失不构成该罪，如犯罪主体不慎将未公开信息泄露，导致信息获取者进行证券交易，则不能按暗示他人进行证券交易来追究其刑事责任。

（二）利用未公开信息交易罪的处罚

根据《刑法》第 180 条的规定，证券交易所、期货交易所、证券公司、期货经纪公司、基金管理公司、商业银行、保险公司等金融机构的从业人员以及有关监管部门或者行业协会的工作人员，利用因职务便利获取的内幕信息以外的其他未公开的信息，违反规定，从事与该信息相关的证券、期货交易活动，或者明示、暗示他人从事相关交易活动，情节严重的，处 5 年以下有期徒刑或者拘役，并处或者单处违法所得 1 倍以上 5 倍以下罚金；情节特别严重的，处 5 年以上 10 年以下有期徒刑，并处违法所得 1 倍以上 5 倍以下罚金。单位犯前款罪的，对单位判处罚金，并对其直接负责的主管人员和其他直接责任人员，处 5 年以下有期徒刑或者拘役。

根据 2010 年 5 月 7 日修正的最高人民检察院、公安部《关于公安机关管辖的刑事案件立案追诉标准的规定（二）》第 36 条的规定，证券交易所、期货交易所、证券公司、期货公司、基金管理公司、商业银行、保险公司等金融机构的从业人员以及有关监管部门或者行业协会的工作人员，利用职务便利获取的内幕信息以外的其他未公开的信息，违反规定，从事与该信息相关的证券、期货交易活动，或者明示、暗示他人从事相关交易活动，涉嫌下列情形之一的，应予立案追诉：（1）证券交易成交额累计在 50 万元以上的；（2）期货交易占用保证金数额累计在 30 万元以上的；（3）获利或者避免损失数额累计在 15 万元以上的；（4）多次利用内幕信息以外的其他未公开信息进行交易活动的；（5）其他情节严重的情形。

## 五、诱骗投资者买卖证券、期货合约罪

（一）诱骗投资者买卖证券、期货合约罪的概念及犯罪构成

诱骗投资者买卖证券、期货合约罪，是指证券交易所、期货交易所、证券公司、期货经纪公司的从业人员，证券业协会、期货业协会或者证券、期货管理部门的工作人员与单位，故意提供虚假信息或者伪造、变造、销毁交

易记录，诱骗投资者买卖证券、期货合约，造成严重后果的行为。

1. 诱骗投资者买卖证券、期货合约罪的客体

本罪所侵害的客体是复杂客体，包括证券、期货市场正常的交易管理秩序和其他投资者的利益。

2. 诱骗投资者买卖证券、期货合约罪的客观方面

本罪在客观方面表现为故意提供虚假信息或者伪造、变造、销毁交易记录，诱骗投资者买卖证券、期货合约，造成严重后果的行为。

所谓提供虚假信息，是指将有关证券发行，证券、期货交易的虚假信息故意传播或扩散。既可以提供给个人，又可以提供给单位；既可以是当面口头提供，又可以不面对他人而采用书面、影视、计算机等方式提供；既可以单个地提供，又可以成群成批地提供。但无论其方式如何，其所提供的必须与证券发行，证券、期货交易相关且必为虚假的信息。如果与证券发行、证券、期货交易无关或者所提供的不是虚假的信息，则不构成本罪。至于虚假信息的来源，既可以是自己编造的，又可以是他人编造的，但无论来源如何都不会影响本罪成立。

关于“伪造、变造、销毁”交易记录。所谓伪造，在这里是指按照证券、期货交易记录的特征包括形式特征如式样、格式、形状等内容特征，采用印刷、复印、描绘、拓印、石印等各种方法，制作假交易记录冒充真交易记录的行为。所谓变造，是指在真实交易记录的基础上，通过涂改、剪接、挖补、拼凑等加工方法，从而使原交易记录改变其内容的行为。所谓销毁，是指将证券、期货交易记录采用诸如撕裂、火烧、水浸、丢弃等各种方法予以毁灭。

诱骗是指采取提供虚假的信息或将交易记录加以销毁的方式，以对投资者进行欺骗、引诱、误导，从而骗取投资者信任使投资者买卖证券、期货合约的行为。“诱骗”还包括使投资者产生认识错误的欺骗，但不限于欺骗。投资者原本基于某种原因不打算买卖某种证券、期货合约，行为人通过提供虚假信息等手段，使投资者买卖该证券、期货合约的，当然属于诱骗。在投资者虽有买卖某种证券、期货合约的念头，但心存犹豫时，行为人通过提供虚假信息等手段，使投资者买卖该证券、期货合约的，也属于诱骗。

本罪为结果犯，只有因行为人故意提供虚假信息或伪造、变造、销毁交易记录，诱骗投资者的行为造成了实际的严重后果才能构成本罪。

3. 诱骗投资者买卖证券、期货合约罪的主体

本罪为身份犯，主体为特殊主体，即只有证券交易所、期货交易所、证券公司、期货经纪公司的从业人员，证券业协会、期货业协会或者证券期货监督管理部门的工作人员及单位，才能构成本罪。非上述人员、单位不能构成本罪而成为本罪主体。

4. 诱骗投资者买卖证券、期货合约罪的主观方面

本罪在主观方面必须出于故意，即明知为虚假信息而故意提供或者明知是证券、期货交易记录仍决意伪造、变造或者销毁，并且具有诱骗投资者买卖证券、期货合约的目的。

（二）诱骗投资者买卖证券、期货合约罪的认定

1. 诱骗投资者买卖证券、期货合约罪与编造并传播证券、期货交易虚假信息罪的界限

诱骗投资者买卖证券、期货合约罪与编造并传播证券、期货交易虚假信息罪都包含着提供虚假信息的内容，同时都有可能诱使相关投资者在不知真相的情况下进行证券、期货交易，从而遭受经济损失，并且两者都是有关妨害证券、期货信息真实公开的行为，两罪的区别在于：（1）主体不同，前者是特殊主体，仅限于证券交易所、期货交易所、证券公司、期货经纪公司的从业人员、证券业协会、期货业协会证券期货监督管理部门的工作人员，后者是一般主体，即只要达到刑事责任年龄、具备刑事责任能力的人都可能成为本罪的主体。（2）客观方面不同，前者表现为故意提供虚假信息或者伪造、变造、销毁交易记录，诱骗投资者买卖证券、期货合约的行为，后者表现为编造并传播影响证券、期货交易的虚假信息，扰乱证券、期货交易市场的行为。证券交易所、期货交易所的从业人员编造并且传播虚假信息，诱骗投资者买卖证券、期货合约，结果扰乱了证券、期货市场，产生了严重后果的，依据特别法优于普通法的原则，该行为宜定为诱骗投资者买卖证券、期货罪。

（三）诱骗投资者买卖证券、期货合约罪的处罚

根据《刑法》第 181 条第 2 款、第 3 款的规定，犯本罪的，处 5 年以下有期徒刑或者拘役，并处或者单处 1 万元以上 10 万元以下罚金；情节特别恶劣的，处 5 年以上 10 年以下有期徒刑，并处 2 万元以上 20 万元以下罚金。单位犯本罪的，对单位判处罚金，并对其直接负责的主管人员和其他直接责任人员，处 5 年以下有期徒刑或者拘役。

根据2010年5月7日最高人民检察院、公安部《关于公安机关管辖的刑事案件立案追诉标准的规定（二）》第38条的规定，证券交易所、期货交易所、证券公司、期货公司的从业人员，证券业协会、期货业协会或者证券期货监督管理部门的工作人员，故意提供虚假信息或者伪造、变造、销毁交易记录，诱骗投资者买卖证券、期货合约，涉嫌下列情形之一的，应予立案追诉：(1) 获利或者避免损失数额累计在5万元以上的；(2) 造成投资者直接经济损失数额在5万元以上的；(3) 致使交易价格和交易量异常波动的；(4) 其他造成严重后果的情形。

## 六、背信运用受托财产罪

### (一) 背信运用受托财产罪的概念及犯罪构成

背信运用受托财产罪，是指银行或者其他金融机构违背受托义务，擅自运用客户资金或者其他委托、信托的财产，情节严重的行为。

#### 1. 背信运用受托财产罪的客体

背信运用受托财产罪侵犯的客体是金融管理秩序和客户的合法权益。本罪针对金融机构背离受托义务，擅自运用受托客户财产的行为而设立。由于该行为使客户的财产陷入极大风险之中，从而动摇社会公众的投资信念，严重损害客户的合法权益并危害金融管理秩序、妨害金融市场的健康发展，须以刑法制裁。

#### 2. 背信运用受托财产罪的客观方面

背信运用受托财产罪的客观方面表现为金融机构违背受托义务，擅自运用客户资金或者其他委托、信托的财产的行为。所谓违背受托义务，是指金融机构违背法律、行政法规、部门规章规定的受托人应尽的法定义务以及违反有关委托合同所约定的有关金融机构应该承担的具体约定义务。所谓擅自运用，是指非法动用受托客户的资金，包括具有归还意图的非法使用和不打算归还的非法占有。所谓客户资金或者其他委托、信托的财产，是指客户按约定存放在各类金融机构或者委托金融机构经营的资金和资产，含存款、证券交易资金、期货交易资金以及受托理财业务中的客户资产、信托业务中的信托财产、证券投资基金等。

所谓“委托、信托的财产”，主要是指在委托理财业务中，存放在各类金融机构中的以下几类客户资金和资产：(1) 证券投资业务中的客户交易资金。

在我国的证券交易制度中，客户交易结算资金指客户在证券公司存放的用于买卖证券的资金。（2）委托理财业务中的客户资产。委托理财业务是金融机构接受客户的委托，对客户存放在金融机构的资产进行管理的客户资产管理业务。这些资产包括资金、证券等。（3）信托业务中的信托财产，分为资金信托和一般财产信托。（4）证券投资基金。证券投资基金是指通过公开发售基金份额募集的客户资金。

本罪属于结果犯，必须是“情节严重的”，才构成犯罪。“情节严重”是指由于违背受托义务，擅自运用客户资金或者其他委托、信托的财产，给委托人造成重大财产损失等情形。

3. 背信运用受托财产罪的主体

本罪的犯罪主体为特殊主体，即金融机构，具体指商业银行、证券交易所、期货交易所、证券公司、期货经纪公司、保险公司或者其他金融机构。其他金融机构，主要是指经国家有关主管部门批准的、有资格开展投资理财特定业务的信托投资公司、投资咨询公司、投资管理公司等金融机构。该犯罪主体是单位。个人不能构成本罪的主体。

4. 背信运用受托财产罪的主观方面

背信运用受托财产罪的主观方面表现为故意，一般是为了获取非法利润。

（二）背信运用受托财产罪的认定

1. 背信运用受托财产罪与相近犯罪的区别

背信运用受托财产罪与挪用资金罪、挪用公款罪的界限：主要是犯罪主体的不同，后二罪由自然人构成；而本罪仅限金融机构，个人不能构成犯罪。

背信运用受托财产罪与非法吸收公众存款罪、非法经营罪的界限：背信运用受托财产罪仅限法定的商业银行、证券交易所、期货交易所、证券公司、期货经纪公司、保险公司或者经国家有关主管部门批准、有资格开展委托理财业务的金融机构。除此之外的其他单位未经批准，非法开展证券投资、期货投资等委托理财业务，并擅自运用客户财产的不成立本罪，而应视具体情况以非法吸收公众存款罪或者非法经营罪论处。

（三）背信运用受托财产罪的处罚

依照《刑法》第 185 条之一第 1 款的规定，犯本罪的，对单位判处罚金，并对其直接负责的主管人员和其他直接责任人员，处 3 年以下有期徒刑或者拘役，并处 3 万元以上 30 万元以下罚金；情节特别严重的，处 3 年以上 10 年以下有期徒刑，并处5万元以上50万元以下罚金。

根据2010年5月7日最高人民检察院、公安部《关于公安机关管辖的刑事案件立案追诉标准的规定（二）》第40条规定，商业银行、证券交易所、期货交易所、证券公司、期货公司、保险公司或者其他金融机构，违背受托义务，擅自运用客户资金或者其他委托、信托的财产，涉嫌下列情形之一的，应予立案追诉：（1）擅自运用客户资金或者其他委托、信托的财产数额在30万元以上的；（2）虽未达到上述数额标准，但多次擅自运用客户资金或者其他委托、信托的财产，或者擅自运用多个客户资金或其他委托、信托财产的；（3）其他情节严重的情形。

## 七、违法运用资金罪

### （一）违法运用资金罪的概念及犯罪构成

违法运用资金罪，是指社会保障基金管理机构、住房公积金管理机构等公众资金管理机构，以及保险公司、保险资产管理公司、证券投资基金管理公司，违反国家规定运用资金，情节严重的行为。

#### 1. 违法运用资金罪的客体

违法运用资金罪所侵害的客体是国家对金融市场的管理秩序。

#### 2. 违法运用资金罪的客观方面

本罪在客观方面表现为社会保障基金管理机构、住房公积金管理机构等公众资金管理机构，以及保险公司、保险资产管理公司、证券投资基金管理公司，违反国家规定运用资金的行为。本罪中的国家规定主要指《全国社会保障基金投资管理暂行办法》《住房公积金管理条例》《保险法》《证券投资基金法》等法律法规。

#### 3. 违法运用资金罪的主体

本罪的主体为特殊主体，即社会保障基金管理机构、住房公积金管理机构等公众资金管理机构，以及保险公司、保险资产管理公司、证券投资基金管理公司。

社会保障管理机构是指负责社会保障法令的贯彻、监督和审查，维持社会保障制度正常运行而设立的权力和办事机构。社会保障管理体制的核心部分，是社会保障管理机构。没有机构这一载体，社会保障就无法进行。社会保障管理机构按照管理职责和业务范围主要划分为：（1）行政主管机构，即各级政府机构序列中管理社会保障事务的相关政府部门，负责全国社会保障政策的决策和协调管理，其主要职责是社会保障立法、监督检查、贯彻实施；（2）业务经办机构，既隶属于又相对独立于各级社会保障行政主管机构的一种公共事业部门，主要职责是社会保障参加者（受保人）的资格审定、登记、社会保障基金的收缴，社会保障基金的日常财务和个人账户管理，社会保障待遇的计算、发放，以及对投保人提供各种社会化服务；（3）基金运营机构，是隶属于又相对独立于各级社会保障行政主管机构的具有企业法人地位的金融部门，主要职责是进行社会保障基金的投资、营运，实现基金的保值增值。从行政层次上看，它和业务经办机构应属同一层次，因此在理论和实践上各国把它和业务经办机构合二为一，也有分开的；（4）社会监督机构，是独立于政府的公共事业部门，机构成员由政府代表、企业代表、职工代表和专家学者组成，主要职责是对社会保障的政策法律执行情况、基金筹集、基金管理营运、待遇给付、服务质量等诸环节、诸机构，实施全面的监督，包括监督政府的行为。

4. 违法运用资金罪的主观方面

本罪在主观方面必须出于故意，即明知违反国家管理规定运用资金的行为会发生危害社会的结果，仍希望该行为发生。

（二）违法运用资金罪的认定

1. 违法运用资金罪与背信运用受托财产罪的界限

违法运用资金罪与背信运用受托财产罪有以下区别。第一，两罪的客观行为表现不同。本罪是违反国家相关规定运用社会保障基金、住房公积金以及其它一些公众资金的行为。而背信运用受托财产罪则是违背受托义务（还包括违背法律、行政法规、部门规章规定的法定义务），擅自运用客户资金以及其他委托、信托的财产的行为。第二，两罪的犯罪主体不同。本罪的犯罪主体主要是社会保障基金管理机构、住房公积金管理机构等公众资金管理机构，以及保险公司、保险资产管理公司、证券投资基金管理公司中直接负责的主管人员和其他直接责任人员。而背信运用受托财产罪的主体则主要是商业银行、证券交易所、期货交易所、证券公司、期货经纪公司、保险公司或者其他金融机构。前者是自然人犯罪主体，后者则是单位犯罪主体。

2. 违法运用资金罪与挪用类犯罪的界限

本罪与挪用类犯罪在犯罪构成上也是不同的。本罪与挪用类犯罪在犯罪构成上具有以下几点区别：首先，犯罪对象不同。其次，构成挪用类犯罪必须具备“挪用资金归个人使用”的要件，而构成本罪则无需具备该要件。再次，挪用类犯罪对于资金被挪用后的具体用途以及使用时间长短等内容有着严格的限制，而本罪为独立的罪名，并非挪用类犯罪的特别规定，故本罪中行为人运用公众资金的情况对于资金被运用后的具体用途以及使用时间长短等内容并无特别要求。最后，挪用类犯罪成立条件之一的“利用职务上的便利”与本罪成立条件之一的“违反国家规定”是不同的。

（三）违法运用资金罪的处罚

依照《刑法》第185条之一第2款的规定，犯本罪的，对单位判处罚金，并对其直接负责的主管人员和其他直接责任人员，处3年以下有期徒刑或者拘役，并处3万元以上30万元以下罚金；情节特别严重的，处3年以上10年以下有期徒刑，并处5万元以上50万元以下罚金。

根据2010年5月7日最高人民检察院、公安部《关于公安机关管辖的刑事案件立案追诉标准的规定（二）》第41条的规定，社会保障基金管理机构、住房公积金管理机构等公众资金管理机构，以及保险公司、保险资产管理公司、证券投资基金管理公司，违反国家规定运用资金，涉嫌下列情形之一的，应当追诉：（1）违反国家规定运用资金数额在30万元以上的；（2）虽未达到上述数额标准，但多次违反国家规定运用资金的；（3）其他情节严重的情形。

## 八、违法发放贷款罪

（一）违法发放贷款罪的概念及犯罪构成

违法发放贷款罪，是指银行或者其他金融机构的工作人员违反国家规定发放贷款，数额巨大或者造成重大损失的行为。

1. 违法发放贷款罪的客体

违法发放贷款罪侵犯的客体是国家的金融管理制度，尤其贷款管理制度。发放贷款是中国商业银行和其他一些金融机构的一项重要金融业务，它为国民经济的发展提供了重要的资金保障。为了规范贷款行为，提高贷款质量，保证贷款的安全性和使用的有效性，我国制定颁布了《商业银行法》《贷款通则》《信贷资金管理暂行办法》等一系列金融法律、法规。如果商业银行等具有贷款能力的金融机构违法发放贷款，其行为不仅破坏了国家的贷款管理制度，同时还会造成国家贷款的损失，影响国家金融秩序的稳定。

违法发放贷款罪的对象是贷款，即贷款人对借款人提供的并按约定的利率和期限还本付息的货币资金。贷款既可以是人民币，也可以是外币。发放的如果不是贷款，不能构成违法发放贷款罪。

2. 违法发放贷款罪的客观方面

本罪在客观上表现为行为人实施了违反法律、行政法规的规定，玩忽职守或者滥用职权，发放贷款，造成重大损失的行为。

首先，违反法律、法规的规定是指违反《商业银行法》《担保法》《贷款通则》《贷款证管理办法》《信贷资金管理办法》《合同法》等一切法律或行政法规中有关信贷管理的规定。

其次，行为人实施了违反国家规定发放贷款的行为。如依法应对借款人是否符合有关贷款的条件不审查，依法应与借款人签订借款合同而不签订合同，明知借款人不符合条件，而利用自己的职权擅自向其发放贷款，超越自己的职权擅自批准发放贷款等等。同时，非法发放贷款还必须造成了重大损失。重大损失包括“数额特别巨大”“造成了重大损失”两种情况中的任何一种。

最后，违法发贷的对象包括关系人及其他人。依2015年8月29日全国人民代表大会常务委员会修订的《中华人民共和国商业银行法》第40条之规定，商业银行的“关系人”是指：（1）商业银行的董事、监事、管理人员、信贷业务人员及其近亲属；（2）前项所列人员投资或者担任高级管理职务的公司、企业和其他经济组织。

3. 违法发放贷款罪的主体

违法发放贷款罪的主体是特殊主体，只能由中国境内设立的中资商业银行、信托投资公司、企业集团服务公司、金融租赁公司、城乡信用合作社及其他经营贷款业务的金融机构，以及上述金融机构的工作人员构成，其他任何单位包括外资金融机构（含外资、中外合资、外资金融机构的分支机构等）和个人都不能成为本罪主体。

4. 违法发放贷款罪的主观方面

违法发放贷款罪在主观方面表现故意，尤其是滥用职权，更是故意而为。但对于危害结果，可能超出行为人故意的认识范围。

（二）违法发放贷款罪的认定

1. 违法发放贷款罪与玩忽职守罪的区别

玩忽职守罪是指国家工作人员违反职责规定，不履行或者不正确履行自己的职责义务，致使国家和人民利益遭受重大损失的行为。违反发放贷款罪与玩忽职守罪的区别主要是：（1）侵犯的客体不同。前者侵犯的是国家的金融管理秩序；后者侵犯的是一般国家机关的正常管理活动。（2）客观方面表现不同。前者表现为玩忽职守或者滥用职权而非法发放贷款的行为，其造成的损失一般指经济损失；后者则只表现为玩忽职守的行为，其造成的损失可能是经济损失，也可能是人身伤亡及严重的政治影响等。（3）主体要件不同。前者的主体是中国经营贷款业务的金融机构及其工作人员；后者的主体是一般的国家工作人员。

（三）违法发放贷款罪的处罚

依照《刑法》第186条第1款的规定，犯本罪的，处5年以下有期徒刑或者拘役，并处1万元以上10万元以下罚金；数额特别巨大或者造成特别重大损失的，处5年以上有期徒刑，并处2万元以上20万元以下罚金。单位犯本罪的，对单位判处罚金，并对其直接负责的主管人员和其他直接责任人员，依照上述规定处罚。违反国家规定，向关系人发放贷款，数额巨大或者造成重大损失的，依照《刑法》第186条第1款的法定刑从重处罚。

根据2010年5月7日最高人民检察院、公安部《关于公安机关管辖的刑事案件立案追诉标准的规定（二）》第42条的规定，银行或者其他金融机构及其工作人员违反国家规定发放贷款，涉嫌下列情形之一的，应予立案追诉：违法发放贷款数额在100万元以上的，或者造成直接经济损失数额在20万元以上的。

## 九、吸收客户资金不入账罪

（一）吸收客户资金不入账罪的概念及犯罪构成

吸收客户资金不入账罪，是指银行或者其他金融机构的工作人员以及单位，吸收客户资金不入账，数额较大或者造成重大损失的行为。

1. 吸收客户资金不入账罪的客体

吸收客户资金不入账罪侵犯的客体是国家的金融管理制度。

2. 吸收客户资金不入账罪的客观方面

吸收客户资金不入账罪的客观方面表现为采取吸收客户资金不入账，造成重大损失的行为。“吸收客户资金不入账”，是指不记入金融机构的法定存款账目，以逃避国家金融监管，至于是否记入法定账目以外设立的账目不影响该罪成立。“吸收客户资金不入账”的主要方式，根据国务院《金融违法行为处罚办法》第11条的规定，金融机构不得以下列方式从事账外经营行为：(1）办理存款、贷款等业务不按照会计制度记账、登记，或者不在会计报表中反映；(2）将存款与贷款等不同业务在同一账户内轧差处理；(3）经营收入未列入会计账册；(4）其他方式的账外经营行为。

3. 吸收客户资金不入账罪的主体

本罪主体是特殊主体，即银行或者其他金融机构的工作人员，单位也可以成为本罪的主体。

4. 吸收客户资金不入账罪的主观方面

吸收客户资金不入账罪的主观方面是故意，明知吸收客户资金不入账的行为会导致危害结果的发生，仍希望该结果发生。

(二）吸收客户资金不入账罪的处罚

依照《刑法》第187条的规定，犯本罪的，处5年以下有期徒刑或者拘役，并处2万元以上20万元以下罚金；数额特别巨大或者造成特别重大损失的，处5年以上有期徒刑，并处5万元以上50万元以下罚金。单位犯本罪的，对单位判处罚金，并对其直接负责的主管人员和其他直接责任人员，依照上述规定处罚。

根据2010年5月7日最高人民检察院、公安部《关于公安机关管辖的刑事案件立案追诉标准的规定（二）》第43条的规定，银行或者其他金融机构及其工作人员吸收客户资金不入账，涉嫌下列情形之一的，应予立案追诉：(1）吸收客户资金不入账数额在100万元以上的；(2）吸收客户资金不入账造成直接经济损失数额在20万元以上的。

## 十、违规出具金融票证罪

### (一）违规出具金融票证罪的概念及犯罪构成

违规出具金融票证罪，是指银行或者其他金融机构的工作人员以及单位，违反规定，为他人出具信用证或者其他保函、票据、存单、资信证明，情节严重的行为。

1. 违规出具金融票证罪的客体

本罪侵犯的客体是国家金融管理制度。银行或者其他金融机构及其工作人员违反国家规定，出具信用证或者其他保函、票据、存单、资信证明等，既给国家造成经济上的重大损失，又可能给诈骗犯罪分子进行其他诈骗犯罪创造了条件，造成了严重扰乱金融秩序和社会秩序的后果，针对这类犯罪分子，刑法设专条规定予以打击。

2. 违规出具金融票证罪的客观方面

本罪在客观上表现为行为人实施了违反规定为他人出具信用证或者其他保函、票据、存单、资信证明的行为。其中的“违反规定”，是指违反有关金融法律、行政法规、规章及银行或其他金融机构内部制定的规章制度与业务规则，既包括违反国务院及其金融监督管理机构即中国人民银行的有关规定，也包括违反其他银行及除银行以外的诸如中国人民保险公司、信托投资公司等非银行金融机构的内部管理规定。“为他人”不仅包括为自然人，而且包括为单位。

“信用证”是指银行等具有信用业务的金融机构应客户的请求，提供的一种保证买方支付能力的一种书面凭证。“保函”又称保证书，是指银行、保险公司、担保公司或个人应申请人的请求，向第三方开立的一种书面信用担保凭证。银行出具的保证通常称为保函，其他保证人出具的书面保证一般称为保证书，保证在申请人未能按双方协议履行其责任或义务时，由担保人代其履行一定金额、一定期限范围内的某种支付责任或经济赔偿责任。“票据”是指出票人依法签发的由自己或指示他人无条件支付一定金额给收款人或持票人的有价证券，即某些可以代替现金流通的有价证券。广义的票据泛指各种有价证券和凭证，如债券、股票、提单、国库券、发票等等。狭义的票据仅指以支付金钱为目的的有价证券，即出票人根据《票据法》签发的，由自己无条件支付确定金额或委托他人无条件支付确定金额给收款人或持票人的有价证券。“资信证明”，是指提供客户的财产状况、偿还能力、信用程度等情况的证明文件。但是，对于无形伪造金融票证的（如在他人没有存款的情况下，给他人开具存单的），应认定为伪造金融票证罪。

3. 违规出具金融票证罪的主体

本罪的主体是特殊主体，即银行或者其他金融机构及其工作人员。这里规定的“银行”是广义的银行，包括中国人民银行、各商业银行、政策性银行以及其他在我国境内设立的中外合资银行和外资银行。“其他金融机构”，是指除银行以外的其他金融机构，即所谓非银行金融机构。

4. 违规出具金融票证罪的主观方面

本罪的主观方面是故意，即行为人明知为他人出具信用证或者其他保函、票据、存单、资信证明的行为会发生危害社会的结果而希望或者放任其发生。

（二）违规出具金融票证罪的处罚

根据《刑法》第188条的规定，犯本罪的，处5年以下有期徒刑或者拘役；情节特别严重的，处5年以上有期徒刑。单位犯本罪的，对单位判处罚金，并对其直接负责的主管人员和其他直接责任人员，依照上述规定处罚。

根据2010年5月7日最高人民检察院、公安部《关于公安机关管辖的刑事案件立案追诉标准的规定（二）》第44条的规定，银行或者其他金融机构及其工作人员违反规定，为他人出具信用证或者其他保函、票据、存单、资信证明，涉嫌下列情形之一的，应予立案追诉：（1）违反规定为他人出具信用证或者其他保函、票据、存单、资信证明，数额在100万元以上的；（2）违反规定为他人出具信用证或者其他保函、票据、存单、资信证明，造成直接经济损失数额在20万元以上的；（3）多次违规出具信用证或者其他保函、票据、存单、资信证明的；（4）接受贿赂违规出具信用证或者其他保函、票据、存单、资信证明的；（5）其他情节严重的情形。

## 十一、对违法票据承兑、付款、保证罪

（一）对违法票据承兑、付款、保证罪的概念及犯罪构成

对违法票据承兑、付款、保证罪，是指银行或者其他金融机构的工作人员以及单位，在票据业务中，对违反票据法规定的票据予以承兑、付款或者保证，造成重大损失的行为。

1. 对违法票据承兑、付款、保证罪的客体

对违法票据承兑、付款、保证罪的客体是复杂客体，即国家对票据的管理制度和金融机构资金的安全。

2. 对违法票据承兑、付款、保证罪的客观方面

本罪的客观要件为银行或者其他金融机构的工作人员以及单位，在票据业务中，对违反票据法规定的票据予以承兑、付款或保证，造成重大损失。

首先，对违反票据法规定的票据予以承兑、付款或保证。承兑，是指汇票付款人承诺在汇票到期日支付汇票金额的票据行为；付款，是指票据债务人向票据债权人支付票据金额的行为；保证，是指对已经存在的票据上的债务进行担保的票据行为。其次，对违法票据承兑、付款、保证罪属于结果犯，必须造成重大损失才构成犯罪。

3. 对违法票据承兑、付款、保证罪的主体

对违法票据承兑、付款、保证罪的主体是特殊主体，包括银行或其他金融机构及其工作人员，即作为单位的金融机构或作为自然人的职工都可以成为对违法票据承兑、付款、保证罪的主体。

4. 对违法票据承兑、付款、保证罪的主观方面

对违法票据承兑、付款、保证罪在主观方面是过失，即行为人因疏忽大意，对票据审查不严，未发现票据违反《票据法》而予以承兑、付款或保证，造成重大损失；或行为人发现了票据违法，自以为不会造成损失而予以承兑、付款或保证，造成重大损失。

（二）对违法票据承兑、付款、保证罪的处罚

根据《刑法》第189条规定，犯本罪的，处5年以下有期徒刑或者拘役；造成特别重大损失的，处5年以上有期徒刑。单位犯本罪的，对单位判处罚金，并对其直接负责的主管人员和其他直接责任人员，依照上述规定处罚。

根据2010年5月7日最高人民检察院、公安部《关于公安机关管辖的刑事案件立案追诉标准的规定（二）》第45条的规定，银行或者其他金融机构及其工作人员在票据业务中，对违反票据法规定的票据予以承兑、付款或者保证，造成直接经济损失数额在20万元以上的，应予立案追诉。

## 十二、非法转让、倒卖土地使用权罪

（一）非法转让、倒卖土地使用权罪的概念及犯罪构成

非法转让、倒卖土地使用权罪，是指自然人或单位，以牟利为目的，违反土地管理法规，非法转让、倒卖土地使用权，情节严重的行为。

1. 非法转让、倒卖土地使用权罪的客体

非法转让、倒卖土地使用权罪侵犯的客体是国家的土地管理制度。在我国土地属于国家或集体所有，国家严禁以任何形式转让土地，但土地的使用权可以依法转让。对于非法转让、倒卖土地使用权的，显然是对国家土地管

理制度的严重侵犯。

2. 非法转让、倒卖土地使用权罪的客观方面

本罪的客观方面是实施了违反土地管理法规，非法转让、倒卖土地使用权，情节严重的行为。根据2001年8月31日全国人民代表大会常务委员会《关于刑法第228条、第342条、第410条的解释》，“违反土地管理法规”，是指违反土地管理法、森林法、草原法等法律以及有关行政法规中关于土地管理的规定。“非法转让土地使用权”是指未经国家主管部门的批准私自将土地转让给他人使用的行为，“非法倒卖土地使用权”是指将自己使用的土地或者低价征用的土地转手卖给他人盈利的行为。

3. 非法转让、倒卖土地使用权罪的主体

非法转让、倒卖土地使用权罪的主体为一般主体。凡达到刑事责任年龄，具备刑事责任能力的自然人均可成为非法转让、倒卖土地使用权罪主体。依据《刑法》第231条规定，单位亦能构成非法转让、倒卖土地使用权罪。单位犯非法转让、倒卖土地使用权罪的，对单位判处罚金，对其直接负责的主管人员和其他直接责任人员依本条追究刑事责任。

4. 非法转让、倒卖土地使用权罪的主观方面

非法转让、倒卖土地使用权罪在主观方面表现为故意，并且以牟利为目的，不以牟利为目的，不构成非法转让、倒卖土地使用权罪。牟利不仅是行为人谋取金钱上的利益，而且也指行为人谋取其他不正当的利益，例如为了出国办理护照，为了升官等等。

（二）非法转让、倒卖土地使用权罪的处罚

根据《刑法》第228条与第231条的规定，犯本罪的，处3年以下有期徒刑或者拘役，并处或者单处非法转让、倒卖土地使用权价额5%以上20%以下罚金；情节特别严重的，处3年以上7年以下有期徒刑，并处非法转让、倒卖土地使用权价额5%以上20%以下罚金。单位犯本罪的，对单位判处罚金，并对其直接负责的主管人员和其他直接责任人员，依照上述规定处罚。

根据2000年6月19日最高人民法院《关于审理破坏土地资源刑事案件具体应用法律若干问题的解释》第1条规定，具有下列情形之一的，属于非法转让、倒卖土地使用权“情节严重”：（1）非法转让、倒卖基本农田5亩以上的；（2）非法转让、倒卖基本农田以外的耕地10亩以上的；（3）非法转让、倒卖其他土地20亩以上的；（4）非法获利50万元以上的；（5）非法转

让、倒卖土地接近上述数量标准并具有其他恶劣情节的，如曾因非法转让、倒卖土地使用权受过行政处罚而又实施本罪行为或者造成严重后果等。

## 十三、私自开拆、隐匿、毁弃邮件、电报罪

### （一）私自开拆、隐匿、毁弃邮件、电报罪的概念及犯罪构成

私自开拆、隐匿、毁弃邮件、电报罪，是指邮政工作人员私自开拆、隐匿、毁弃邮件、电报的行为。

1. 私自开拆、隐匿、毁弃邮件、电报罪的客体

本罪侵犯的客体是复杂客体，不仅侵害了公民的通信自由和通信秘密权，也侵害了国家邮电部门的正常活动及信誉。首先，本罪侵犯的主要客体是公民的通信自由权利。根据我国《宪法》的有关规定，我国公民享有通信自由权，公民的通信自由和通信秘密受法律保护。少数邮政工作人员利用职务之便，私拆、隐匿、毁弃邮件、电报，往往会给受害者造成极大的危害。有的受害人因联系中断贻误了工厂、企业的生产；有的汇款被窃取冒领，合法财物受到侵犯；有的公民因信件被私拆，一些个人隐私被泄露，精神上遭受了严重压力；有的则因信件、电报被毁弃、隐匿，亲友间失去联系，导致互相猜疑，家庭产生矛盾、破裂或恋人、朋友关系中断等等。其次，邮政工作人员私拆、隐匿或者毁弃邮件、电报的行为也侵犯了邮电通信部门的正常活动和声誉，给国家造成了严重的损失。

本罪侵犯的对象主要是邮件和电报。根据《中华人民共和国邮政法》（以下简称《邮政法》）的规定，邮件，是指通过邮政企业寄递的信件、印刷品、邮包、汇款通知、报刊等。邮件又分平常邮件和给据邮件。平常邮件，是指邮政企业及其分支机构在收寄时不出具收据，投递时不要求收件人签收的邮件；给据邮件，是指挂号信件、邮包、保价邮件等由邮政企业及其分支机构在收寄时出具收据，投递时要求收件人签收的邮件。所谓电报，是指由电信网路传递的符号、文字等。

2. 私自开拆、隐匿、毁弃邮件、电报罪的客观方面

本罪的客观构成要件为邮政工作人员在执行职务时私自开拆、隐匿、毁弃邮件、电报。首先，必须有私自开拆、隐匿、毁弃邮件、电报的行为。所谓私自开拆，是指非法擅自开拆他人邮件、电报，使封缄失效的行为，合法行为不在此限。另外，非法开拆的实质是侵犯他人保守通信秘密的自由权利，

因此，对于形式上未予开拆但采取科技手段得知他人信件内容的行为，可以认定为非法开拆。所谓隐匿，是指将邮件、电报予以截留或收藏而不送交收件人的行为。所谓毁弃，是指将邮件、电报予以撕毁、湮灭或抛弃，致使他人无法查收的行为。他人不仅包括自然人，而且包括法人和没有法人资格的团体。构成本罪并不要求行为人同时具备私拆、隐匿、毁弃三种形式，只要实施其中之一者，即可构成。如果两种或三种行为形式兼而有之，仍以本罪论处，不实行数罪并罚。

其次，必须有利用职务之便的行为，才能构成本罪。此处的利用职务之便，是指邮电工作人员利用营业、分拣、接发、押运、投递等职务所赋予的职责条件，进行违背职责的犯罪活动。利用职务之便，不仅包括邮电部门的领导者利用职务之便，而且包括一般邮电工作人员利用职务活动的方便在内。在多数情况下，犯罪以后者居多。

3. 私自开拆、隐匿、毁弃邮件、电报罪的主体

本罪的主体为特殊主体，即邮政工作人员，也就是国家邮电部门的干部、营业人员、分拣员、接发员、押运员、接站员、搬运员等。非邮电工作人员或虽属在邮电部门工作但不与邮件、电报接触的人员，则不能成为本罪主体。如果他们私拆、隐匿或者毁弃他人信件，情节严重的，则构成《刑法》第252条规定的侵犯通信自由罪。如果以窃取财物为目的，私自开拆、隐匿、或者毁弃邮件、电报，窃取财物数额较大的，则构成盗窃罪。

4. 私自开拆、隐匿、毁弃邮件、电报罪的主观方面

本罪的主观方面是故意，既在主观上明知私自开拆、隐匿、毁弃他人邮件、电报是违反自己的职责义务和规章制度的违法行为，会给他人的利益和通信秘密权利造成损害，破坏国家邮电事业的声誉，但却希望或者放任这种危害结果的发生。

（二）私自开拆、隐匿、毁弃邮件、电报罪的认定

1. 本罪与合法行为的界限

2015年4月24日全国人民代表大会常务委员会修订的《邮政法》第36条规定，因国家安全或者追查刑事犯罪的需要，公安机关、国家安全机关或者检察机关可以依法检查、扣留有关邮件，并可以要求邮政企业提供相关用户使用邮政服务的信息。邮政企业和有关单位应当配合，并对有关情况予以保密。根据2018年10月26修订的《中华人民共和国刑事诉讼法》第143条

规定："侦查人员认为需要扣押犯罪嫌疑人的邮件、电报的时候，经公安机关或者人民检察院批准，即可通知邮电机关将有关的邮件、电报检交扣押。不需要继续扣押的时候，应即通知邮电机关。"按照以上法律的规定，邮电工作人员将有关邮件、电报"检交扣押"是完全合法的行为，与私拆、隐匿、毁弃邮件、电报的行为有本质区别。

2. 私自开拆、隐匿、毁弃邮件、电报罪与非罪的界限

没有犯罪的故意、而是由于疏忽大意的过失行为所发生的误拆、遗失邮袋、信件、包裹、电报的，不构成本罪。由于工作不负责任，玩忽职守，丢失邮件、电报，延误投递，情节轻微，危害不大的，可由主管部门给予行政处分；情节严重，给国家和人民的利益造成重大损失的，应依照《刑法》第397条的规定，以玩忽职守罪追究刑事责任。此外，行为人虽属故意私拆、隐匿或毁弃邮件、电报，但情节显著轻微的，也不构成本罪，必要时可以给予纪律处分。

3. 私自开拆、隐匿、毁弃邮件、电报罪与侵犯通信自由罪的界限

它们在主观上都是由故意构成，客观方面都实施了私拆、隐匿、毁弃信件的行为。其区别在于：犯罪的主体不同，本罪是特殊主体，必须由邮电工作人员构成；而侵犯公民通信自由罪是一般主体，凡是达到刑事责任年龄、具有责任能力的人均可构成。犯罪的客观方面不同，本罪以利用职务之便为要件，属于具有渎职性质的犯罪；侵犯公民通信自由罪的成立则与行为人的职务无关。如果邮电工作人员没有利用职务之便私拆、隐匿或者毁弃信件，情节严重的，则构成侵犯公民通信自由罪。此外，两罪侵害的对象也不完全一样。本罪侵害的对象是邮件和电报，而侵犯公民通信自由罪侵害的对象仅限于信件，范围较前者狭窄。

(三) 私自开拆、隐匿、毁弃邮件、电报罪的处罚

根据《刑法》第253条的规定，犯私自开拆、隐匿、毁弃邮件、电报罪的，处2年以下有期徒刑或者拘役。犯本罪而窃取财物的，以盗窃罪论，从重处罚。

## 十四、职务侵占罪

### (一) 职务侵占罪的概念及犯罪构成

职务侵占罪是指公司、企业或者其他单位的人员，利用职务上的便利，

将本单位财物非法占为已有，数额较大的行为。

1. 职务侵占罪的客体

本罪的犯罪客体是公司、企业或者其他单位的财产所有权。此处所称“公司”，是指按照《中华人民共和国公司法》（以下简称《公司法》）规定设立的非国有的有限责任公司和股份有限公司；所称“企业”，是指除上述公司以外的非国有的经过工商行政管理机关批准设立的有一定数量的注册资金及一定数量的从业人员的营利性的经济组织，如商店、工厂、饭店、宾馆及各种服务性行业、交通运输行业等经济组织；其他单位，是指除上述公司、企业以外的非国有的社会团体或经济组织，包括集体或者民办的事业单位，以及各类团体。

职务侵占罪侵犯的对象是公司、企业或者其他单位的财物，包括动产和不动产。所谓“动产”，不仅指已在公司、企业、其他单位占有、管理之下的钱财（包括人民币、外币、有价证券等），而且也包括本单位有权占有而未占有的财物，如公司、企业或其他单位拥有的债权。就财物的形态而言，犯罪对象包括有形物和无形物，如厂房、设备、库存商品、现金、电力、煤气、天然气、工业产权、专利、商标等。

2. 职务侵占罪的客观方面

职务侵占罪客观方面为利用职务上的便利，将数额较大的单位财物非法占为已有的行为。首先，必须利用了职务上的便利，即利用自己主管、管理、经营、经手单位财物的便利条件。其次，必须将单位财物非法占为已有。包括将基于职务管理的单位财物非法占为已有（侵占），以及利用职务之便的窃取、骗取等行为。行为人利用职务上的便利，将公司持有的股份变更为自己持有的股份的，成立职务侵占罪。但是，行为人利用职务上的便利，将其他自然人股东持有的股份变更为自己持有的股份，不成立职务侵占罪。行为人利用职务上的便利将原本可以由单位承揽的业务变为个人承揽，利用业余时间完成承揽合同获取利益的，不成立职务侵占罪。其中的“非法占为已有”，不限于行为人所有，还包括使第三者所有。

“非法占为已有”既包括将合法持有的单位财物视为已物而加以处分，如将自己所占有的单位房屋、设备等财产等谎称为自有，标价出售；将所住的单位房屋，过户登记为已有；或者隐匿保管之物，谎称已被盗窃、遗失、损坏等等。也包括先不占有单位财物但利用职务之便而骗取、窃取、侵吞、私分从而转化为私有的行为。值得注意的是侵占行为完成应视为既遂；如果没有完成，则应以未遂论处，如财会人员故意将某笔收款不入账，但未来得及结账就被发现，则应以本罪未遂论处。

最后，必须非法占有了数额较大的单位财物，立案数额参照相关司法解释。

3. 职务侵占罪的主体

本罪的主体是公司、企业或者其他单位的人员；但国有公司、企业或者其他国有单位中从事公务的人员和国有公司、企业或者其他国有单位委派到非国有公司、企业以及其他单位从事公务的人员，利用职务上的便利侵占公共财物的，应认定为贪污罪。国家机关、国有公司、企业、事业单位中并未从事公务的非国家工作人员，可以成为职务侵占罪的行为主体。以虚假身份应聘为单位人员，然后利用职务上的便利非法将单位财物据为己有的，成立职务侵占罪。

根据 1999 年 6 月 25 日最高人民法院《关于村民小组组长利用职务便利非法占有公共财物行为如何定性问题的批复》，村民委员会等村基层组织人员，利用职务便利侵吞集体财产，数额较大的以职务侵占罪论处。但是如果在协助人民政府从事行政管理工作时，利用职务上的便利侵占公共财物的，则成立贪污罪。根据 2001 年 5 月 23 日最高人民法院《关于在国有资本控股、参股的股份有限公司中从事管理工作的人员利用职务便利非法占有本公司财物如何定罪问题的批复》，在国有资本控股、参股的股份有限公司中从事管理工作的人员，除受国家机关、国有公司、企业、事业单位委派从事公务的以外，不属于国家工作人员，对其利用职务上的便利，将本单位财物非法占为己有，数额较大的，应当以职务侵占罪论处。需要说明的是，对本罪行为主体的认定，不能采取身份说，只要行为人事实上在从事公司、企业或者其他单位的员工所从事的业务，原则上就应认定为本罪的行为主体。例如，公司法定代表人被捕后，其妻子自行到公司代行法定代表人职责，利用代行法定代表人职责的便利，将公司财物据为己有的，应认定为职务侵占罪。再如，为企业销售产品的人员，不管是领取固定工资，还是按销售比例提成，也无论是长期合同人员，还是短期聘用人员，均能成为本罪的行为主体。

4. 职务侵占罪的主观方面

本罪在主观方面是直接故意，且具有非法占有公司、企业或其他单位财物的目的。即行为人妄图在经济上取得对本单位财物的占有、收益、处分的权利。至于是否已经取得或行使了这些权利，并不影响犯罪的构成。

（二）职务侵占罪的认定

1. 职务侵占罪共同犯罪的问题

具有国家工作人员身份的人员与公司、企业或者其他单位的人员共同侵占单位财物如何处理问题。根据2000年6月30日最高人民法院《关于审理贪污、职务侵占案件如何认定共同犯罪几个问题的解释》，对于贪污或者职务侵占犯罪案件中认定共同犯罪问题的解释如下：第一，行为人与国家工作人员勾结，利用国家工作人员的职务便利，共同侵吞、窃取、骗取或者以其他手段非法占有公共财物的，以贪污罪共犯论处。第二，行为人与公司、企业或者其他单位的人员勾结，利用公司、企业或者其他单位人员的职务便利，共同将该单位财物非法占为己有，数额较大的，以职务侵占罪共犯论处。第三，公司、企业或者其他单位中，不具有国家工作人员身份的人与国家工作人员勾结，分别利用各自的职务便利，共同将本单位财物非法占为己有的，按照主犯的犯罪性质定罪。

2. 职务侵占罪与贪污罪的区别

职务侵占罪与贪污罪主要有以下区别：（1）主体要件不同。本罪的主体是公司、企业或者其他单位的人员。无论是股份有限公司、有限责任公司，还是国有公司、企业、中外合资、中外合作、集体性质企业、外商独资企业、私营企业等中不具有国家工作人员身份的一切职工都可成为本罪的主体，贪污罪的主体则只限于国家工作人员，其中包括在国有公司、企业或者其他公司、企业中行使管理职权，并具有国家工作人员身份的人员，包括受国有公司、国有企业委派或者聘请，作为国有公司、国有企业代表，在中外合资、合作、股份制公司、企业等非国有单位中，行使管理职权，并具有国家工作人员身份的人员。（2）犯罪对象不同。本罪的对象必须是自己职权范围内或者是工作范围内经营的本单位的财物。它既可能是公共财物，也可能是私有财物。而贪污罪则只能是公共财物。（3）情节要件的要求不同。本罪的构成必须是侵占公司、企业财物数额较大的行为，数额较小的不构成犯罪。但法律对贪污罪的认定综合考虑“数额”或“情节”。

3. 职务侵占罪与盗窃罪的区别

职务侵占罪与盗窃罪虽然同属侵犯财物所有权的犯罪，主观方面都是以非法占有为目的，但两罪在犯罪构成上的区别主要是客观方面不同。构成职务侵占罪，客观上首先要求行为人必须利用其职务上的便利，即利用自己主管、管理、经营、经手单位财物的便利条件；不是利用职务之便，而是利用工作之便侵占本单位财物的行为，不能构成本罪。其次，前者必须将本单位财物非法占为己有，即利用职务之便实施了侵吞、窃取、骗取或者以其他方法非法占有单位财物的行为，盗窃只是职务侵占罪的行为方式之一。而盗窃罪的行为表现是采取秘密窃取方法非法占有他人财物，行为人始终没有利用职务之便。

4. 职务侵占罪与侵占罪的区别

（1）本罪的主体是公司、企业或者其他单位的工作人员，即非国家工作人员，为特殊主体；而后者的主体为一般主体，即达到刑事责任年龄、具有刑事责任能力的自然人。（2）本罪在主观方面表现为明知是单位的财物而决意采取侵吞、窃取、欺诈等手段非法占为己有；而后罪的主观内容为明知是他人的代为保管的财物、遗忘物或埋藏物而决意占为己有，拒不交还。（3）本罪在客观方面表现为利用职务之便将单位财物非法占为己有，即化公为私。但行为人必须利用职务上的便利，采取的是侵吞、窃取、骗取等手段，但财物是否先已为其持有则不影响本罪成立；而后者则可以出现正当、善意、合法地持有了他人的财物，再利用各种手段占为己有且拒不交还，行为不必要求利用职务之便。（4）本罪所侵犯的对象是公司、企业或者其他单位的财物，其中既有国有的，也有集体的，还有个人的；后罪所侵犯的仅是他人的三种特定物，即为自己保管的他人财物、遗忘物或者埋藏物。他人仅是指个人，而不包括单位。（5）本罪所侵犯的客体是公私财物的所有权；而后罪所侵犯的仅是他人财物的所有权。（6）本罪不属于告诉才处理的案件，而后者则只有告诉的才处理。

（三）职务侵占罪的处罚

根据《刑法》第 271 条第 1 款规定，犯本罪的，处 5 年以下有期徒刑或者拘役；数额巨大的，处 5 年以上有期徒刑，可以并处没收财产。

2016 年 4 月 18 日最高人民法院、最高人民检察院《关于办理贪污贿赂刑事案件适用法律若干问题的解释》第 11 条指出，《刑法》第 163 条规定的非国家工作人员受贿罪、第 271 条规定的职务侵占罪中的“数额较大”“数额巨大”的数额起点，按照本解释关于受贿罪、贪污罪相对应的数额标准规定的 2

倍、5 倍执行。根据上述规定，比照贪污或者受贿罪的数额，“数额较大”为6 万元、“数额巨大”为 100 万元。

## 十五、挪用资金罪

### （一）挪用资金罪的概念及犯罪构成

挪用资金罪是指公司、企业或者其他单位的工作人员，利用职务上的便利，挪用本单位资金归个人使用或者借贷给他人使用，数额较大、超过 3 个月未还的，或者虽未超过 3 个月，但数额较大、进行营利活动的，或者进行非法活动的行为。

1. 挪用资金罪的客体

本罪所侵害的客体是公司、企业或者其他单位资金的使用收益权，对象则是本单位的资金。所谓本单位的资金，是指由单位所有或实际控制使用的一切以货币形式表现出来的财产。

2. 挪用资金罪的客观方面

挪用资金罪的客观方面表现为行为人利用职务上的便利，挪用本单位资金归个人使用或者借贷给他人，数额较大、超过 3 个月未还的。挪用是指利用职务上的便利，非法擅自动用单位资金归本人或他人使用，但准备日后退还。利用职务上的便利，是指利用本人在职务上主管、经管或经手单位资金的方便条件，例如单位领导人利用主管财务的职务，出纳员利用保管现金的职务，以及其他工作人员利用经手单位资金的便利条件。未利用职务上的便利，不可能挪用单位资金，也不可能构成挪用资金罪。

所谓挪用单位资金归个人使用或者借贷给他人使用，根据 2000 年 6 月 30 日最高人民法院《关于如何理解刑法第 272 条规定的“挪用单位资金归个人使用或者借贷给他人”问题的批复》，挪用单位资金归个人使用或者借贷给他人使用，是指公司、企业或者其他单位的非国家工作人员，利用职务上的便利，挪用本单位资金归本人或者其他自然人使用，或者挪用人以个人名义将挪用的资金借给其他自然人和单位的行为。根据 2004 年 9 月 8 日全国人民代表大会常务委员会法制工作委员会刑法室《关于挪用资金罪有关问题的答复》规定，《刑法》第 272 条规定的挪用资金罪中的“归个人使用”与《刑法》第 384 条规定的挪用公款罪中的“归个人使用”的含义基本相同。97 年修改《刑法》时，针对当时挪用资金中比较突出的情况，在规定“归个人使用时”

的同时，进一步明确了“借贷给他人”属于挪用资金罪的一种表现形式。根据2010年5月7日最高人民检察院、公安部《关于公安机关管辖的刑事案件立案追诉标准的规定（二）》第85条的规定，“归个人使用”，包括将本单位资金供本人、亲友或者其他自然人使用的；以个人名义将本单位资金供其他单位使用的；个人决定以单位名义将本单位资金供其他单位使用，谋取个人利益的。

挪用资金构成犯罪主要分为三种情形：其一，挪用单位资金用于营利活动与非法活动以外的活动的，如用于消费、娱乐活动等，必须数额较大，并且超过3个月未还。根据司法实践，这里的数额较大，以1万至3万元为起点。超过3个月未还，是指从挪用之日起经过了3个月还没有归还；挪用单位资金超过3个月之后，不问后来是否归还，都应以犯罪论处，事后归还，只是量刑情节；如果在3个月之内归还，则不成立本罪。

其二，挪用单位资金进行营利活动的，只要求数额较大，不要求超过3个月。营利活动，应是合法的营利活动，即就营利活动自身的性质而言为国家法律、法规所允许，并不意味着挪用本身具有合法性。行为人进行营利活动时，与对方发生民事法律关系，但后来被认定为违反民事法律的，仍应认为是营利活动。营利活动，是指以单位资金作为资本牟取利润的活动，因此，将单位资金借给他人收取利息的行为，也属于营利活动。

其三，挪用单位资金进行非法活动的认定。挪用单位资金进行非法活动，会使该资金处于流失、不能收回的高风险状态，容易导致单位丧失对该资金的所有权。非法活动，包括犯罪活动与一般违法活动，从实践上看，主要是用于赌博、走私、行贿、嫖娼等等。《刑法》虽然对这种挪用行为的数额与时间没有特别规定，但认定犯罪时也要考虑数额与时间，对挪用单位资金情节轻微危害不大的行为，不宜认定为犯罪。

3. 挪用资金罪的主体

挪用资金罪的行为主体必须是公司、企业或者其他单位的工作人员（与职务侵占罪的行为主体相同）。根据《刑法》第272条第2款的规定，国有公司、企业或者其他国有单位中从事公务的人员和国有公司、企业或者其他国有单位委派到非国有公司、企业以及其他单位从事公务的人员有前款行为的，依照本法第384条的规定（挪用公款罪）定罪处罚。

根据2002年2月24日最高人民法院《关于对受委托管理经营国有财产

人员挪用国有资金行为如何定罪问题的批复》，对于受国家机关、国有公司、企业、事业单位、人民团体委托，管理、经营国有财产的非国家工作人员，利用职务上的便利，挪用国有资金归个人使用构成犯罪的，应当以挪用资金罪定罪处罚。

4. 挪用资金罪的主观方面

挪用资金罪的主观方面为故意，行为人必须明知是单位的资金而非法占有、使用。这里的非法占有、使用的故意，是指暂时占有、使用单位资金的故意，因而不同于盗窃、诈骗罪中的非法占有目的。如果行为人以非法占有为目的，则成立职务侵占罪。

（二）挪用资金罪的认定

1. 挪用资金罪与职务侵占罪的区别

（1）侵犯的客体和对象不同。挪用资金罪侵犯的客体是公司、企业或者其他单位的资金的使用权，对象是公司、企业或者其他单位的资金。职务侵占罪侵犯的客体是公司、企业或者其他单位的资金的所有权，对象是公司、企业或者其他单位的财物，既包括货币形态的资金和有价证券等，也包括实物形态的公司财产，如物资、设备等。

（2）客观行为不同。挪用资金罪表现为公司、企业或者其他单位的工作人员，利用职务上的便利，挪用本单位资金归个人使用或者借贷给他人，数额较大、超过 3 个月未还的，或者虽未超过 3 个月，但数额较大、进行营利活动的，或者进行非法活动的行为。职务侵占罪表现为公司、企业或者其他单位的人员，利用职务上的便利，将本单位财物非法占为己有，数额较大的行为。挪用资金罪的行为方式是挪用，即未经合法批准或许可而擅自挪用归自己使用或者借贷给他人；职务侵占罪的行为方式是侵占，即行为人利用职务上的便利，侵吞、窃取、骗取或者以其他手段非法占有本单位财物。挪用本单位资金进行非法活动的，并不要求“数额较大”即可构成犯罪；职务侵占罪只有侵占本单位财物数额较大的，才能构成。

2. 挪用资金罪与挪用公款罪的区别

根据《刑法》第 384 条的规定，挪用公款罪是指国家工作人员利用职务上的便利，挪用公款归个人使用进行非法活动的，或者挪用公款数额较大、进行营利活动的，或者挪用公款数额较大、超过 3 个月未还的行为。挪用资金罪与挪用公款罪在客观上都表现为利用职务上的便利挪用资金的行为，在主观上都是挪用的故意，有时犯罪对象也可能都是公司、企业或者其他单位的资金。但是，这两种犯罪也有以下主要区别：

(1) 侵犯的客体和犯罪对象不同。挪用资金罪侵犯的客体是公司、企业或者其他单位的资金的使用权，对象是公司、企业或者其他单位的资金，其中，既包括国有或者集体所有的资金，也包括公民个人所有、外商所有的资金。挪用公款罪侵犯的客体是相关公共财产的所有权与相关人员职务行为的廉洁性，同时在一定程度上也侵犯了国家的财政管理制度等，既有侵犯财产的性质，又有严重的渎职的性质，因此，刑法将挪用公款罪规定本法分则的“贪污贿赂罪”专章中，而不是“侵犯财产罪”专章中。挪用公款罪侵犯的对象限于公款，其中主要是国有财产和国家投资、参股的单位财产，即国家机关、国有公司、企业、事业单位等所有的款项。挪用公款罪和挪用资金罪侵犯的对象不同，客体不同，社会危害性程度也有较大的差别。《刑法》第384条规定的挪用公款罪在客观上的3种不同情形的排列顺序，与本条第1款规定的挪用资金罪在客观上的3种不同情形的排列顺序不同，也说明立法者对这两种犯罪打击的重点的不同。在处罚上挪用公款罪也比挪用资金罪严厉得多。

(2) 两罪的犯罪主体不同。挪用资金罪的主体是公司、企业或者其他单位的工作人员，但国家工作人员除外。

(三) 挪用资金罪的处罚

根据《刑法》第272条的规定，犯本罪的，处3年以下有期徒刑或者拘役；挪用本单位资金数额巨大的，或者数额较大不退还的，处3年以上10年以下有期徒刑。这里的不退还，是指挪用人由于某种原因不能归还所挪用的资金，即仅限于客观上不能归还。如果行为人挪用单位资金后，由于某种原因转化为主观上不愿意归还，则行为性质转化为职务侵占罪。此外，对于挪用单位资金进行非法活动构成其他犯罪的，应当实行数罪并罚。

2016年4月18日最高人民法院、最高人民检察院《关于办理贪污贿赂刑事案件适用法律若干问题的解释》第11条规定，《刑法》第272条规定的挪用资金罪中的“数额较大”“数额巨大”以及“进行非法活动”情形的数额起点，按照本解释关于挪用公款罪“数额较大”“情节严重”以及“进行非法活动”的数额标准规定的2倍执行。

## 十六、故意延误投递邮件罪

### （一）故意延误投递邮件罪的概念及犯罪构成

故意延误投递邮件罪，是指邮政工作人员严重不负责任，故意延误投递邮件，致使公共财产、国家和人民利益遭受重大损失的行为。

1. 故意延误投递邮件罪的客体

故意延误投递邮件罪侵犯客体是国家的邮政管理秩序。本罪的犯罪对象是邮件。根据 2015 年 4 月 24 日全国人民代表大会常务委员修订的《邮政法》第 84 条的界定，“邮件”是指邮政企业寄递的信件、包裹、汇款通知、报刊和其他印刷品等。“快件”是指快递企业递送的信件、包裹、印刷品等。“信件”是指信函、明信片。信函是指以套封形式按照名址递送给特定个人或者单位的缄封的信息载体，不包括书籍、报纸、期刊等。“包裹”是指按照封装上的名址递送给特定个人或者单位的独立封装的物品，其重量不超过 50 千克，任何一边的尺寸不超过 150 厘米，长、宽、高合计不超过 300 厘米。邮件又分平常邮件和给据邮件。“平常邮件”是指邮政企业在收寄时不出具收据，投递时不要求收件人签收的邮件。“给据邮件”是指邮政企业在收寄时向寄件人出具收据，投递时由收件人签收的邮件。所谓“信件”是指信函和明信片，它是用以向特定的人传达意思的一种文书。

2. 故意延误投递邮件罪的客观方面

本罪在客观方面表现为邮政工作人员严重不负责任，故意延误投递邮件，致使公共财产、国家和人民利益遭受重大损失的行为。

所谓严重不负责任，是指邮政工作人员违背国家法律赋予其的职责和义务，情节严重的行为。根据《邮政法》第 6 条、第 22 条的规定，邮政企业应当为用户提供迅速、准确、安全、方便的邮政业务；邮政企业及其分支机构应当按照国务院邮政主管部门规定的时限投交邮件，邮政工作人员不履行其职责，不遵守上述规定，即为不负责任的表现。如果行为人出于泄愤、报复而故意延误投递邮件，也是邮政工作人员对其职责不负责任的表现，至于何谓严重，则应主要结合其造成的危害后果来认定。

“延误投递邮件”是指邮政工作人员对应当按期投递的邮件，有条件投递而故意拖延、耽误邮件的分发、递送，不按照国务院邮政主管部门规定的时限投交邮件。至于延误时间的长短，法律没有规定，只要行为人没有按规定时间投递邮件的，即属延误。如果行为人虽然没有及时、迅速地投递邮件，但并没有超出规定所允许的期限，即使客观上造成重大损失的，也不构成本罪。发生延误投递的时间可以是在分拣投递、押送、收发等任何一个环节中，这里的“延误”不同于隐匿不投的情形，前者是投递但超出规定的时间，后者则是直接加以藏匿而不投递。如果行为人故意隐匿不投的，则构成私自开拆、隐匿、毁弃邮件、电报罪。本罪属于不作为犯，即行为人有条件、有义务将邮件按时投送而故意延误的行为。如果行为人遭遇不可抗力或意外事件延误投递邮件的，不构成本罪。

延误投递邮件的行为发生了使公共财产、国家和人民利益遭受重大损失的结果，才构成犯罪。仅有延误投递的行为而没有发生重大损失的结果，不成立本罪。而且，行为人延误投递邮件的行为与造成的重大损失的结果之间必须具有刑法上的因果关系。

3. 故意延误投递邮件罪的主体

本罪主体为特殊主体，是邮电工作人员。即国家邮电部门的干部、营业人员、分拣员、接发员、押运员、接发员、搬运员等；邮政企业根据需要委托其他单位或个人代办邮政企业专营业务的代办人员，办理邮政业务时亦应视为邮政工作人员。非邮电工作人员或虽在邮电部门工作但不与邮件、电报接触的人员，则不能成为本罪主体。

4. 故意延误投递邮件罪的主观方面

本罪的主观方面是故意，即行为人主观上严重不负责任，拒不办理依法应当办理的邮政业务，故意延误投递邮件。行为人实施这种行为的动机和目的是多种多样的，有的是为了泄愤报复，有的是为了牟取非法利益，等等。不论其出自何种动机和目的，对构成本罪没有影响。如果行为人延误投递邮件是因存在不可抗力或者其他正当原因，则不构成本罪。

（二）故意延误投递邮件罪的处罚

根据《刑法》第 304 条的规定，邮政工作人员严重不负责任，故意延误投递邮件，致使公共财产、国家和人民利益遭受重大损失的，处 2 年以下有期徒刑或者拘役。

2008 年 6 月 25 日，最高人民检察院、公安部《关于公安机关管辖的刑事案件立案追诉标准的规定（一）》第 45 条规定，邮政工作人员严重不负责任，故意延误投递邮件，涉嫌下列情形之一的，应予立案追诉：（1）造成直接经济损失2万元以上的；（2）延误高校录取通知书或者其他重要邮件投递，致使他人失去高校录取资格或者造成其他无法挽回的重大损失的；（3）严重损害国家声誉或者造成其他恶劣社会影响的；（4）其他致使公共财产、国家和人民利益遭受重大损失的情形。过失延误投递邮件的行为，不成立本罪。犯本罪同时触犯其他罪名的，从一重罪论处。

## 十七、泄露不应公开的案件信息罪

### （一）泄露不应公开的案件信息罪的概念及犯罪构成

泄露不应公开的案件信息罪是指司法工作人员、辩护人、诉讼代理人或者其他诉讼参与人，泄露依法不公开审理的案件中不应当公开的信息，造成信息公开传播或者其他严重后果的行为。

1. 泄露不应公开的案件信息罪的客体

本罪所侵犯的客体是复杂客体，包括司法机关正常的诉讼秩序，具体而言是司法机关正常的审判秩序，以及诉讼当事人涉案信息的安全。规制不公开审理案件的泄密行为，可以更有效保护国家利益和个人权益。国家秘密、商业秘密、个人隐私等在通常情况下难以被普通人获悉，因而不容易被侵犯。而在不公开审理的案件中，上述信息常因法庭审理的需要，可以被司法工作人员、辩护人或其他诉讼参与人等轻易获知，对此，上述人员更应尽到审慎的保密义务。

2. 泄露不应公开的案件信息罪的客观方面

本罪的客观方面表现为泄露依法不公开审理的案件中不应公开的信息，造成信息公开传播或者其他严重后果。

所谓“泄露”，是指将本不应告知他人的信息让他人知悉。根据2018年3月11日修订的《宪法》第130条规定，“人民法院审理案件，除法律规定的特别情况外，一律公开进行”。“依法不公开审理的案件”，是指根据法律规定，属于特别情况，不得进行公开审理的案件。例如，2018年10月26日修订的《刑事诉讼法》第54条规定，“对涉及国家秘密、商业秘密、个人隐私的证据，应当保密”。第152条第2款规定，“侦查人员对采取技术侦查措施过程中知悉的国家秘密、商业秘密和个人隐私，应当保密”。第188条第1款规定，“人民法院审判第一审案件应当公开进行。但是有关国家秘密或者个人隐私的案件，不公开审理；涉及商业秘密的案件，当事人申请不公开审理的，可以不公开审理”。

由此可见，“不应当公开的信息”分布在不同的法律规范中。在刑事诉讼中，有关国家秘密或者个人隐私的案件，不公开审理，涉及商业秘密的案件，当事人申请不公开审理的，可以不公开审理；审判的时候被告人不满 18 周岁的，不公开审理。在民事诉讼中，涉及国家秘密、个人隐私或者法律另有规定的不公开审理；离婚案件，涉及商业秘密的案件，当事人申请不公开审理的，可以不公开审理。在行政诉讼中，涉及国家秘密、个人隐私和法律另有规定的不公开审理。

“造成信息公开传播”，是指不应让司法工作人员、辩护人、诉讼代理人或其他诉讼参与人以外的其他人所知悉的信息为大范围社会公众所知悉。“其他严重后果”，是指因信息泄露而给利益相关者所带来的严重损失，如国家秘密为他人所知悉，将可能造成危害社会稳定、经济发展、国防安全或者其他严重危害后果的，如诉讼参与人的个人隐私为他人所知悉，导致其名誉、人格受损，甚至引发自伤、自杀等严重后果的，如商业秘密为他人所知悉，给商业秘密所有者带来严重的经济损失的等等。

“泄露不应公开的案件信息”不应仅限于“审理阶段”。虽然所谓的“不公开审理”属于法院审理阶段使用的概念，甚至有些案件还需要当事人申请才能够确定是否为不公开审理的案件。但是这并不意味着只有进入法院审理阶段，法院宣告该案件为不公开审理的案件后，司法工作人员、辩护人、诉讼代理人才不得泄露不公开审理的案件中不应当公开的信息。由于司法工作人员、辩护人、诉讼代理人的职业具有高度专业性，该职业规范即为这些人群设置了相应的保密义务。如 2018 年 10 月 26 日修订的《刑事诉讼法》第 152 条第 2 款规定，“侦查人员对采取技术侦查措施过程中知悉的国家秘密、商业秘密和个人隐私，应当保密”。《律师法》第 38 条第 1 款规定，“律师应当保守在执业活动中知悉的国家秘密、商业秘密，不得泄露当事人的隐私”。从这些法律规定，可以看出，在时间上，司法工作人员、辩护人、诉讼代理人一经接触这些国家秘密、商业秘密、个人隐私等，即负有相应的保密义务，不得随意泄露。在该案件进入法院审理阶段被确定为不公开审理的案件之前，司法工作人员、辩护人、诉讼代理人亦不得泄露此类信息。

另一方面，不公开审理的案件审理完毕，已作出判决，司法工作人员、辩护人、诉讼代理人仍然不能泄露相关的不应当公开的信息。之所以不公开审理，正因为其所涉及的相关信息不适合公开传播，可能给国家、当事人带来严重的影响。如 2017 年 6 月 27 日修订的《中华人民共和国民事诉讼法》第 156 条即规定，“公众可以查阅发生法律效力的判决书、裁判书，但涉及国家秘密、商业秘密和个人隐私的内容除外”。所以即使不公开审理的案件审理完毕作出判决，司法工作人员、辩护人、诉讼代理人仍然负有保密义务，不得泄露。

3. 泄露不应公开的案件信息罪的主体

本罪的主体为特殊主体，具体而言，即不公开审理的案件诉讼中的司法工作人员、辩护人、诉讼代理人或者其他诉讼参与人等。

刑事诉讼中的诉讼参与人包括当事人（被害人、自诉人，犯罪嫌疑人、被告人，附带民事诉讼的原告和被告）、法定代理人、诉讼代理人、辩护人、证人、鉴定人和翻译人员。民事诉讼中的诉讼参与人包括当事人（原告、被告、共同诉讼人、第三人）、诉讼代表人、诉讼代理人、证人、鉴定人、勘验人员和翻译人员。行政诉讼中的诉讼参与人包括当事人、诉讼代理人、证人、鉴定人、勘验人员和翻译人员。

4. 泄露不应公开的案件信息罪的主观方面

本罪的主观方面为故意，既可是直接故意，也可是间接故意，行为人主观上需明知所泄露的信息属于不公开审理的案件信息。至于主观上有没有牟利的目的，不影响本罪的认定。

（二）泄露不应公开的案件信息罪的处罚

《刑法》第 308 条之一第 1 款规定：司法工作人员、辩护人、诉讼代理人或者其他诉讼参与人，泄露依法不公开审理的案件中不应当公开的信息，造成信息公开传播或者其他严重后果的，处 3 年以下有期徒刑、拘役或者管制，并处或者单处罚金。有前款行为，泄露国家秘密的，依照本法第 398 条（故意泄露国家秘密罪）的规定定罪处罚。单位犯前款罪的，对单位判处罚金，并对其直接负责的主管人员和其他直接责任人员，依照第 1 款的规定处罚。

## 十八、披露、报道不应公开的案件信息罪

（一）披露、报道不应公开的案件信息罪的概念及犯罪构成

披露、报道不应公开的案件信息罪，是指披露、报道依法不公开审理的案件中不应该公开的案件信息，情节严重的行为。

1. 披露、报道不应公开的案件信息罪的客体

本罪所侵犯的客体是复杂客体，包括司法机关正常的诉讼秩序，具体而言是司法机关正常的审判秩序，以及诉讼当事人涉案信息的安全。

2. 披露、报道不应公开的案件信息罪的客观方面

本罪的客观方面表现为行为人公开披露、报道依法不公开审理的案件中不应当公开的信息，情节严重的。所谓“披露”，是指发表、公布。所谓“报道”，是指通过报纸、杂志、广播、电视或其他形式把信息告诉公众。

“不应公开的案件信息”包括国家秘密、商业秘密、个人隐私等信息。“情节严重”，指造成信息公开传播或者因信息泄露而给利益相关者所带来的严重损失。例如，国家秘密为他人所知悉，将可能造成危害社会稳定、经济发展、国防安全或者其他严重危害后果；诉讼参与人的个人隐私为他人所知悉，导致其名誉、人格遭到贬损，甚至引发自伤、自杀等严重后果；商业秘密为他人所知悉，可能给商业秘密所有者带来严重的经济损失的，等等。

基于公正审判与公民知情权的要求，司法公开成为诉讼的基本原则。然而，出于保护国家秘密、个人隐私、商业秘密等的需要，立法者在利益衡量之后对司法公开进行了例外规定。例如，2018 年 10 月 26 日修订的《刑事诉讼法》第 188 条规定：“人民法院审判第一审案件应当公开进行。但是有关国家秘密或者个人隐私的案件，不公开审理；涉及商业秘密的案件，当事人申请不公开审理的，可以不公开审理。不公开审理的案件，应当当庭宣布不公开审理的理由。”2013 年 1 月 1 日的《中华人民共和国未成年人保护法》第 39 条规定：“任何组织或者个人不得披露未成年人的个人隐私。”第 58 条规定：“对未成年人犯罪案件，新闻报道、影视节目、公开出版物、网络等不得披露该未成年人的姓名、住所、照片、图像以及可能推断出该未成年人的资料。”

同时，相关的立法表明了对公开披露、报道时间的限制：公开披露、报道的时间应当是行为人获得或接触相关不公开审理案件的不应公开的信息之后，而非是人民法院做出不公开审理的决定之后。

3. 披露、报道不应公开的案件信息罪的主体

本罪的主体应为一般主体，既可以是自然人，也可以是单位，但不包括司法工作人员、辩护人、诉讼代理人在内，一般为新闻媒体工作者和相关新闻媒体机构。

4. 披露、报道不应公开的案件信息罪的主观方面

本罪的主观方面为故意，直接故意和间接故意均可。行为人应当明知披露、报道的信息为不公开审理案件中不应公开的信息，出于何种动机对是否构成本罪并无影响。

（二）披露、报道不应公开的案件信息罪的处罚

根据《刑法》第 308 条之一的规定，犯本罪的（参照泄露不应公开的案件信息罪），处 3 年以下有期徒刑、拘役或者管制，并处或者单处罚金；有前款行为，泄露国家秘密的，依照本法第 398 条（故意泄露国家秘密罪）的规定定罪处罚；单位犯前款罪的，对单位判处罚金，并对其直接负责的主管人员和其他直接责任人员，依照上述规定处罚。

## 十九、接送不合格兵员罪

（一）接送不合格兵员罪的概念及犯罪构成

接送不合格兵员罪，是指在征兵工作中徇私舞弊，接送不合格兵员，情节严重的行为。

1. 接送不合格兵员罪的客体

本罪侵犯的客体主要是国家征兵工作的正常活动。国家根据《中华人民共和国兵役法》（以下简称《兵役法》）的规定，征集公民到军队服役，并就征集对象的政治、身体、文化、年龄等条件和征兵工作程序作了明确规定，是保证兵员质量、提高部队战斗力的需要。2009 年 8 月 27 日的《中华人民共和国国防法》第 50 条规定："各级兵役机关和基层人民武装机构应当依法办理兵役工作，按照国务院和中央军事委员会的命令完成征兵任务，保证兵员质量。其他有关国家机关、社会团体和企业事业单位应当依法完成民兵和预备役工作，协助兵役机关完成征兵任务。"徇私舞弊征兵的行为会使相关法律、法令的实施受到严重干扰，使征兵工作受到影响，损害武装力量的威信，影响国家机关的工常活动，还可能侵犯到公民的人身权利、民主权利和其他合法权益，在群众中造成恶劣影响。

2. 接送不合格兵员罪的客观方面

本罪在客观方面表现为在征兵工作中徇私舞弊，接送不合格兵员，情节严重的行为。所谓征兵即兵员征集，是指按照《兵役法》的规定，征集应征公民到军队服兵役。就主体而言，既包括中华人民共和国解放军部队的征兵，

又包括中华人民共和国武装警察部队的征兵，但不包括预备役部队及民兵组织的征集。就过程而言，征兵则泛指兵役登记、检查身份、政治审查、接送兵员等各个环节。在上述任何中的一个环节，如果徇私舞弊而接送不合格兵员的，都可构成本罪。

所谓徇私舞弊，是指谋求私利、因徇私情，在征兵工作中故意弄虚作假，使不合格的应征人员征集成为军人。在征兵过程中出现的徇私舞弊现象比较多样，如为了谋求私利，使符合条件的应征公民没能入伍，使不符合条件的公民入伍；制造虚假情况或隐瞒事实真相；冒名顶替；超征、少征；应免征、缓征、不征的没免征、缓征、不征，不应免征、缓征、不征的却免征、缓征或不征；非法收受被征兵对象及其家属的款物等。

所谓接送不合格兵员，是指向部队输送或部队接收不合格兵员。不合格兵员，顾名思义，是指不符合法律规定的应征条件的兵员，有的是身体具有严重生理缺陷、残疾或患有严重疾病，致使身体达不到应征入伍的要求；有的是被依法剥夺政治权利或被判处刑罚的刑满释放人员，致使政治条件不符合要求；有的是年龄或文化程度不符合规定。在我国，根据 2011 年 10 月 29 日修订的《兵役法》第 12 条规定，在平时，每年 12 月 31 日以前年满 18 周岁的男性公民，应当被征服现役；当年未被征集的，在 22 周岁以前，仍可以被征集服现役；普通高等学校毕业生的征集年龄可以放宽至 24 周岁；根据军队需要，可以按照前款规定征集女性公民服现役；根据军队需要和本人自愿，可以征集当年 12 月 31 日以前年满 17 周岁未满 18 周岁的公民服现役。第 51 条规定，在战时，遇有特殊情况，国务院和中央军委可以决定征召 36 岁至 45 岁的男性公民服现役，可以决定延长公民服现役的期限。兵员的文化程度，城镇公民必须是高中毕业以上，农村公民必须是初中毕业以上。凡是不符合上述年龄、文化程度的条件，即属年龄、文化程度不符合规定。

接送不合格兵员的行为，必须达到情节严重才构成本罪。这里主要应注意接送不合格兵员罪与征兵工作人员工作失误的界限。如果行为人主观上不是明知，而是由于其业务知识、经验不足，或者是调查研究不够充分，工作不够深入，思想方法简单片面造成认识偏颇而发生的错误行为，即使造成一定危害后果的，一般也不构成犯罪，如果情节严重或者造成重大后果而构成其他犯罪的，应以其他相应犯罪论处。

3. 接送不合格兵员罪的主体

接送不合格兵员罪的行为主体是负责或者参与征兵工作的有关人员，如各级人民武装部的工作人员、负责兵员政审、体检的工作人员、部队派出的接收兵员的人员等等。

4. 接送不合格兵员罪的主观方面

本罪在主观方面表现为故意，即行为人明知自己的徇私舞弊行为是违反有关法律规定的，明知自己行为可能产生的后果，而对这种后果的发生持希望或者放任的态度。至于行为人的犯罪动机可能是多种多样的，有的是为了贪图钱财等不法利益，有的是因碍于亲朋好友情面而徇私舞弊，有的是出于报复或嫉妒心理而徇私舞弊等。动机如何对本罪构成没有影响，可以在量刑时作为因素之一予以考虑。需要注意的是，行为人明知是不合格的兵员，而故意予以接受或者输送，接受方与输送方具有共同故意的，应成立共同犯罪。

（二）接送不合格兵员罪的认定

1. 接送不合格兵员罪的一罪与数罪

在征兵过程中，如果行为人的行贿或者受贿行为构成犯罪，而接送不合格兵员的行为尚未达到情节严重的程度，应按行贿罪或者受贿罪定罪处罚；如果行贿或者受贿行为不构成犯罪，但接送不合格兵员情节严重，构成犯罪的，则应以接送不合格兵员罪定罪，从重处罚。如果两种行为都构成犯罪，则应按照牵连犯的处罚原则，择一重罪处罚，不实行数罪并罚。行为人在实施本罪的徇私舞弊行为中，还可能伪造、变造、买卖公文、证件、印章，此时又会触犯他罪，对之也应当按照牵连犯的处罚原则择一重罪而从重论处。

（三）接送不合格兵员罪的处罚

根据《刑法》第 374 条的规定，在征兵工作中徇私舞弊，接送不合格兵员，情节严重的，处 3 年以下有期徒刑或者拘役；造成特别严重后果的，处 3 年以上 7 年以下有期徒刑。

根据 2008 年 6 月 25 日最高人民检察院、公安部《关于公安机关管辖的刑事案件立案追诉标准的规定（一）》第 93 条规定，在征兵工作中徇私舞弊，接送不合格兵员，涉嫌下列情形之一的，应予立案追诉：（1）接送不合格特种条件兵员 1 名以上或者普通兵员 3 名以上的；（2）发生在战时的；（3）造成严重后果的；（4）其他情节严重的情形。

## 要点小结

公职人员在行使公权力过程中发生的其它职务犯罪是指国家机关工作人员、国有事业单位、企业相关从业人员利用职务上的便利，在行使公权力过程中，妨害国家公务的合法、公正、有效执行，损害国民对国家相关公务活动的客观、公正、有效执行的信赖，致使国家与人民利益遭受重大损失的行为。对于该类职务犯罪的掌握要从各具体罪名的犯罪构成加以深入学习，尤其是“客观要件”及“主体要件”。本类职务犯罪的某些罪名如利用未公开信息交易罪、背信运用受托财产罪认定需要一定专业性；还要注意本类犯罪的一些罪名可以由非公职人员构成（即非真正身份犯），此时，不宜认定为职务犯罪。在认定方面，要注意公职人员在行使公权力过程中发生的其它职务犯罪之间的区别等问题。在定罪量刑方面，要注意最新司法解释对各罪名认定的数量、情节标准的规定。

## 理解、反思与探究

1. 公职人员在行使公权力过程中发生的其它职务犯罪的犯罪构成有哪些特点？
2. 破坏选举罪的概念与犯罪构成是什么？
3. 背信损害上市公司利益罪的概念与犯罪构成是什么？
4. 利用未公开信息交易罪的概念与犯罪构成是什么？
5. 违法运用资金罪的概念与犯罪构成是什么？
6. 违法发放贷款罪的概念与犯罪构成是什么？
7. 违规出具金融票证罪的概念与犯罪构成是什么？
8. 非法转让、倒卖土地使用权罪的概念及犯罪构成是什么？
9. 职务侵占罪的认定中需要注意哪些问题？
10. 泄露不应公开的案件信息罪的概念与犯罪构成是什么？

## 案例练习

1. 案情简介

被告人陈某某，原系潮州市潮安县彩塘镇和平村民委员会主任；被告人杨某某，原系潮州市潮安县彩塘镇和平村民委员会委员、出纳员。从2000年

12 月至 2005 年 2 月，和平村的集体经济收入共 30 663 139. 1 元，除了 1 114 874. 3 元征地补偿款属于公款性质以外，其他都属于该村的集体资金。该村 1 114 874. 3 元征地补偿款中的 314 874. 3 元由和平村村委会委托彩塘镇财政所直接转账用于缴纳农业税和生活用地基础设施配套费外（未进入和平村的资金账户），只有 80 万元实际进入和平村的资金账户，且未存入专项账户，而是与该村的集体资金混合使用。在二被告人任职期间，经该村村委会决定，将村集体资金交由杨某某存入杨某某个人的银行账户中。2004 年间，被告人陈某某利用职务之便，多次从杨某某处借出由杨某某保管的该村集体资金，用于赌博，并以借付工程款的名义立下 6 单借条，共计人民币 4 125 000 元。所有款项被陈某某用于赌博输光，案发后无法追回。杨某某在明知陈某某借钱不是用于支付和平村的工程款或其他公共开支而是另作他用的情况下，仍按陈某某的指令连续、多次把和平村的集体资金共 4 125 000 元借给陈某某个人使用。其间还按陈某某的授意用假存折和假利息单据来冲抵被陈某某借走的资金数额，以欺瞒、应付村查账小组的查账。2005 年 4 月和平村村民委员会换届选举，陈某某落选，后于 2005 年 7 月 25 日潜逃。杨某某遂于同月 26 日向潮州市人民检察院报案。

（摘自最高人民法院《刑事审判参考》2007 年第 4 集〔第 454 号〕，有删节。）

2. 问题思考

（1）本案中杨某某、陈某某村民委员会等村基层组织人员是否属于国家工作人员？

（2）在无法区分被挪用的款项为公款还是集体资金的情况下，是以挪用公款罪还是以挪用资金罪追究村民委员会人员的刑事责任？

3. 案例评析

（1）村民委员会等村基层组织人员协助人民政府从事有关法律规定的行政管理工作，属于“其他依照法律从事公务的人员”，以国家工作人员论。

根据 2000 年 4 月 29 日第九届全国人大常委会第十五次会议通过的《关于〈中华人民共和国刑法〉第 93 条第 2 款的解释》的规定，村民委员会等村基层组织人员协助人民政府从事下列行政管理工作，属于《刑法》第 93 条第 2 款规定的“其他依照法律从事公务的人员”，以国家工作人员论：（1）救灾、抢险、防汛、优抚、扶贫、移民、救济款物的管理；（2）社会捐助公益事业款物的管理；（3）国有土地的经营和管理；（4）土地征用补偿费用的管理；(5) 代征、代缴税款；(6) 有关计划生育、户籍、征兵工作；(7) 协助人民政府从事的其他行政管理工作。据此，村民委员会等村基层组织人员从事上述规定的公务，利用职务上的便利，非法占有公共财物、挪用公款、索取他人财物或者非法收受他人财物，构成犯罪的，其身份以国家工作人员论，适用《刑法》第 382 条和第 383 条贪污罪、第 384 条挪用公款罪、第 385 条和第 386 条受贿罪的规定。

可以看出，全国人大常委会的立法解释是从村基层组织人员所从事的工作性质角度来确定其主体性质的，村基层组织人员的职务行为可区分为两种：一是依法从事公务行为，二是村内自治管理服务行为。依法从事公务行为，就是全国人大常委会立法解释列举规定的 7 项具体职责内容，其实质均是村基层组织人员协助人民政府从事行政管理工作，属于从事公务，具有从事特定公务的职务便利，因此村基层组织人员才能以国家工作人员论。村内自治管理服务行为，是指人大立法解释的 7 项事务之外的村内集体公益事业管理和集体公益服务等自治事项，如集体土地出租及租金管理，在农村村民居住区改水、改厕、修筑公用设施等纯粹属于村民自治范围内的与政府行政管理工作无关的集体公益性的服务活动，在这些村内自治管理服务行为过程中发生的利用职务之便实施的犯罪，不具有行使公权的性质，利用的是村基层组织的职务便利，因此，村基层组织工作人员不能以国家工作人员论。

本案中，陈某某、杨某某共同实施挪用集体资金的行为，二人是否能够以国家工作人员论，应当根据其经手所挪用款项的行为是否属于全国人大常委会立法解释规定的 7 项协助人民政府从事的行政管理工作，也即是否利用了从事特定公务便利来认定。从本案现有证据出发，其所挪用的款项来源，一为村集体土地租金，二为土地征用补偿费用。对集体土地租金的管理行为显然是村内自治管理服务行为，在此种情形下，二被告人系利用非从事公务的职务便利挪用了该笔款项，不能以国家工作人员论；而土地征用补偿款管理行为应认定为从事公务行为，二被告人应以国家工作人员论，利用的是从事该项公务的职务便利挪用该笔款项，应构成挪用公款罪。但本案中二被告人 6 次挪用两种款项的行为如何定罪，还须考虑证据上是否能够准确区分每次挪用的具体款项的来源和性质，从而确定利用的是何种职务便利。

(2) 在无法区分被挪用款项的性质时，以挪用资金罪追究村民委员会等村基层组织人员的刑事责任。

根据《刑法》的规定，挪用公款罪与挪用资金罪除了犯罪主体上的区别外，在行为对象和行为特征上也存在明显不同：挪用公款罪的行为对象必须是公款，而挪用资金罪的行为对象则为公司、企业或其他单位的资金；挪用公款利用的是从事公务之便，而挪用资金利用的则是从事公司、企业或其他单位的特定职务之便。根据全国人大常委会的立法解释，对于协助人民政府从事行政管理工作的 7 项事务，村基层组织人员以国家工作人员论，由于 7 项事务中所涉及的款项为公款，利用的是从事公务之便，故村基层组织人员利用此职务之便挪用这些款项的构成挪用公款罪。如果村基层组织人员从事的并非上述立法解释规定的 7 项事务，而是村内自治管理工作，其利用此职务之便挪用村集体资金的行为构成挪用资金罪。当然，在能够准确区分所挪用的款项来源，确定所利用的职务便利性质的情况下，按照上述原则定罪处罚是比较明晰的，而在农村基层组织人员所挪用款项的具体性质以及利用何种职务之便无法查清的情况下，由于无法区分他们究竟是利用何种职务便利挪用何种款项，主体身份无法明确，因此根据刑法的谦抑原则，应该从有利于被告人的角度出发，以刑罚较轻的罪名对被告人进行定罪处罚。

在本案中，被告人陈某某、杨某某任职期间，和平村的集体经济收入共 30 663 139. 1 元，现有证据显示上述款项除 1 114 874. 3 元征地补偿款属于公款性质以外，其他款项均为该村的集体资金。本案证据还证明，该村的 1 114 874. 3 元征地补偿款除 314 874. 3 元由和平村委会委托彩塘镇财政所直接转账用于缴交农业税和生活用地基础设施配套费外（即没有实际划入和平村的资金账户)，只有 80 万元实际划入和平村的资金账户，记入了该村总账。由于这 80 万元与该村的集体资金混合使用，导致本案中二被告人每次所挪用的资金的性质不明，它们既可能是集体资金，也有可能是征地补偿款，或者是两者兼有。由于公诉机关无法举证证明二被告人所具体挪用的 6 笔资金的性质，因此不能确定村委会对上述款项的管理是纯粹属于协助人民政府从事行政管理工作，还是从事村自治范围内的管理村公共事务和公益事业的工作，也就是说，无法查明二被告人挪用有关款项利用的是从事特定公务之便还是村内自治管理服务工作之便，无从确定其主体身份，因此，根据刑法的谦抑原则，从有利于被告人的角度出发，应认定挪用资金罪追究本案二被告人的刑事责任。

## 拓展性阅读导航

1.《中华人民共和国刑事诉讼法》修订版，2018 年 10 月 26 日。

2. 中央纪律检查委员会、国家监察委员会《国家监察委员会管辖规定（试行）》，2018 年 4 月 16 日。

3. 最高人民法院、最高人民检察院《关于办理贪污贿赂刑事案件适用法律若干问题的解释》，2016 年 4 月 18 日。

4. 最高人民检察院、公安部《关于公安机关管辖的刑事案件立案追诉标准的规定（二）》，2010 年 5 月 7 日。

5. 最高人民检察院、公安部《关于公安机关管辖的刑事案件立案追诉标准的规定（一）》，2008 年 6 月 25 日。

6. 最高人民检察院《关于渎职侵权犯罪案件立案标准的规定》，2006 年 7 月 26 日。

# 后 记

在惩治和预防腐败体系中教育是基础，高质量地编写专业教材是提升和规范反腐倡廉教育的重要途径。2015 年以来，西安文理学院马克思主义学院（原西安文理学院政治学院）和西安廉政研究中心陆续出版了《职务犯罪概论》等“纪检监察系列教材”，受到广泛好评。旧版的《职务犯罪概论》（西安交通大学出版社 2015 版）以我国刑法学为框架，基本内容涉及刑法概论、职务犯罪导论、职务犯罪立法、职务犯罪治理与防控、贪污贿赂犯罪、渎职犯罪等章节。该版教材的体例简洁明了，已在西安文理学院 2013 至 2017 级思想政治教育（纪检监察方向）学生中适用，反馈良好，曾与学院纪检监察其它系列教材一起获“西安文理学院教学成果一等奖”。

但美中不足的是该版教材成书于 2015 年上半年，没能充分反映 2015 年《刑法修正案（九）》、2016 年《最高人民法院、最高人民检察院关于办理贪污贿赂刑事案件适用法律若干问题的解释》、2018 年《国家监察委员会管辖规定（试行）》等最新相关立法精神，因此，需要及时做出修订。2019 年秋，编写组经过反复讨论确定了《职务犯罪概论》（修订本）大纲；历经半年多的努力，执笔完成了《职务犯罪概论》（修订本）的编写任务。其中雷霆法官完成了“贪污贿赂犯罪”部分约 2 万字的修订，常利娟老师完成了“刑法概论”部分约 3 万字的修订，其余由主编范雪峰老师完成。

本次“修订本”得到了各方的宝贵支持，首先，“本书由西安文理学院马克思主义学院全额资助”。本书同时是 2020 年度陕西省社会科学基金项目“国家治理效能视阈下法治反腐‘新模式’研究”（项目编号：2020E010）；西安市 2020 年度社会科学规划基金项目“全面从严治党下纪律、监察与法律‘组合共治’创新模式研究”（项目编号：FX116）；2020 年度西安文理学院科研团队建设项目“纪检监察与党风廉政建设研究团队” （项目编号：XAWLKYTD003）的阶段性成果。西安文理学院马克思主义学院钱晓萍、杨永庚教授，张军学院长、贺文华副院长、王舵副院长，彭雪君老师等对于本次修订给与了大力指导与支持。其次，陕西省高级人民法院雷霆法官、思想政治教育系主任常利娟老师的参与，出版公司李花卉老师协助对于本书的完成意义重大。最后，此次修订本的编写，参考了刑法学与职务犯罪研究的系列新作，例如，张明楷教授的《刑法学（第五版）》、高铭暄、马克昌教授的《刑法学（第八版）》，陈国庆的《公职人员职务犯罪认定与证据指引》、韩玉胜与王达的《监察机关职务犯罪调查法律实务》，李立众的《刑法一本通（第十四版）》，童德华与陈梅的《职务犯罪构成新论》、魏昌东与钱小平的《职务犯罪常见罪名精解》，莫基君等人的《常见职务犯罪定罪量刑与办案精要》等；在此，对众多前辈学者们的研究与付出表示诚挚的感谢。

当然，由于时间太仓促，加之水平有限，错误和问题在所难免，希望同志们在使用过程中批评指正，以便于再版时修订。

范雪峰于西安文理学院

2020 年 4 月